考古学リーダー19

先史・原史時代の琉球列島
～ヒトと景観～

高宮広土　伊藤慎二 編

六一書房

例　言

1. 本書は、大学共同利用機関法人人間文化研究機構総合地球環境学研究所「東アジア内海の新石器化と現代化：景観の形成史（NEOMAP）」プロジェクト（内山純蔵代表）の琉球ワーキンググループ（飯田卓グループリーダー・国立民族学博物館）の研究活動の一環として、2008年12月13日（土）に沖縄県西原町沖縄県立埋蔵文化財センターにて開催したシンポジウム『琉球縄文時代の謎』の発表者：高宮広土・伊藤慎二・河名俊男・黒住耐二の論文を中心に、関連研究者の寄稿論文を収録した。
2. 本書の刊行にあたっては、総合地球環境学研究所NEOMAPプロジェクトより出版助成を得た。
3. 本書が研究対象とする沖縄・鹿児島両県にまたがる琉球列島の考古学は、研究史的経緯と行政区分の分断で的確に当該地域の先史・原史文化全体を統一した時代区分名称や地理的名称が現在まだ無く、九州以北の時代区分直接適用には文化実態と年代対比の両面に多くの課題が積み残されている。主要な時代区分案と地理的名称案の異同対比は、序論で詳述したほかに、必要に応じて各論文中でも触れた。

   本書全体では、琉球列島の考古学になじみの薄い読者の便宜をはかるため、奄美・沖縄諸島の時代区分は、沖縄諸島で一般的に使用される貝塚時代・グスク時代を採用した。ただし、貝塚時代内の細分は、主として沖縄諸島の土器編年研究成果に基づき高宮廣衞が提唱した暫定編年の前Ⅰ期～前Ⅴ期、および後期前半・後半という時期区分を統一して使用した。日本列島の各時代時期区分との厳密な編年対比はできていないが、前Ⅰ期～前Ⅴ期はおおよそ縄文時代早期末～晩期頃、後期前半は弥生時代～古墳時代頃、後期後半は奈良時代～平安時代前半頃、グスク時代の開始は古くても平安時代後半以降ということで、大方の意見は一致している。
4. 本書の編集は高宮広土と伊藤慎二が行ったが、文責は各論考執筆者にある。

目　次

例言

巻頭言　景観の視点から琉球列島を考える試み ……………………… 内山　純蔵　1

序論

　琉球列島の考古学—新たな風の中で— ……………………………… 高宮　広土　11

第1部　琉球列島の景観を最初にみた人々をめぐる仮説

　ヒトはいつごろ沖縄諸島に適応したのか：『貝塚時代前IV期』説 …… 高宮　広土　25
　先史琉球社会の段階的展開とその要因—貝塚時代前I期仮説— …… 伊藤　慎二　43

第2部　琉球列島の景観の形成と資源利用

　琉球列島におけるサンゴ礁形成史と地震・津波 ……………………… 河名　俊男　63
　琉球先史時代人とサンゴ礁資源—貝類を中心に— …………………… 黒住　耐二　87
　琉球先史時代人と動物資源利用—脊椎動物遺体を中心に— ………… 樋泉　岳二　109
　グスク時代の窯業生産と農業生産 ……………………………………… 新里　亮人　133

第3部　先史・原史時代の琉球の人々と文化景観

　狩猟採集民のいた島、沖縄 ……………………………………………… 高宮　広土　165
　貝塚時代琉球列島の交流・交易史—列島南縁の島嶼世界にみる交流の風景—
　　　　　　　　　　　　　　　　　　　　　　　　　　……………… 安座間　充　189
　グスク時代に訪れた大規模な島の景観変化 …………………………… 宮城　弘樹　217
　琉球列島における埋葬遺跡の文化的景観 ……………………………… 新里　貴之　243
　先島諸島の先史時代—八重山諸島を中心に— ………………………… 島袋　綾野　267

結論

　琉球列島の新石器化と現代化をめぐる景観変化 ……………………… 伊藤　慎二　293

謝辞

編者紹介・執筆者一覧

巻頭言

景観の視点から琉球列島を考える試み

内 山 純 蔵

景観とは何か：エストニアの海、日本の海

　「海は与え、そして奪う」。北欧のバルト海の奥座敷に、エストニアという国がある。九州ほどの広さの豊かな森に抱かれた美しい国だ。長くロシアの支配下にあったが、ソビエト連邦の末期に独立を回復したバルト三国の一つである。ここに、こんなことわざがあることを、彼の国の友人から教わった（リンドストロム、2008）。エストニアは、多くの島々にも恵まれ、はるかな昔から、バルト海を舞台に漁業や交易が盛んだった。海に生活の拠り所を持つ人々は、海が多くの恵みをもたらしてくれると同時に、ときには危険をもたらし、命を奪う恐ろしい存在であることを知っていたのだ。

　命があふれる海は、日々の糧を与えてくれる。海の向こうには、異国の豊かな文物があり、交易によって栄えをもたらしてくれる。人は、ここに「与える海」をみる。しかし、いったん海に乗り出せば、海難事故にいつ遭うともしれない。はたまた、海の向こうから、戦争という災いが押し寄せてくるかもしれない。人は、ここに「奪う海」をみる。歴史を通じて、海は、人にとって、相反する二つの意味を持つ存在だった。

　筆者には、この言葉は、旧約聖書の『ヨブ記』にある「主は与え、主は取られる。主の御名はほむべきかな」（ヨブ記1：1-22）という文言と重なる。旧約聖書の「主」（神）は、この世の創造主であり、全能の存在である。したがって、神は多くを人に与え給うが、また奪われもする。たとえ人生が苦悩に満ち、不条理に見えることがふりかかったとしても、それは人知を越えた神の計らいであり、人はその身を神にゆだね、甘んじてこれを受けるべきであるというたいへん峻厳な言葉である。エストニアの海辺に寄り添って生

1

きた人々が、海に人知を越えた存在を重ね合わせ、懸命に生きた姿が「海は与え、そして奪う」という言葉に込められているようには考えられないだろうか。

それにしても、エストニアの古人たちの海と、今日の日本に住む私たちの海とは、なんと異なっていることか。日本は島国であり、多くの都会が海岸に近い低地にあるので、人口のかなりの割合が海からそう遠くない場所に住んでいる。しかし、現代の日本人にとって、日々の営みの中で海と直接関係する機会は少なく、縁遠い存在ではなかろうか。たしかに、スーパーマーケットで売っている魚や貝がとれる場所が海という知識はあり、たまの休日に余暇を過ごす場所かもしれない。しかし、実際のところ、多くの現代日本人の日常の中では、海は地球儀の青色の部分という以上の意味はない。エストニアの古人と現代の日本人がもし、肩を並べて同じように海を眺めたとしても、まったく違う世界にいるのも同然である。

かつてのエストニアと今の日本とで、同じ海でもなぜこれほどの違いが生まれるのだろうか。その原因は、目に見え、実際に触れることができる物理的な存在である海の側にはなく、私たち人間の側にあるのは明らかである。過去のエストニアと現在の日本とでは、社会の仕組みも、言葉も、日常生活も、価値観も、世界観も大いに異なっている。人々の内面を支えるこうした要素は、それらの背景にある文化と歴史の違いによって生み出されている。

海だけではなく、たとえ気候や動植物などの自然環境がよく似ていたとしても、文化や歴史的な背景が違い、異なる生活と価値観を持っていれば、周囲の環境に対する人々の意味づけや行動は、全く別のものになるだろう。かつてのエストニアでは、海は畏れ敬う対象だった。しかし、現代日本人の心の中で海が生活から遠い単なる水槽のようなものになってしまったとすれば、そこに廃棄物を捨てて汚してもあまり気がとがめないかもしれない。このように、人々にとっての環境や人々の環境に対する行動の意味を深く理解しようとすれば、写真や観測によって目に見えたり数値に表せたりする世界だけではなく、そこに住む人々の内面や背景をも合わせて考えなければいけない。

環境の物理的な側面と、そこに住む人々の精神的な側面をあわせた全体の

ことを、「景観」とよぶ。ここでいう「景観」は、風景や景色とは違う。風景や景色は、景観の一部ではあるが、景観の目に見える側面にすぎない。人を理解しようと思えば、外見だけではなく、目には見えないその人の内面や生活、今までの人生までも合わせて理解しなければいけないのとちょうど同じように、ある地域を理解するためにはその地域の景観を理解しなければならない。

景観の危機

　この「景観」という考え方は、近年、環境問題が深刻になるにつれ、注目を浴びるようになった。

　今日、急速に進む自然開発や産業化、資源の乱獲や廃棄物の増加によって、地球温暖化や海洋や大気の汚染、生物多様性の減少など、さまざまな種類の環境問題が起こっている。こうした問題に加えて、急速に進むグローバリゼーションや都市化によって、長い歴史を通じてゆっくり作られてきた各地域の文化的景観が、姿を消そうとしている。このままでは、日本中、いや、世界中どこに行こうが、人の温かみが失われた、均一な都会的な景観ばかりになるのではないか。

　景観の危機は、とりわけ人々の心にとって、深刻な環境問題である。長い歴史を通じて、人々は土地の自然と折り合いつつ、たいへん多様な景観を作ってきた。多様な景観の中で、人々は日常を精一杯生き、自らの生き方に誇りを持ち、アイデンティティーを培（つちか）ってきた。人々はまた、景観の中で子供を産み、育て、文化伝統を次の世代へと伝えたのである。もし、乱開発によって、歴史的な町並みが殺風景なビルや道路に置き換わり、せっかくの里山や棚田の風景が、後継者が育たないために放棄され続ければ、どんなことが起こるだろうか？景観の破壊とともに人々の誇りも伝統も傷つけられ、地域の自然を大切にする心も失われてしまうのではないだろうか。

　このような事態に直面している今、歴史を通じて作られてきた文化的景観の保全は、自然と人間の関係を考え、環境問題を乗り越えるために重要なものといえよう。世界の各地でも、景観に価値を見いだし、積極的に保護して

いこうという動きが盛んになってきている。例えば、ユネスコの世界遺産登録制度はこうした流れの一つである。また、EUでは、国々の違いを乗り越えた景観保全を目指して、2000年にヨーロッパ景観条約（フィレンツェ条約）を採択、2004年から発効し、さまざまな議論や運動が行われている。

本書のテーマ：琉球列島で景観を考える

　本書の舞台は、主に北は奄美諸島から、沖縄諸島を経て台湾に近い先島諸島に連なる琉球列島である。筆者は、京都に住み、実際にはせいぜい年に一度ぐらいしか沖縄を訪れる機会がない。しかし、子供の頃に沖縄の本土復帰のニュースを耳にして以来、この日本の南海を飾る島々に親しみを感じてきた。「本土復帰」の前後にテレビや新聞などで盛んに紹介された沖縄の美しい風景や伝統舞踊は筆者の育った関西地方のものとは大きく異なっており、子供心に目を見張った。今考えると、それは日本がけっして単一文化の国ではなく、さまざまな景観に彩られ、多様な地域文化に支えられた国だという事実を教えられたはじめだった気がする。

　それ以来40年近い歳月を経て、沖縄や奄美諸島などの琉球列島の島々が大きな景観変化にさらされてきたことは容易に想像できる。飛行機から見たとき、琉球列島の島々はサンゴ礁に縁取られたいへん美しい。そのサンゴ礁が、相次ぐ開発の影響や地球温暖化を受けて破壊され、生態系の危機に直面していると聞く。一方、いったん地上に降りて那覇市やその周辺に入れば、2000年の沖縄サミットの頃からいっそう盛んになった道路の整備や都心の再開発、モノレールや新しい港湾の建設、さらには本土からばかりではなく、中国や台湾、韓国などからの観光客の増加など、ここ数年でも大きく様変わりしつつある沖縄の姿を実感することができる。

　こうした変化を受けて、景観の目に見えない部分についても、琉球列島は重大な局面に立っているのではないだろうか。石垣市出身のメンバーからなるバンド『BEGIN』は琉球の伝統的な旋律をベースにしたメロディーで人気がある。彼らの曲には、戦争から今までを生き抜いてきた人々の思いの一方で、地域のきずなが薄れ、さまざまな伝統文化が消え去ろうとしている現

状への危機感が歌い込まれている。

　どんな土地であれ、景観の変化は、今に始まったことではない。景観は、本来、歴史の歩みの中で変化してきたものだし、これからの時代もそうであるにちがいない。その理由は簡単である。どんな地域も、けっして孤立しているわけではなく、外界との交流や接触を通じて変化の波を受け、人々の思いや価値観は世代を刻むごとに変化するからである。

　とはいえ、もし景観の変化があまりに急激に起これば、地域の自然環境に損害を与えるばかりでなく、営々と積み上げてきた過去との断絶をもたらし、地域文化や伝統に対する誇りまでも葬り去ってしまうかもしれない。未来の世代に歴史を通じて積み上げられてきた遺産を受け渡すために、今こそ景観の歴史を振り返る時なのではないだろうか。

　過去、人々が景観を変化させるとき、人と自然環境との間に何が起こったのだろうか。人の心にどんな変化があっただろうか。大きな景観変化のとき、人々はどのように身を処したのだろうか。こうしたことを、遠い過去まで長い目でさかのぼってみてはどうだろうか。琉球列島の人々は、歴史上、どのように島々にたどり着き、どんな景観のもとに暮らしを営んできたのだろうか。海は、島は、空は、そして村々は、どんな意味を持っていたのだろうか。琉球列島の遠い過去から見れば、現代はどう見えるのだろう。琉球列島の景観の成り立ちを、思い切って先史時代にまでさかのぼって探る旅に出てみれば、この美しい島々の未来についてヒントが得られるかもしれない。これこそ、本書のメインテーマである。

琉球列島にとっての海

　琉球列島の景観を考えるとき、海を抜きには語れない。歴史上、琉球列島にとっての海もまた、「海は与え、そして奪う」というエストニアの金言どおりだったような気がする。琉球列島を形作るのは、小さな、本当に小さな島たちである。しかし絶海の孤島ではない。

　島々は、大隅諸島から、奄美・沖縄諸島を経て、宮古島、石垣島、西表島などの先島諸島まで、約1100kmにわたって首飾りのように長く連なりあっ

ており、本格的な遠洋航海術を持たなくても、いくばくかの冒険心と何日かの時間さえあれば、島影を伝う航海によって、隣の島々からさらに日本本土、中国大陸、台湾などに達することができるであろう。サンゴ礁の豊かな海は、日々の生活を支えたし、万が一うまくいかなければ、新天地を目指して島を立ち去ることもできたろう。そして亜熱帯の美しい貝などの産物をもとに、遠くの土地との交易を大いに興し、栄えることもできた。絢爛たる琉球王国がその代表例である。

その一方で、海は、いったん牙をむけば、全てを飲み込む恐ろしい存在であり、島とよその世界を隔てる壁にもなったはずだ。海はまた、災いをも運んできた。17世紀はじめの薩摩による琉球侵攻や、太平洋戦争における沖縄戦の地獄は、その最も恐ろしい例である。

こうしたことに思いを馳せれば、まさに、海は、外界への「門」であったといえよう。海の向こうの異国と交わろうとすれば、人々はその門を大きく開き、大海原に乗り出す。未知の土地からの訪問者や移住者を、あたたかく迎えもする。しかしその門を固く閉ざし、海を障壁とすれば、容易に外界との接触を断つこともできる。そして、ときにはその門を無理やりこじ開け、蹴倒して、戦争という災厄もまた侵入してくる。

ときに恵みを与え、ときに容赦なくすべてを奪い去る海は、それ自体が神秘であり、この世界に人知を超えた力が存在することを思い知らせもした。海が、異界への道、神々の住み給う世界への道とされたのももっともである。沖縄の伝統的な民間信仰では、死後の魂が海を渡って神々の世界であるニライカナイに赴き、やがて守護神として還ってくるという。琉球列島では、この世と異界を結ぶ存在としての海が多くの祭礼の重要なモチーフとなっている。

このようにみてくると、琉球列島の海には、与えかつ奪う存在、外界への門、異界への道と実にさまざまな意味が与えられていたことがわかる。小さな島々に住みかを定め、海がいつも生活のかたわらにあった人々にとって、こうした海の多義性が歴史上及ぼした影響は計り知れない。海の持つさまざまな「性格」は、時代によってとくに強く表に出るものがあり、また逆に舞

台裏に引っ込むものがあり、そうした変化が、各時代の海をめぐる琉球列島の景観を特徴付けてきた。現在の琉球列島の景観と文化は、こうした変遷の上に築かれたものである。

東アジア内海の視点から

　本書は、2005年から筆者がリーダーとなって2012年3月までの予定で行われている総合地球環境学研究所（京都市）の研究プロジェクト『東アジア内海の新石器化と現代化：景観の形成史』（通称：NEOMAP）内の調査チーム「琉球ワークグループ」（グループ長：飯田卓国立民族学博物館准教授）が沖縄県埋蔵文化財センターと共催で行ったシンポジウム（2008年12月）での議論を踏まえたものである。

　NEOMAPプロジェクト全体としての目的は、景観の問題を、日本海と東シナ海という二つの内海（東アジア内海）を共有する地域全体を視野に入れて考えようというものである。そのため、琉球だけではなく、日本国内で他に四つ（北海道、北陸、琵琶湖、九州北部）、大陸側に三つ（ロシア沿海州、韓国、中国浙江省北部）の計八つの調査チームを持っている。これらの地域はいずれも、先史時代から東アジア内海沿岸の相互交流の拠点になってきた地域である。

　それぞれのグループには、沿岸国だけでなく、ヨーロッパやアメリカからの研究者が集まり、専門分野も考古学や歴史学、地理学、人類学、生物学など多岐に及んでいる。国籍や専門を越えた研究者が共同で調査や議論を行い、東アジア内海が景観史のうえで果たした役割を調査しているのであるが、本書は、このようなNEOMAPプロジェクトの琉球ワークグループの成果の一端を紹介するものである。

　私たちNEOMAPプロジェクトは、1万年以上前から濃密な相互交流の歴史を持つ東アジア内海世界の景観に注目する。日本海と東シナ海は、ユーラシア大陸の東岸にあって、中国大陸と朝鮮半島、日本列島に囲われた内海となっており、景観の歴史の中で海が大きな役割を果たした。海こそが、人々を結びつけ、また海こそが、各地域の独自性を育て、多様な自然環境と相まっ

て、じつにさまざまな景観を生み出してきた。

　琉球列島の景観史は、そのまま東アジア内海の景観史の縮図といえる。琉球列島は、海と寄り添いながら、それ自身たいへん興味深い歴史と文化を育んできた小さな世界だが、それはそのまま、東アジア内海という大きな海に育まれた東アジア沿岸部の景観の歩みに通じると考えている。琉球列島の物語は、景観における海の役割とともに、東アジアという世界についても深く考えさせるものなのである。

　とはいえ、琉球列島の景観史についての研究は、いまようやく歩みはじめたばかりの分野であり、この島々に人々がどのように住みついたのかという問題についても、多様な意見がある。本書は、まず、この問題について、あえて、今最も有力な二つの仮説——琉球列島の先史時代が、移住と適応、そして適応の失敗の連続であったとする高宮説と、基本的に継続的に発展してきたとする伊藤説——を対等の立場で紹介する。そのうえで、景観が作られる上で欠かせない土台である自然条件、資源利用、そして交易や農耕の始まりについて論じる。最後に、琉球列島が全体として実際にどんな歩みをたどってきたのかを、景観という視点から考えてみたい。そのなかで、読者の方々に、私たち人間にとってじつにさまざまな意味を持った存在である「海」の歴史的な役割について、思いをめぐらせていただければ、幸いである。

参考文献

リンドストロム・カティ 2008「〈うみ〉は与え、そして奪う　生き物の居住空間としてのうみ」『生き物文化誌ビオストーリー』10、pp. 82-94.

序　論

琉球列島の考古学―新たな風の中で―

高 宮 広 土

はじめに

　今、琉球列島の考古学に新たな風が吹き始めている。1904年の鳥居龍蔵による考古学的調査が、この地域における考古学の開始とされている（高宮1993、史料編集室2003）。その後、戦後になって初めて琉球列島出身の研究者、多和田真淳、高宮廣衞、友寄英一郎、嵩元政秀、および新田重清らによって地道な、しかし本格的な考古学的調査が始まった（史料編集室2003）。多和田らの後に研究を推進したのが、彼らの教え子たちを中心にした研究者であった。教え子たちの活躍した時代は、沖縄の本土復帰およびそれに伴う大規模な発掘調査の開始期でもあった。本土復帰以前から復帰後の発掘調査の変遷を金武・當眞（1986）は「点的な発掘調査から面的な発掘調査」と表現している。その時代の若い研究者が彼らの恩師とともに、琉球列島先史時代の解明のために、遮二無二に尽力した。復帰前の「点的」に加えて復帰後の「面的」な発掘調査や研究により、土台が築かれ、その上に骨組みが建てられた。今この地域においては、次世代の新風が吹きはじめている。その風は、より明確な先史・原史時代の復元および理解のため、先学の築いた土台や骨組みを再検証しつつ、琉球列島先史・原史時代という建物の完成を目指して、吹き始めている。

　風はまず中から吹き始めている。それは琉球列島出身の若い研究者によるものである。彼らの中には沖縄の大学のみならず、県外で学んだ者も少なくない。後者は、大学のない沖縄本島以外の若い研究者にみられる。中からの風に加えて、外からの風も吹き始めている。外からの風には3つの風がある。1つ目は、琉球列島出身以外の考古学者によるこの地域への関心である。例

序論

えば、数年前と比較すると、本土出身の若者が沖縄県埋蔵文化財センター、沖縄県立博物館あるいは各市町村の発掘調査担当員として活躍している。また、本土から琉球列島の島々を訪問し、コツコツと考古学的資料を回収している研究者も少なくない。本土の研究者に加えて、海外の研究者も琉球列島の先史時代に興味を示している。これが2つ目の風である。2つ目の風は、琉球列島の考古学を理解する上で、客観的な情報や解釈を提供している。3つ目の風は、土器や石器等の人工遺物を主な研究対象とする考古学とともに関連分野の研究者の積極的な参加である。動物考古学、貝類学、形質人類学や地理学等の分野の研究者からの風である。今日琉球列島の考古学は、日本列島において学際的なアプローチの最先端を行っているのではないかと思わせる勢いである。中からの風および外からの風により、琉球列島の考古学は大きな転換期を迎えている。

このような状況の中、2008年12月13日に、沖縄県埋蔵文化財センターにおいてシンポジウム「琉球縄文人の謎」(総合地球環境学研究所NEOMAP主催)が開催された[1]。当日は、センター始まって以来という規模の記録的な参加者があった。発表者は、高宮広土、伊藤慎二、黒住耐二、および河名俊男であった。その後、シンポジウム参加者からの出版が熱望され、今回六一書房から出版される運びとなった。本論文集は、琉球列島考古学の最新情報の一部を提供すると同時に、この地域で吹き始めた新たな風の一部を紹介するものである。そのため上記のシンポジウム発表者に加えて、関連研究者に執筆を依頼した。本章では、まず、バックグラウンド的な情報を述べ、次いで各章の概略を述べる。

1. バックグラウンド

琉球列島は、地質学的に種子島・屋久島を中心とする北琉球、奄美・沖縄諸島から成り立つ中琉球、および宮古・八重山諸島から構成される南琉球の3地域に分類される。これら3地域には更新世末期にヒトが存在したことが明らかになっている。例えば、種子島に所在する横峯C遺跡は3万年前を確実に超える遺跡であるといわれている (南種子町教育委員会2000)。奄美大

琉球列島の考古学―新たな風の中で―

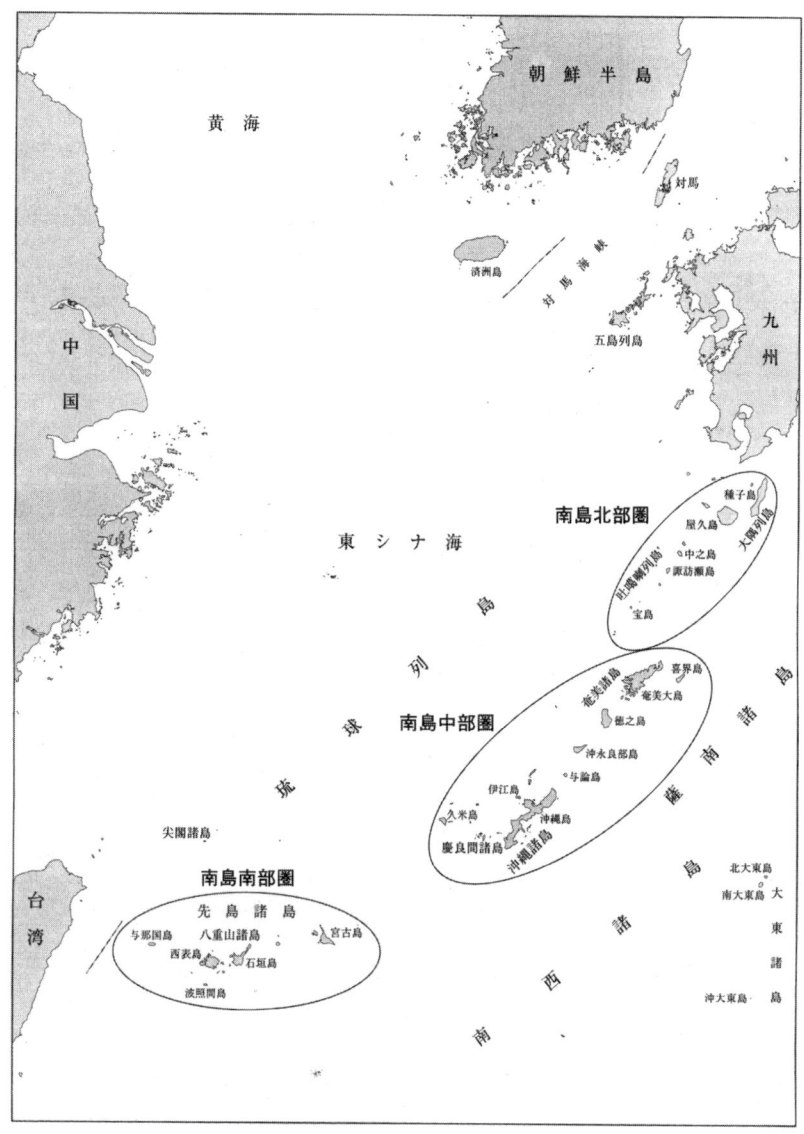

第1図　琉球列島の位置（高宮・知念2004に一部加筆）
※トカラ列島を南島中部圏に含める理解も多い。

序論

島の喜子川遺跡からは不定形剥片石器が検出され、沖縄本島山下町第一洞穴遺跡からは約3万2千年前の化石人骨が出土している。さらには、宮古島のピンザアブ遺跡からは2万5千年前の化石人骨が知られている（史料編集室2003）。沖縄諸島や先島諸島からは、9カ所の遺跡から更新世末の化石人骨が検出されているが、現時点において旧石器は確認されていない。約3万年前から1万年前までが旧石器時代である。

完新世になると上述の地質学的な地域性に文化的な地域性が発生する。國分（1972）は、文化的地域性を、それぞれ南島北部圏、南島中部圏および南島南部圏と呼称した（第1図）。國分（1972）によると、南島北部圏は縄文時代および弥生時代を通して、九州の先史文化に強い影響を受けた地域である。他方、南島南部圏は、その文化の起源は不明であるが、先史時代において沖縄諸島以北の文化からの関連がなく、台湾やフィリピンなどより南方とつながりのあった地域と考えられている。南島中部圏は、國分（1972）によると独自の文化圏と考えられていた。しかし、1974年の爪形文土器や曾畑式土器の発見により、その起源は縄文文化で、その後独自性が形成されたようである（高宮1991）。南島中部圏と南部圏は、先史時代を通して接触はなかったが、グスク時代になって初めて一つの文化圏となる。本論文集では、南島中部圏と南部圏を主な対

第1表　奄美・沖縄諸島の編年

年代（B.P）	奄美・沖縄諸島	
	旧石器時代	
10,000	（貝塚時代編年）	（高宮編年）
8,000		
7,000		
	貝塚時代早期	前Ⅰ期
6,000		前Ⅱ期
5,000		前Ⅲ期
4,000	貝塚時代前期	前Ⅳ期
3,000	貝塚時代中期	前Ⅴ期
2,600	貝塚時代後期前半	後Ⅰ期
		後Ⅱ期
1,700	貝塚時代後期後半	後Ⅲ期
		後Ⅳ期
11/12世紀頃	グスク時代	

（年代は名島ほか2008を参考にした）

象とする。

　ここで簡単に南島中部圏と南部圏の編年について説明したい（第1表）。まず、南島中部圏の沖縄諸島であるが、港川人等の化石人骨が出土した時代を旧石器時代、そして城(グスク)が築かれた時代をグスク時代と呼ぶことに関しては、異論は少ない。しかし、これら両時代の間の時代名称に関しては、いくつかの名称が提唱されている。ここでは、2編年を紹介したい。まず、約1万年前から12世紀までを貝塚時代と呼称する編年である（第1表）。これは、徳永重康によって提唱された時代名称がベースとなっているが、グスク時代以前の完新世の遺跡に貝塚が多く確認されているからである。この編年では、貝塚時代はさらに、早期、前期、中期および後期に細分される。後期は、さらに弥生～古墳時代初期相当期である前半とそれから平安時代にかけての後半へと細分される。この編年案は今日、現行編年として知られている。

　前述した爪形文や曾畑式の発見により、〝応急処置〟として貝塚時代早期が設定されたが、高宮廣衞（1978）はこの〝応急処置〟では縄文時代中期相当期を表示できない事を指摘する。そのため、今日暫定編年と呼ばれる編年案を提唱する。貝塚時代早期～晩期を前期、貝塚時代後期を後期とし、第1表のように細分している。統一した編年の必要性を多くの研究者が感じているが、それにはまだまだ時間がかかりそうである。さらに、研究史的経緯と行政区分の分断により南島中部圏および北部圏全体を統一した時代区分名称も存在しない。今回、この地域の先史文化の比較を容易にするため、「貝塚時代」を採用し、貝塚時代早期～中期の細別時期区分については高宮廣衞の暫定編年を便宜的に対応させ、貝塚時代後期については、汎用される前半・後半を使用し、その対象を南島中部圏とした（第1表）。ただし、南島中部圏より詳細な編年が確立されている地域を対象とする執筆者は、その地域の編年をそれぞれの論考で紹介し、援用する。なお、九州以北の編年と貝塚時代の各時期をおおまかに対比すると、前Ⅰ期：縄文時代早期末頃～縄文時代前期、前Ⅱ期：縄文時代前期～縄文時代中期、前Ⅲ期：縄文時代中期～後期、前Ⅳ期：縄文時代後期～晩期、前Ⅴ期：縄文時代晩期～弥生時代前期、後期前半：弥生時代中期～古墳時代、後期後半：奈良・平安時代にほぼ相当す

序　論

　一方、南島南部圏の宮古島では1980年代にピンザアブ洞穴遺跡から化石人骨（2万5千年前）が検出された。さらに昨年になって石垣島白保竿根田原洞穴遺跡から化石人骨（2万年前～1万5千年前）が発見された。両諸島に旧石器時代が存在したことが確認されたのである。旧石器時代の後、数千年の空白期があり、約4000年前頃、下田原式土器で特徴づけられる下田原期（有土器時代）となる。若干の空白期の後、新たな文化が確認されるが、興味深いことに、この時代になると人々は土器作りをしていない。この時代は無土器期（無土器時代）と呼称されている。無土器期にはシャコガイを素材とした貝斧が利用されるようになる。先島地域では、12世紀頃に原史時代となる（第2表）。

　前述したように今回のシンポジウムは、NEOMAP主催により開催されたが、NEOMAPプロジェクトの目的の一つが、新石器化がどのように景観に影響を与えたかである。そのため景観を本論文集のテーマの一つとし、タイトルを『先史・原史時代の琉球列島〜ヒトと景観〜』とした。琉球列島先史・原史時代の景観史を理解する初めての試みである。

第2表　先島の編年

年代 B.P.	
10,000	旧石器時代
4,000	下田原期（有土器時代）
3,000	
2,700	未発見の空白期
	無土器期（無土器時代）
1,000	
12世紀頃	原史・歴史時代

2. ラインアップ

　本論文集は、3部構成とした。ここで簡単に紹介しよう。まず、第1部「琉球列島の景観を最初にみた人々をめぐる仮説」は「琉球縄文時代の謎」シンポジウムにおける柱となった2本の発表に基づいている。琉球列島の景観をみた人たちは、いつ頃沖縄諸島に適応したのであろうか。1967年に日本の代表的な化石人骨である港川人が発見され、埴原和郎の「日本人二重構造モデル」にも考察されているように、現代沖縄人の遠い祖先は港川人などの旧石器時代の

人々と考えられていた。この考えに対して、高宮は、世界的にみて更新世にヒトが存在した島が少ない事から、旧石器時代人と現代沖縄人との遺伝的関連に疑問を抱いた。そこで、ヒトの集団が沖縄諸島に適応した時期を古人口の復元を試み検証した。その結果、ヒトの集団が沖縄諸島の島嶼環境に適応した時期は、旧石器時代ではなく貝塚時代前III期の後半から同IV期と解釈した。一方、伊藤慎二は、高宮仮説に対し、沖縄諸島に適応した人々は、少なくとも爪形文の時代（貝塚時代前I期）に遡るという。本論文集で議論するように、伊藤（2000）は南島中部圏出土の貝塚時代前期の土器を詳細に検討した結果、この地域においては、爪形文土器の時期以降断絶が認められないと主張する。土器文化が継続しているという事は、すなわちヒトの集団も連綿と存在したという事になる。この地域に初めて適応し、現代沖縄人（おそらく南島南部圏を含む現代琉球列島人）の直接の祖先となった人々は、いつの時代の人々なのだろう。事実は、より単純かもしれないし、あるいはより複雑かもしれない。

　第2部は、「琉球列島の景観の形成と資源利用」についてである。河名論文では、まず沖縄諸島先史～原史時代の各土器型式と暦年代を比較し、暦年代から土器型式間の時間的な間隙の有無を指摘する。つぎに、この地域における代表的な自然景観であるサンゴ礁の形成を簡単に紹介し、サンゴ礁形成史と各時代の遺跡立地を比較する。その結果、貝塚時代前IV期になり、容易にサンゴ礁資源の利用が可能となったと説く。その後サンゴ礁環境は安定しており、それゆえサンゴ礁資源をかなりの割合で利用していたとすると、遺跡は海岸付近や海岸低地に立地する、と河名は予測する。貝塚時代前IV期および後期には海岸付近や海岸低地に立地した遺跡は多いが、貝塚時代前V期においては、遺跡は予測と異なり、台地上あるいは丘陵上に立地する遺跡が多い。なぜ、このように遺跡立地が変遷するのであろうか。大変興味深いことに、河名はその要因が津波であったと考察する。これらの自然災害を体験した先史時代の人々はどのように生存を試みたのであろうか。

　次に、黒住は琉球列島先史・原史時代遺跡出土の貝類遺体分析から食用貝類の変遷、古環境復元および農耕について考察する。まず、食用として、貝

序　論

塚時代の古い段階からマガキガイ等のサンゴ礁域あるいはアラスジケマンガイなどの河口域に生息する貝類が食されていたことを明らかにした。貝塚時代後期になるとシャコガイ等の大型の貝類を利用するようになる。大型貝利用に関して「貝の道」用のゴホウラ・イモガイ採捕に伴い、ヒトの貝類選択に変遷が起きたと理解する。さらに、グスク時代になると階級差による食用貝類の違いがあったという。また、農耕が導入されたこの時代には、森林が大規模に伐採されたが、グスク本体は人手のあまり入らない森林であったことが判明した。最後に、淡水域の貝類からグスク時代に水田が開始されたことを示し、さらに貝塚時代前IV期には水性タロイモが南から持ち込まれた可能性を提唱する。注目すべき考察は、河名論文とは異なり、マガキガイ等が早い段階から利用されている点に着目して、規模は不明ながらもこの頃にはサンゴ礁が形成されていたと黒住は解釈している。

　樋泉は、脊椎動物に着目した資源利用について論じている。樋泉は、脊椎動物利用に大きく分けて3つの画期があった事をみいだす。まず、第一の画期は貝塚時代前I～III期である。前I期にはイノシシが大部分を占めるが、徐々に魚類が増加し始め、前III期になると魚類とイノシシが大多数を占めるようになる。第二の画期は、貝塚時代前IV期から貝塚時代後期である。この時期は一貫して漁撈とイノシシ猟を中心とする安定した様相が継続し、このような安定性はこの時期の動物資源利用の大きな特徴と説く。第三の画期はグスク時代である。この時代では、魚類が減少する一方、初めてウシ・ニワトリなどの家畜・家禽が出現した。また、魚類組成では、第一の画期に徐々にサンゴ礁環境への適応の深化がみられ、第二の画期になると、人々のサンゴ礁魚類資源依存度がますます高まった。しかし、第三の画期になると貝塚時代の漁撈形態は急速に衰退・変質していった。最後に、陸生脊椎動物の分析から、貝塚時代の南島中部圏においては、自然度の高い森林が存在し、グスク時代になると森林伐採および縮小が広域に進行した事が推定された。漁撈の衰退や森林伐採の進行は、農耕の本格化に伴って労働力が開墾や農作業・家畜飼育などに集中投下されたからであろう。

　第2部最後の論考は、新里亮人による窯業と農耕の始まりについてである。

窯業に関して、新里は11世紀後葉から12世紀前葉に突然徳之島で生産の始まるカムィヤキ陶器窯跡の生産技術を検討する。その結果、以下の2点が明らかになった。まず、朝鮮半島の窯業技術によってカムィヤキが製作された事である。つぎに、カムィヤキ陶器窯跡の初期の食器流通の分析から、博多を中心とする北部九州と琉球列島との経済関係が強かった事が判明した。それゆえ、博多との関係により、琉球列島に朝鮮半島の窯業技術が導入されたと解釈した。また、穀類資料や生産遺構の検出結果から、琉球列島における農耕の本格化はグスク時代以降と考えられる。文献や民俗例から、グスク時代以降琉球列島の農耕は、穀物類の冬作や稲のヒコバエの再収穫など、日本本土の農耕とは異なる「亜熱帯的農耕」であった事が理解された。グスク時代における琉球列島の生産業は亜熱帯地域に適合した生産方法と博多を中心とした流通経済によって成立していたのである。

　第3部は、琉球列島の自然景観および人為的景観の中で生きた人々に焦点を当てる。琉球列島の先史時代において狩猟採集民が存在した事は大同小異な意見であった。しかしながら、世界的なレベルでみると先史時代に狩猟採集民のいた島は大変稀な現象である事が分かる。高宮は、まず狩猟採集民について簡単に説明し、次に琉球列島先史時代のユニークさを示すために、なぜ、狩猟採集民が島嶼環境に適応する事が困難なのか、あるいは島嶼環境に植民した狩猟採集民はどのような島に植民したのかについて述べる。また、ここ20年程における南島中部圏から回収された植物遺体を紹介し、南島中部圏には数千年という長い期間狩猟採集民が存在した可能性が高いことを示す。彼らがこの地域に狩猟採集という生業で適応できた要因はおそらくサンゴ礁資源の利用であろう。狩猟採集民と聞くと「自然と調和した」人々といわれる事が少なくない。しかしながら、沖縄諸島先史時代の狩猟採集民は、狩猟採集という生業を維持しながらも自然環境に影響を与えたかもしれない。

　交流・交易はヒトが作り出した生存戦略の1つである。交流・交易を行わない個人あるいは民族は存在しない。琉球列島先史時代においても島々は隔絶していた訳ではなかった。安座間は、まず貝塚時代前期における交易・交流を土器分析から試みる。その結果、貝塚時代前II期以来断続的な交流が

序　論

九州島西北沿岸部—薩摩半島沿岸部の地域と存在した事を確認する。そして貝塚時代後期の交易・交流に関しては、著名な「貝の道（貝交易）」に着目する。まず同時代前半の「貝の道」は、前段階にみる九州島西北沿岸部からのルートによる黒曜石流入を継承して開始され、弥生時代中期前半頃に盛期となる。この頃、交易構造の変化が供給地側でも認められる。すなわち、奄美諸島集団の能動的な動き（運搬者）と沖縄諸島の受動的なあり方（供給者）である。このような現象は貝塚時代前IV～V期の両諸島間における土器移動においても確認できる。その要因はそれぞれのサンゴ礁環境にあるのかもしれない。最後に、後期後半の交易・交流であるヤコウガイ交易を概観するとともに、この交易が階層社会による組織的な交易であった蓋然性を示し、グスク時代開始期にみる「転換」の素地が形成されていた可能性を検証する。

　第2部の新里の論考および第3部の高宮の論考にて検証されたように、南島中部圏では10世紀～12世紀に農耕が始まった。一般的に農耕の始まりは、環境破壊の始まりでもあった。さらに農耕が始まると、人為的景観が圧倒するようになる。琉球列島においてはどうであろうか。宮城は、まず、グスク時代文化と比較するために、貝塚時代後期文化について概観し、食料生産が始まり、土器文化から住文化まで多岐にわたり文化が刷新されたと説く。その要因は、他地域からの文化伝播であるのか、入植によるものか、今後の重要な課題の一つである。また、グスク時代における人口増の地域性や新たなる交易ルートも興味深い論考である。つぎに、宮城自身が発掘調査を実施した今帰仁城跡および今帰仁城に付随する集落跡や遺構の分布などをもとに、景観の変遷を検証する。今帰仁城においては、まず築城前の亜熱帯森林であった景観から、それらを伐採し、数十年後には石垣を築き、またさらに数十年後には今日みられる城を完成させる。築城とともに、集落、水田、畑あるいは道などが今日の今帰仁村と呼ばれる空間に追加される。わずか百年足らずで今帰仁村の景観は自然の豊かな景観から人手の加わった景観へと激変したのである。最後に、宮城は城内および集落内における景観を考察し、さらには先島における集落景観を検討し、グスク時代の空間利用の多様性を提唱する。

墓／墓地は、この世の景観にあの世の景観を人為的に構築するものである。新里貴之は、琉球列島における葬墓制について論考する。先史時代の琉球列島では、墓域がリーフ・水源・居住域に近い空間に立地する。しかし、南島北部圏においては古代に立地が多様化し、中世後期には耕地や居住域と離れたところに存在する。一方、中部圏においては、グスク時代に居住域が内陸の古期砂丘上や台地上に移動するが、それにともない墓域も居住域に隣接するか、あるいは重複する場所に作られるようになる。これは、11～12世紀の中世西日本の「屋敷墓」と類似する現象であるが、琉球列島の墓域の伝統からみれば、やや特殊な状況があったと考えられる。

　また、両地域における埋葬施設や埋葬姿勢等には共通点もみられるが、それぞれの島嶼単位で異なっているのが常態のようである。しかし、南島貝交易の開始期（縄文時代晩期末～弥生時代前期の石棺墓の導入）、種子島広田遺跡の隆盛期（弥生時代後期後半以降の奄美における埋葬姿勢、沖縄における覆石土壙墓の導入）、および琉球列島がグスク時代に移行する時期に葬墓制に類似した要素（「屋敷墓」的な状況、埋葬姿勢の画一化）をみることができる。琉球列島を貫入して葬墓制の要素が錯綜する時期は、主として北からの文化の動きに呼応して、外部からの要素を採用する現象によるものと考えられる。

　第3部最後の論考は、奄美・沖縄諸島と異なる先史文化が存在した南島南部圏がテーマとなる。島袋は、主に石垣島の下田原期について論じる。まず、八重山諸島における研究史を紹介するが、沖縄県における最初の発掘調査が鳥居龍蔵による1904年の調査である事は前述したが、その調査が石垣島であったのである。その後の復帰前の「点」的な調査によって確立された編年は、復帰後の「面」的な調査によって覆され、宮古・八重山諸島では、有土器の文化の後、無土器の文化があり、その後再び有土器の文化があった事が明らかとなった。下田原期とは、第1段階の有土器の時代の事である。現在、下田原期の遺跡は、与那国島から石垣島と宮古島の間に位置する多良間島までその分布が確認されている。島袋は、これらの遺跡から出土した人工遺物および自然遺物を概観し、下田原期の文化を考察する。さらに、下田原式土器の検討から、その起源はやはり更なる南方のようであるが、台湾起源に関

序　論

しては意見が二分しているようである。20年前と比較して、下田原期の文化はかなり把握されるようになったが、島袋もまとめているようにまだまだ多くの研究課題を有している。

注
1)　同所研究プロジェクト「東アジア内海の新石器化と現代化：景観の形成史 [Neolithization and Modernization: Landscape History on East Asia Inland Sea]」（代表　内山純蔵）

参考文献
伊藤慎二 2000『琉球縄文文化の基礎的研究』株式会社ミュゼ：東京
金武正紀・當眞嗣一 1986「沖縄における地域性」『岩波講座　日本考古学5』近藤義郎他編 pp.325-364. 岩波書店：東京
國分直一 1972『南島先史時代の研究』慶友社：東京
史料編集室 2003『沖縄県史　各論編　考古』沖縄県教育委員会：南風原
高宮廣衞 1978「沖縄諸島における新石器時代の編年（試案）沖縄考古学会研究発表要旨」『南島考古』6：pp.11-22
高宮廣衞 1991『先史古代の沖縄』第一書房：東京
高宮廣衞 1993『沖縄縄文土器研究序説』第一書房：東京
高宮廣衞・知念勇（編）2004『考古資料大観12　貝塚後期文化』小学館：東京
名島弥生ほか 2008「南西諸島の炭素14年代資料の集成」『南島考古』27：pp.23-48
南種子町教育委員会 2000『横峯C遺跡』南種子町教育委員会、南種子町

第 1 部

琉球列島の景観を最初にみた
人々をめぐる仮説

ヒトはいつごろ沖縄諸島に適応したのか：
『貝塚時代前 IV 期』説

高 宮 広 土

はじめに

　1949 年、相沢忠洋（1965）による岩宿遺跡の発見により、日本列島に縄文時代以前にヒトが存在したことが明らかになった。それから半世紀以上たった今日、北は北海道から南は九州まで旧石器時代の遺跡が 1 万カ所以上報告されている。しかし、これほどの旧石器時代の遺跡が発掘調査されながら、これらの遺跡を残した人々の「顔」は判然としない。それは、日本本土では旧石器時代の人骨がほとんど回収されていないからである。20 年程前、本土では三ヶ日人や浜北人など 19 遺跡から化石人骨が知られていた（馬場 2002）。しかしながら、それらは断片的で、人類学的特徴を提示することは不可能であった。さらに「旧石器時代人」と考えられていたこれらの化石人骨は再検証の結果、浜北人を除いて更新世人ではないあるいは人骨ではなかったことが判明した。唯一旧石器時代人と認められた浜北人は AMS により、1 万 4 千年前〜1 万 8 千年前のヒトであったことが明らかとなった。浜北人の「古さ」は証明されたわけであるが、浜北人骨は頭骨片や鎖骨などであり、やはり人類学的知見を得る資料にはなり得なかった。酸性土壌である本土から旧石器時代の人骨を検出することは至難の業なのである。

　このような状況の中、1967 年ついに「顔」のみえる化石人骨が発見された。沖縄県島尻郡具志頭村（現八重瀬町）に所在する港川フィッシャー遺跡で、少なくとも 4 体分の化石人骨が出土した。かの著名な人類学者埴原和郎はこの知らせを聞いたとき「やはり沖縄か」（埴原 1984：49）と述懐したそうである。埴原がそう予測した理由は、沖縄が石灰岩に富んでいたからである。今日においても日本列島では、港川フィッシャー遺跡から回収された化石人骨

第1部　琉球列島の景観を最初にみた人々をめぐる仮説

より保存状態の良い化石人骨は知られていない。そのため、港川人骨は日本人の起源に関して大きく取り扱われた。例えば、馬場（2002：11）は、港川人の発見により「更新世の（日本人の）祖先の姿形が頭のてっぺんから足の先まで明らかに」なったと述べている。

現在沖縄県では、港川フィッシャー遺跡に加え、断片的ではあるが沖縄本島、久米島、宮古島、および石垣島に所在する9遺跡から化石人骨が検出されている。埴原和郎が予測したように、沖縄は化石人骨の宝庫なのである。その埴原は、後に『日本人二重構造モデル』を発表した（Hanihara 1991）。このモデルでは、港川人等の沖縄の旧石器時代人は本土縄文人の祖先であると同時に現代沖縄人の祖先でもあると考えられた。つまり、更新世末から今日まで連綿と沖縄諸島にはヒトが存在したことになる。

この「事実」は世界的にみると大変珍しいケースである。約10〜20万年前にアフリカに出現した現世人類（*Homo sapiens*）は、その後ユーラシア大陸、オーストラリア大陸、北南米大陸へと拡散していった。この現世人類の世界への拡散は、彼らの適応能力の高さを示唆するものであるが、これほど適応能力の高いヒトでも島嶼環境で生活を営むことは困難なことであった。実際、更新世に現世人類が存在した島はほんの一握りしか知られていない。すなわち、上記の「事実」が正しければ、琉球列島の島々はこの一握りの仲間入りとなり、さらにその頃から今日まで継続してヒトがいたというハードデータを世界に提供することのできる島となる。

本論では、港川人などの旧石器時代人は確かに琉球列島に存在したが、琉球列島におけるヒトと島嶼環境という事実を考慮すると、旧石器時代人→現代沖縄人という図式で表すことができない可能性があることを示したい。まず島嶼環境とヒトについて述べ、その後、ヒトが沖縄諸島の島嶼環境に適応したタイミングについて検証する。

1. 島嶼環境とヒト

まず、沖縄県以外で、現世人類が更新世に存在した痕跡を残す島をざっとみてみよう。太平洋では、西部のニューブリテン、ニューアイルランド、マ

ヒトはいつごろ沖縄諸島に適応したのか:『貝塚時代前 IV 期』説

ヌス、ブーゲンビル（ブカ）が知られており（Spriggs 1997; White 2004）、東部ではカリフォルニア沖のチャネル諸島から古い遺跡が報告されている（Earlandson 1991）。地中海にも多くの島が浮かんでいるが、更新世にヒトが存在した島はキプロス島のみである（Cherry 1991）。カリブ海のすべての島々は完新世になって初めてヒトが居住し始めた（Keegan and Diamond 1987）。日本では、種子島[1)]であろうか（南種子町教育委員会 2000）。このように更新世にヒトが生活を営んだ島は多くはない。さらにその年代であるが約1万年前から4万年前である。大陸の多様な環境を克服した現世人類にしても島嶼環境に植民することは、最大のチャレンジの一つであった。なぜ、現世人類は最近まで島嶼環境に植民することができなかったのであろうか。それにはいくつか克服せねばならない「島嶼環境からの挑戦」があったからである（Keegan and Diamond 1987）。

　まず、第1の挑戦は航海である。ホモ・サピエンスは、少なくとも5万年前には海を渡ることができた。更新世末に陸続きにならなかったオーストラリア（Keegan and Diamond 1987）からその頃の遺跡が報告されていること、メロス島（Cherry 1980）や神津島（堤 2004）へ黒曜石確保のために海を渡ったという事実から、旧石器時代人が航海能力を有していたことは明らかである。しかしながら、今日の航海技術を持ってしても航海は100%安全ではない。先史時代においては、航海技術を有し、必要とあれば、そのテクノロジーを駆使したとしても、航海には大きな危険を伴ったであろう。

　第2番目の挑戦は、食料に関してである。まず、大陸あるいは大きな島と比較して、島の環境は陸上動植物種（自然資源）の種数が少ない。島の環境では、母集団の環境と比較して食料となりうる動植物種数が少ないのである。さらに、母集団を取り巻く環境と娘集団の新たな環境（島嶼環境）は完全な一致をみない。母集団環境で慣れ親しまれた食料が、新環境では存在しない可能性がある。また、ニュージーランドのモアのように母集団環境には存在しなかったが、新たな食料となりうる動植物が棲息している可能性もある。後者の場合、その利用方法に要する時間も集団維持を左右したかもしれない。

　第3番目のチャレンジは小集団の問題である。先史時代の遺跡から検出さ

第1部　琉球列島の景観を最初にみた人々をめぐる仮説

れた舟から、島へ渡った人々は小集団であったであろう。このような小集団は災害に弱いといわれている。すなわち、津波などの自然災害、あるいは感染症により集団自体が消滅の危機にさらされることになる。例えば、1000人以上の集団と10人ほどの集団が、自然災害等によって被害を被った場合、前者の方が集団として生存する確率は高い。つまり、前者の場合、被災者は集団の一部であるが、後者の場合、前者の場合の「一部」が集団全体となりうるのである。

　第4番目の挑戦は人口維持についてである。たとえ、第1～3番目のチャレンジを克服したとしても、小集団では人口維持が難しい。マッカーサーら（McArthur et al. 1976）は、生殖能力のあるカップル3組、5組、および7組のケースを想定し、人口学的なデータをもとに、これらの集団の集団維持に関してコンピューター・シミュレーションを実施した。その結果、カップルの数が小さければ小さいほど、その集団が消滅する確率が高いという結論に至った。ウォブスト（Wobst 1974）によると、集団を維持するためには200人から500人の人が必要であるらしい。

　最後に、以上のチャレンジをすべて克服したとしても、さらに新たな問題が生じてくる。それはまたしても食料の問題である。一般的に、島の環境は大変デリケートであるといわれている。もともと食料の少ない島嶼環境にヒトの集団が適応すると、環境破壊あるいは環境の劣悪化が引き起こされることが明らかになっている。例えば、オセアニアでは、ヒトの集団の入植後多くの島で動物が絶滅し、その総種数は2000種以上になるという（Kirch 2000）。この大量絶滅は、ヒトがこれらの動物を食料に利用したという直接的な要因に加え、森林伐採等の間接的な要因もある。つまり、ヒトの集団が島嶼環境に適応すると、食料資源が減少することが予測できる。と同時に、ヒトの集団が島に適応すると、後述するように、その人口は急増する。すなわち、一方では食資源が減少し、他方ではその消費者が増加することになる。最後のチャレンジは、この状況で食料を確保せねばならないということである。

　おそらく以上のチャレンジがあったからであろう、島嶼環境はヒトの集団

ヒトはいつごろ沖縄諸島に適応したのか：『貝塚時代前 IV 期』説

が克服することの困難な環境の1つであったのである。ではなぜ、更新世末にヒトが存在した島もあったのであろうか。おそらく、以下の要因が考えられる。まず、ニューブリテン（35,000km^2）などの島のように面積のある島である。狩猟採集民にとって移動（遊動）生活は彼らの生活の核をなすものである（Lee 1968）。それゆえ、面積のある島では、移動（遊動）生活を可能とし、狩猟採集でも生存できたのであろう。つぎに、大陸あるいは大きな島から近距離に位置している場合である。近距離に位置する島であれば、いざという際、母集団から援助を受けることができる。あるいは娘集団自体が、母集団へ避難することが可能となる。種子島はそのよい例かもしれない。また大型海獣を食料として利用できると生存する確率は高くなる。最後に、ビスマルク諸島の人々はニューギニアから有袋類やカナリウムの実を持ち込んでいた（Spriggs 1997, White 2004）。島で生存するための狩猟採集民の適応戦略であろう。

　これまで述べてきたように、星の数ほどある島の中で、更新世にヒトが存在した島はほんの数島である。この事実は島嶼環境がヒトにとって理想的な生活空間ではなかったことを示唆している。また、更新世末にヒトが存在した島は、面積が広い、大陸あるいは大きな島に近い、大型海獣が入手可能、ビスマルク諸島のように、狩猟採集民が能動的に自然資源を利用していた島々、あるいはこれらの要因の組み合わせを特徴とする島々であった。この観察が正しいとすると、港川人などの琉球列島更新世出土の化石人骨は、島の先史学に新たな情報を提供することになる。まず、沖縄本島（1200km^2）、久米島（59.11km^2）、宮古島（158km^2）、および石垣島（226km^2）は、更新世にヒトが植民した他の島々と比較すると面積が狭い（高宮序論）。さらに、植物利用のデータは存在しないが、動物遺体の分析から、外部から動物を持ち込んだ形跡は今のところみあたらない。また、大型海獣は遺跡から出土しておらず、それらが食料の対象となったというデータも存在しない。さらに、石垣島や宮古島は台湾島から約300kmの距離があるが、沖縄諸島は台湾、九州および大陸から600〜700kmに位置している。このような条件の中、ヒトが植民し、生活を営んだことは世界的に大変貴重なデータとなろう。

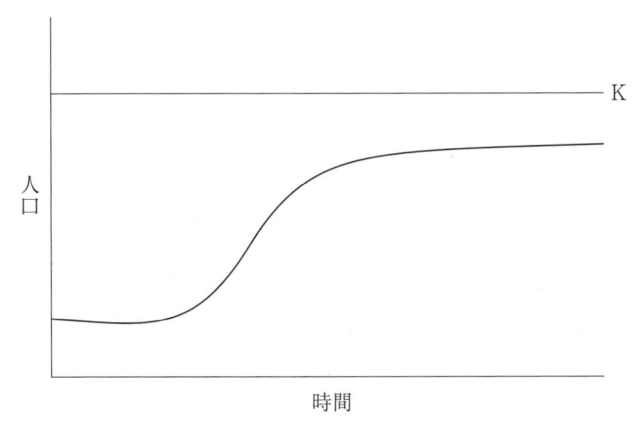

第1部　琉球列島の景観を最初にみた人々をめぐる仮説

第1図　ロジスティックモデル

　さて、次なる疑問は、これらの旧石器時代の人々は埴原（1991）が説くように今日の琉球列島の人々の祖先であったのであろうか。

2. 琉球列島旧石器時代人と貝塚時代人

　埴原（1991）のモデル、すなわち沖縄諸島に連綿とヒトが生存したことを示すことができれば、「島の先史学」に貴重なデータを提供できると考えた。そのためには、まずヒトの集団が沖縄諸島に適応したタイミングを解明せねばならない。ヒトはいったいいつ頃沖縄諸島に適応したのであろうか。
　ヒトの集団が島の環境に適応した際、予測できるモデルはロジスティックモデルであるといわれている（第1図）。このモデルでは、まず入植したヒトの集団の人口が、キャリーイング・キャパシティー（K=環境収容量）に向かって急増する。しかしながら人口がキャリーイング・キャパシティーに接近するにつれて人口増加率は減少し、S字のようなパターンとなる。さらに、ステップモデル（第2図）と呼ばれるモデルがある。このモデルでは、まず人口は、もともとのキャリーイング・キャパシティー（K_1）へロジスティックに増加する。さらに、環境の変化あるいはヒトの場合文化的な発明により、K_1からK_2にキャリーイング・キャパシティーが上昇した場合、その人口は

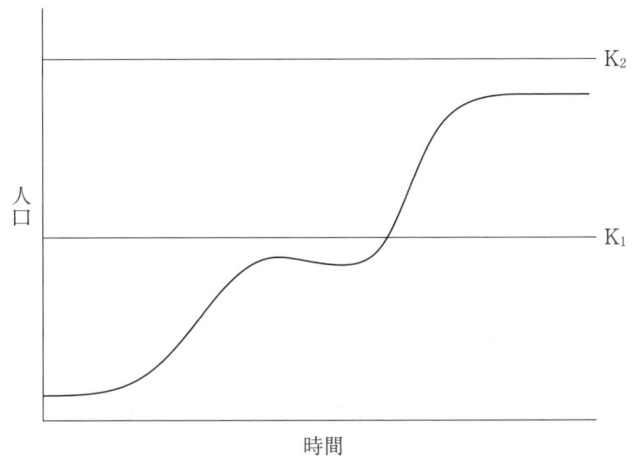

ヒトはいつごろ沖縄諸島に適応したのか：『貝塚時代前 IV 期』説

第 2 図　ステップモデル

K_2 に向かって、再びロジスティックに増加するというパターンである。ヒトの集団が島嶼環境に適応した際、ロジスティックあるいはステップモデルが期待できる。これらのモデルから、適応のタイミングを理解するためには、過去の人口を復元する必要があることがわかる (Kirch 1984; Keegan and Diamond 1987)。

　古人口を復元するには様々な方法が提案されているが (Hassan 1981)、沖縄の場合、遺跡数をもとにしての人口復元が最適であると思われた。そこで遺跡数増減が過去の人口を反映すると仮定し、そのパターンに注目した。まず、貝塚時代前 I 期から前 III 期にかけて、確かに遺跡は存在し、ヒトは存在した (第 3 図)。しかしながら、ロジスティック的な人口増加は貝塚時代前 IV 期になって初めてみることができる。また、この時期の遺跡数の増加は沖縄本島のみならず、離島にもみられる (第 3 図)。すなわち、沖縄本島およびその近隣の離島で同様な適応過程があったことが示唆される。この結果から、沖縄諸島にヒトが初めて適応した時期は貝塚時代前 III 期後半から前 IV 期にかけてと思われる (高宮 1997)。この適応した時期を鍵括弧つきで『貝塚時代前 IV 期』と仮称する。

　では、港川人らの旧石器時代人は島の環境に適応していたのであろうか。

第1部　琉球列島の景観を最初にみた人々をめぐる仮説

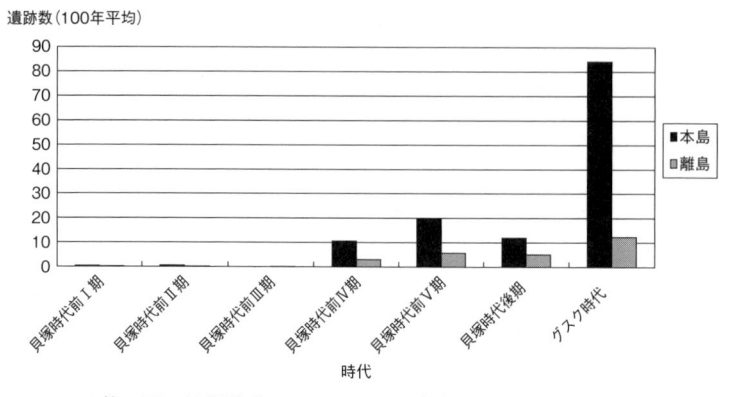

第3図　沖縄諸島におけるヒトの適応過程（100年平均）

更新世の地形に関して、2つの古地形が復元されている。1つは、木村政昭(1991)の音波探知機による古地形復元で、約1万8千年前は、台湾から北東に細長い半島が形成されており、先島諸島、沖縄諸島、および奄美諸島は、この半島の一部分となっていた（第4図）。今ひとつは、高宮廣衞(1999)によるもので、最終氷期の海面低下が約140mと仮定し、当時の地形を復元した。この場合、沖縄諸島は陸橋の一部ではなく、1つの大きな島を形成していた（第5図）。どちらの仮説が妥当であるにせよ、当時は現在より面積があった。おそらく、面積が広かった分、港川人らも生存できたのであろう。しかしながら、更新世の終わりにかけて沖縄諸島の現在の島々が形成されるにつれ、木村仮説では7割以上、高宮仮説では5割以上の陸地が水没したことになる。これは急激なキャリーイング・キャパシティーの低下を意味し、旧石器時代人はこの急激な環境の変化に適応できなかったのであろう。

　オーストラリアとタスマニアは、更新世末には、やはり陸橋で結ばれていた（第6図）。その間にキング島とフリンダー島という島がある。これらの島々からは、更新世末の遺跡が報告されている。しかしながら、その後の海水面の上昇に伴い、キング、フリンダーおよびタスマニア島が形成される。この形成過程において、人々はキング島およびフリンダー島から消滅した。一方、タスマニア島には1870年頃まで断絶なく先住民が存在した。Jones (1977) は、タスマニア島は狩猟採集で生活するに十分の面積があるが、キング島やフリ

ンダーズ島は狩猟採集では面積が不十分であったと説明している。タスマニア島は北海道より一回り小さく、フリンダーズ島は沖縄本島より若干面積があり、キング島は若干小さい。おそらく沖縄諸島でも同様なことが起こったのであろう。実際、港川人の年代である1万8千年前から、琉球列島では数千年の空白期間がある。この空白期間は、ヒトがいなかったことを意味するのではないであろうか。さらに、貝塚時代前Ⅰ期にも植民を試みたが、ヒトの集団は島の環境に適応することができなかった。ヒトの集団が沖縄諸島という島の環境に適応したのは『貝塚時代前Ⅳ期』であった。では、なぜ彼らはこの時期に初めて島嶼環境の植民に成功したのであろうか。

第4図　更新世末の地形（木村1991）

3.『貝塚時代前Ⅳ期』適応説

　沖縄諸島を取り囲むサンゴ礁の海は、先史時代においては多くの遺跡から魚類や貝類遺体が回収されることから、大変重要な食資源であったことが理解できる。一見先史時代におけるサンゴ礁資源の利用には変化がないようにみえる。しかしながら、魚類を含む脊椎動物利用および

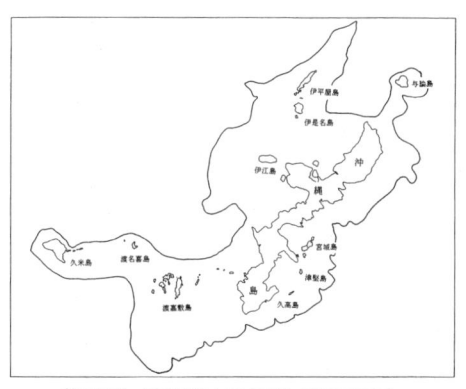

第5図　更新世末の地形（高宮1999）

貝類利用は貝塚時代前Ⅰ期・Ⅱ期と貝塚時代前Ⅳ期では大きく異なる可能性がある。例えば、NISP（同定標本数）が1000点以上の遺跡を脊椎動物遺体

第1部 琉球列島の景観を最初にみた人々をめぐる仮説

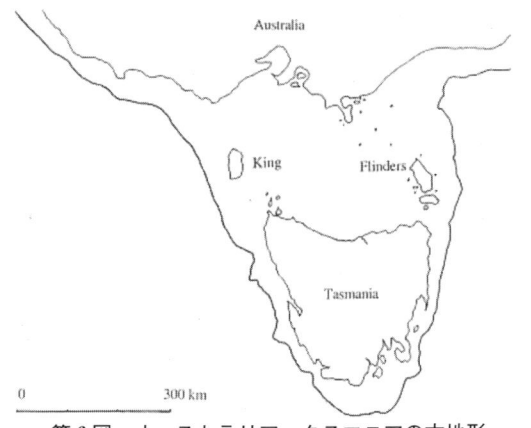

第6図 オーストラリア・タスマニアの古地形
(Jones 1977)

分析の対象とし、綱のレベルで脊椎動物利用を検証してみた。貝塚時代前IV期の遺跡では4遺跡が分析の対象となった。その結果を第7図に示す。まず、顕著な点は硬骨魚綱が70〜90％を占める点である。平均では約80％となる。また、第1の綱である硬骨魚綱と第2位の綱の差が40〜80％ある。これは、硬骨魚綱のタンパク質源としての重要さを示唆している。さらに、沖縄諸島の遺跡から出土する硬骨魚綱はそのほとんどがサンゴ礁の魚類である。すなわち、貝塚時代前IV期の人々はサンゴ礁の魚類を大いに利用していた。サンゴ礁の硬骨魚綱は沖縄諸島のタンパク質源で、おそらく最も効率の高いタンパク質源と思われる。すなわち、サンゴ礁の硬骨魚綱を中心とするシステムが確立したため、島の環境に適応できたのではないであろうか。

一方、貝塚時代前I・II期はどうであろうか。脊椎動物遺体のNISPが1000点以上得られた遺跡である野国貝塚群B地点および宝島に所在する大池遺跡をまずみてみよう。第8図に分析結果を示す。この時期の脊椎動物利用の特徴は、硬骨魚綱を中心とするシステムが成立していないことである。野国貝塚群B地点では、660ほどのイノシシの最小個体数（MNI）が得られているが、第8図はイノシシのMNIと他の脊椎動物のNISPである。イノシシをNISPで分析した場合、他の脊椎動物の占める割合はゼロに等しい。大池遺跡においては、硬骨魚綱、ほ乳綱、およびは虫綱ともにそれぞれ約30％であるが、貝塚時代前IV期と比較すると硬骨魚綱は単独トップというわけではない。この状況は同時期の遺跡である新城下原第二遺跡でも同様である。報告者によると、貝塚時代前I・II期の層から「リュウキュウイノ

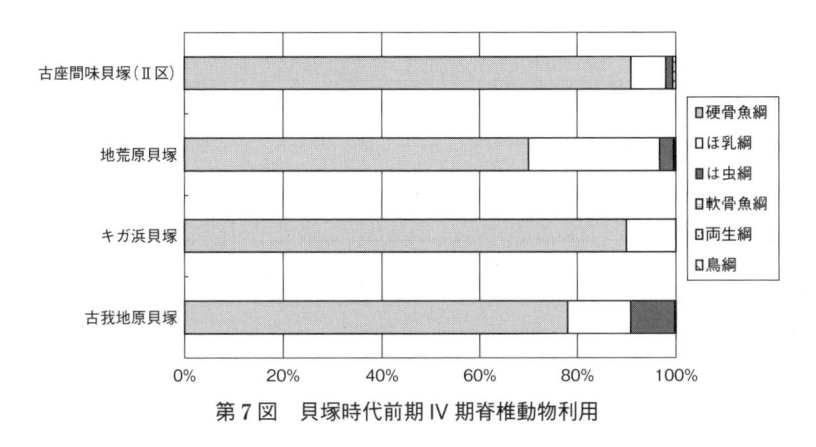

ヒトはいつごろ沖縄諸島に適応したのか：『貝塚時代前IV期』説

第7図　貝塚時代前期IV期脊椎動物利用

シシの遺骸は大量に出土し、かつて調査された野国貝塚B地点に類似する様相を示していた（金子・久貝 2006：261）」という。すなわち、貝塚時代前I・II期の人々は同前IV期の人々と異なり、沖縄諸島で最も効率の良いタンパク質源を利用していなかった、あるいはこの資源にアクセスがなかったのではないであろうか。

　次に貝類利用について検証してみよう。沖縄諸島先史時代の遺跡からは、しばしばおびただしい量の貝が回収されている。その数は10万を超える遺跡もある。さらに、その種が100種以上確認されることも少なくはない。それゆえ、各時代における貝類利用の特徴を把握することは困難のようであった。そこで2つの仮定をもとに貝類利用の分析を試みた。まず、狩猟採集民は動植物種を手当り次第に狩猟採集の対象とするのではなく、彼らの狩猟採集には選択性があることである（Lee 1968）。例えば、Ju/'hoansi[2]は、カラハリ砂漠で80種以上の植物および50種以上の動物を狩猟採集の対象としているが、コンスタントに食料として利用するのはそれぞれ5種ほどである。そこでまず、様々な種の貝類が報告されているが、各遺跡で数の多いトップ10を決定した。次にトップ10を比較するが、貝塚時代前I・II期および同前IV期において分析の対象とした遺跡数の半数以上に共通の貝種が含まれていれば、その貝種をその時代の「選択された」貝とする。

　この結果、貝塚時代前IV期には、マガキガイ、チョウセンサザエ、イソ

第1部　琉球列島の景観を最初にみた人々をめぐる仮説

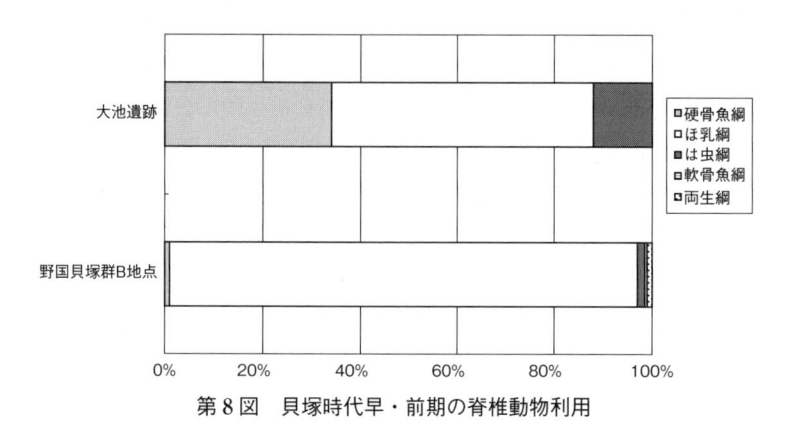

第8図　貝塚時代早・前期の脊椎動物利用

ハマグリ、アマオブネ、カンギク、アラスジケマンガイが主な採捕の対象となっていた。前三者は、貝塚時代前Ⅳ期から後期を通してコンスタントに利用されていた。対して、後三者は貝塚時代前Ⅳ期のみに頻繁に食用となった貝種である。これら後三者の特徴は何か。これら三種の特徴は、小型（2～4cm）ではあるが、老若男女簡単に採捕することができることである。つまり、貝類採捕システムに関しても、貝塚時代前Ⅳ期の人々は最も効率のよいシステムを有していたようである。一方、貝塚時代前Ⅰ・Ⅱ期おいて、マガキガイ、イソハマグリ、およびチョウセンサザエは採捕されているものの、アマオブネやカンギクは含まれていない。その代わりに、大きさの割に実の少ないシレナシジミや礁斜面（つまり危険な環境）に棲息するヤコウガイが選択されていた。この時代の人々は、サンゴ礁の貝類を効率よく利用していないように思われる。

　これらの分析から、貝塚時代前Ⅳ期の文化がサンゴ礁資源を効率よく利用するシステムで特徴づけられることが明らかとなった。それゆえ、『貝塚時代前Ⅳ期』にヒトの集団は初めて沖縄諸島の島の適応することができたと解釈した。

4. 考察と結論

　琉球列島の先史時代は、旧石器時代人が存在したという点で、世界的に大

変珍しい情報を有する。山下町第一洞穴人（3万2千年前）や港川人（1万8千年前）の場合は、理科学的な年代を伴うが、これらは直接古人骨からの年代ではなく、年代測定の試料は木炭であった。それゆえ、沖縄諸島の旧石器時代人を疑問視する声を耳にすることもあった。しかしながら、石垣市白保竿根田原洞穴遺跡から出土した化石人骨から直接炭素十四年代測定の結果が得られ、琉球列島に確実に更新世末の人々が存在したことが判明した（土肥2010）。この事実は、琉球列島先史学の世界へアピールする点でもある。更新世末に人類は確かに存在したが、彼らが生存できた要因は、木村正昭（1991）説によれば、沖縄諸島および先島諸島が大陸の一部であったからであろう。木村仮説では、旧石器時代人の存在をある程度容易に理解させてくれるが、最近の研究ではこのような陸橋は存在しなかったらしい（河名2002；米田2010、私信による）。高宮廣衞（1999）や沖縄県文化振興会（2006）によると、当時は沖縄諸島、宮古諸島、および八重山諸島はそれぞれ今日より面積のある島であった。それゆえ旧石器時代にヒトが存在できたかもしれない。しかし、狩猟採集で生存するには十分な面積ではないように思う。渡海の問題を含め今後の検討課題であろう。

　宮古島や石垣島では、その後1万年以上の空白があり、ピンザアブ洞穴人や白保竿根田原洞穴人と下田原式土器の人々とは遺伝的には関連しないであろう。では、沖縄諸島ではどのような状況にあったのであろうか。木村説では7割以上、高宮廣衞説では5割以上の陸地が更新世から完新世にかけて水没している。急激な陸地面積の減少により、彼らもまた移住したか、絶滅したかであろう。すなわち、彼らは「島の環境」に適応したのではなく、「島嶼化」に適応できず、移住したか絶滅してしまったのであろう。このことは、島の環境がホモ・サピエンスにとって理想的な生活空間ではなかったという他の島々からの結論を支持するものである。

　最近、国立科学博物館の海部洋介（2010、私信による）らによって港川人の顔が再復元された。以前に復元された顔は、東アジア人的で現代の沖縄の人々とのつながりを連想させるものであった。しかし、この新しい復元によると、彼らは東アジア人的ではなく、オーストラリアアボリジニーのような風貌で

第1部　琉球列島の景観を最初にみた人々をめぐる仮説

ある。この復元が港川人の顔であれば、彼らは、現代沖縄人につながらないと思われる。さらに、縄文人も東アジア人的に復元されており、この新復元をもとにすると、彼らと沖縄諸島の縄文人もつながらないように思える。ただ、今後の研究課題として、上部港川人（約12000年前）をその年代を含め再検証する必要があるであろう。また、最近ウフニクガマ遺跡（南城市）から約9000年前の土器が報告されている（山崎ほか2010）。港川フィッシャー遺跡の再調査では、8500年前の土器が検出された（具志頭村教育委員会2002）。ついで、爪形文土器（6500年前）である。これらは、線としてつながるのであろうか。

　点が線として確実につながるのは、『貝塚時代前Ⅳ期』からではないであろうか。加えて、ロジスティック的に遺跡数増（人口増）が起こったのも貝塚時代前Ⅰ～Ⅲ期以前ではなく、この時期である。それゆえ、ヒトの集団はこの頃初めて沖縄の島の環境に適応したと思われる。その要因の1つとなったのがサンゴ礁資源の利用であった。河名論文によれば、サンゴ礁の形成は約6100～3500年前（Cal BP）（菅2002・2010）であるという。この結論は『貝塚時代前Ⅳ期』適応説には好都合である。すなわち、サンゴ礁環境が形成され、その資源を利用することにより、沖縄諸島の環境で最も効率の良いタンパク質源が入手可能となり、人々はそれを大いに利用した。狩猟採集で生活を営むにおいて最も重要な事は、食料探しに最少のコストをかけるということである。このことにより、他の活動に時間を割くことが可能となる。『貝塚時代前Ⅳ期』の生業戦略は沖縄諸島の環境ではまさに最も効率的なシステムであった。

　一方、貝塚時代前Ⅰ・Ⅱ期にはこのシステムは確立していなかった。河名論文によると、この時期今日のような消波構造は未発達であった。そのため、外洋から波浪が直接海岸にうちよせる状況であった（菅2002・2010）。ただし、黒住耐二（2003、第2部黒住論文）は、野国貝塚群B地点から、マガキガイなどのサンゴ礁に生息する貝類が検出されていることから、サンゴ礁環境はこの時期既に形成されていたと主張する。サンゴ礁環境が存在していなかったから、その資源を利用できなかったのか、その資源は目前にあったのに利用

ヒトはいつごろ沖縄諸島に適応したのか:『貝塚時代前IV期』説

するすべを持たなかったのか、いずれにせよ、彼らは沖縄諸島の環境に適応することはできなかった。

　最近、貝塚時代前Ｉ期に属する遺跡発見例が増加している。サンゴ礁環境資源を利用できなかった彼らになぜ遺跡数増（人口増）が起こったのであろうか。これは想像の域を出ないが、やはり同時期の遺跡から多量に出土するイノシシだったのかもしれない。もし、貝塚時代前Ｉ期の人々が初めて沖縄諸島に渡ってきた人びとであったとすると、その頃イノシシには天敵がなかったであろう。「ヒト」の存在を未体験なイノシシは、ヒトに対しての警戒心を持っていなかった。ヒトとヒトを恐れない動物が遭遇した際、何が起こりうるか。オーストラリアやアメリカにヒトが初めて植民した際、ヒトに対して無警戒な大型動物は、オーバーハンティングによって絶滅した（ダイアモンド2000）。同様な現象が、多くの島でも起こっている。ニュージーランドのモアなどはそのよい例である。おそらく、イノシシもヒトに対して警戒心がなかったのであろう。そのため、ヒトにとっては最も簡単に狩猟できる陸上動物であった。このイノシシ利用が、一時的に人口増（遺跡数増）に貢献したのではないであろうか。それゆえ、貝塚時代前Ｉ期の遺跡からイノシシが大量に出土する傾向にあるのではないであろうか。貝塚時代前Ｉ期の人々は、最も効率の良いサンゴ礁資源を大いに利用することはなかったが、そのかわりヒトに対して無警戒なイノシシを狩猟の対象とした。そのためイノシシの捕獲量が増加し、結果として、人口は増加しイノシシの個体数は減少した。つまり、ここでオーバーハンティングのような現象が起こったのかもしれない。貝塚時代前Ｉ期におけるイノシシのオーバーハンティングは、その後、人々に生業システムのスウィッチを必要とさせた。しかし、陸上にはネズミやコウモリ、鳥類、あるいはトカゲなどの小動物しか存在せず、十分なタンパク質を得る事ができず、人々は沖縄諸島から姿を消したのではないであろうか。一方、『貝塚時代前IV期』に植民した人々は、サンゴ礁資源を利用する事によって沖縄諸島という島の環境に適応する事が可能となったのではないであろうか。

　琉球列島の先史時代はダイナミックであった。上記の結論に対して、伊藤

第 1 部　琉球列島の景観を最初にみた人々をめぐる仮説

慎二はまた異なる見解を持っている（第 1 部伊藤論文）。土肥直美（2008、私信による）は「ヒトはそれほど簡単に絶滅しない」と港川人からの遺伝的なつながりを支持している。さらに、DNA 分析では、篠田（2007）や崎谷（2008）にみられるように、更なる見解が提供されている。また、Yamaguchi-Kobata ら（2008）の研究では、二重構造論を支持する結果を得ている。これらすべての見解を、今後一つ一つ解決していくほかはないであろう。

謝辞

　まず、港川フィッシャー遺跡や本論で引用させていただいた遺跡の発掘調査および遺跡分布調査を担当した考古学関係者に心より感謝申し上げます。また、土肥直美准教授、石堂和博氏、米田穣准教授、および海部陽介研究主幹には貴重な情報を頂いた。次章で見られるように伊藤慎二さんには刺激的な環境を与えていただいた。本研究は文科省科研費（課題番号　21101005）の一部を使用した。

注
1) 種子島に関しては更なる地質学的データが必要であるが、既存のデータによるとヒトが存在した頃は、島であったようである。石堂和博（種子町教育委員会 2010、私信による）。
2) Lee（1968）の研究では !Kung や San、メディア等ではブッシュマン（Bushman）として知られているが、近年では Ju/'hoansi と呼ばれている。

参考文献

相沢忠洋 1965『「岩宿」の発見』講談社、東京
沖縄県文化振興会 2006『沖縄県史　図説編　県土のすがた』沖縄県文化振興会（編）沖縄県教育委員会：那覇市
金子浩昌・久貝弥嗣　2006「動物遺体」『新城下原第二遺跡』沖縄県立埋蔵文化財センター（編）、pp.261-286. 沖縄県立埋蔵文化財センター：西原町
河名俊男 2002「琉球弧のネオテクトニクス」『琉球弧の成立と生物の渡来』木村政昭（編）pp.59-83. 沖縄タイムス社：那覇市

菅浩伸 2002「サンゴ礁の形成過程と沿岸の環境変化—海面上昇と完新世高エネルギーウィンドウの再来—」『日本海水学会誌』56(2)：pp.123-127

菅浩伸 2010「琉球列島におけるサンゴ礁の形成史」『考古学ジャーナル』597：pp.24-26

木村政昭 1991「音波探知機からみた琉球弧の第四紀陸橋」『中川久夫教授退官記念地質学論集』中川久夫退官記念事業会（編）pp.109-117.

具志頭村教育委員会 2002『港川フィシャー遺跡』具志頭村教育委員会：具志頭村

黒住耐二 2003「貝類遺体からみた奄美・沖縄の自然環境と生活」『先史琉球の生業と交易』木下尚子（編）pp.67-86. 熊本大学文学部、熊本市

崎谷満 2008『DNAでたどる日本人10万年の旅』昭和堂：京都市

篠田謙一 2007『日本人になった祖先たち』日本放送出版協会：東京

ダイアモンド、ジャレド 2000『銃・病原菌・鉄』草思社：東京

高宮廣衞 1999「琉球諸島の旧石器時代」『読谷村立歴史民俗資料館紀要』23：pp.1-29.

高宮広土 1997「ヒトはいつごろ沖縄諸島に適応したか」『南島考古』16：pp.27-46.

堤隆 2004『黒曜石3万年の旅』日本放送出版協会、東京

土肥直美 2010「直接測定では日本最古の人骨を発見」『ニュートン』5：pp.125

埴原和郎 1984『日本人の起源』朝日選書：東京

馬場悠男 2002「港川人はどのような人々か」『沖縄県立博物館復帰30周年記念特別展 港川人展』沖縄県立博物館（編）pp.9-21.

南種子町教育委員会 2000『横峯C遺跡』南種子町教育委員会、南種子町

山崎真治ほか 2010「南城市親慶原ウフニクガマ採集の遺物について」『南島考古』29：pp.113-128

Cherry, J. F. 1981 Pattern and Processes in the Earliest Colonization of the Mediterranean Islands. *Proceedings of the Prehistoric Society* 47: pp.41-68.

Cherry, J. F. 1991 The First Colonization of the Mediterranean Islands: a Review of Recent Research. *Journal of Mediterranean Archaeology*. 3: pp.145-221.

Earlandson, J. M. (ed.) 1991 *Early Maritime Adaptations on the Northern Channel Islands*. University of California, Los Angeles.

Hassan, F. A. 1981 *Demographic Archaeology*. Academic Press: New York.

Hanihara, K. 1991 Dual Structure Model for the Population History of the Japanese. *Japan Review* 2: pp.1-33.

第1部 琉球列島の景観を最初にみた人々をめぐる仮説

Jones, R. 1977 Man as an Element of a Continental Fauna: the Case of the Sundering of the Bassian Bridge. In *Sunda and Sahul: prehistoric studies in southeast Asia, Melanesia, and Australia*, ed. by J. Allen, J. Golson, and R. Jones, pp.317-386. Academic Press: London.

Keegan, W. F. and J. M. Diamond 1987 Colonization of Islands by Humans: A Biogeographical Perspective. In *Advances in Archaeological Method and Theory Vol. 10*, ed. by M. B. Schiffer, pp.49-92. Academic Press: San Diego.

Kirch, P. V. 1984 *The Evolution of the Polynesian Chiefdoms*. Cambridge University Press: Cambridge.

Kirch, P. V. 2000 *On the Road of the Winds*. University of California Press: Berkley.

Lee, L. B. 1968 What Hunters Do for a Living, or How to Make out on Scarce Resources. In *Man the Hunter*, ed. by R. B. Lee and I.Devore, pp.30-48. Chicago: Aldine Publishing Co.

McArthur, N. et al. 1976 Small Population Isolates: a Micro-Simulation Study. *Journal of the Polynesian Society*. 85(3): pp.307-326.

Spriggs, M. 1997 *Island Melanesians*. Wiley Blackwell: San Francisco.

White, P. 2004 Where the Wild Things Are: Prehistoric Animal Translocation in the Circum New Guinea Archipelago. In *Voyages of Discovery*, ed. by S. M. Fitzpatrick, pp.147-164. Praeger Publishers, Westport.

Wobst, M. T. 1974 Boundary Conditions for Paleolithic Social Systems: a Simulation Approach. *American Antiquity* 39(2): pp.147-178.

Yamaguchi-Kobata Y. et al. 2008 Population Structure of Japanese Based on SNP Genotypes from 7001 Individuals in Comparison to Other Ethnic Groups: Effects on Population-based Association Studies. *American Journal of Human Genetics*. 83: pp.445-456

先史琉球社会の段階的展開とその要因
―貝塚時代前Ⅰ期仮説―

伊藤 慎二

1. 無人島の遺跡

　那覇空港に飛行機が着陸する際、まるですべてが白い砂浜のような小島が3つ眼下に見える。那覇市那覇空港のすぐ沖合であるが、渡嘉敷村に属する慶伊瀬島（チービシ）である。先史遺跡がある琉球列島（トカラ・奄美・沖縄・先島諸島）の島の中でもっとも小面積の島が、その一つの神山島（0.29k㎡）である。発掘調査は行われていないが、貝塚時代（＝琉球縄文時代：以下略）前Ⅳ期点刻線文系土器群の荻堂式土器の複数個体に属する土器片が表面採集されている[1]。神山島の遺跡の性格は不明であるが、現在でも通年生活が困難な無人のごく小さな離島にまで、考古学的に判別可能なほどの一定の生活痕跡が残されていたことが重要である。そこには、一時的にせよ小島での生活を支える、1：各島嶼の特質を知りぬいたうえで成り立つ多岐に分化した居住生業活動、2：各居住生業活動の拠点と末端を結ぶ連絡網、3：それらの成立に要した先行する長期の歴史的諸段階がうかがわれるのである。

　人類の琉球列島定着までには、多くの克服すべき課題があった。主要な移住者の故郷と推測されている地域は、大小無数の島々から構成されている琉球列島と比べて、いずれも面積がはるかに広大で、食糧となる動植物など生態系もかなり異なる。意図的か偶然かを問わず人類集団が琉球列島に到達する可能性は数多く存在したと考えられるが、独自の社会と文化が成立展開するまでには長期にわたる試行錯誤の歴史があったことに疑問の余地はない。

2. 先史時代の沖縄＝ミステリーアイランド？

　高宮広土が提示した沖縄諸島における人類の適応過程に関する新仮説は、

第1部　琉球列島の景観を最初に見た人々をめぐる仮説

最近の琉球列島の考古学研究でもっとも重要な成果のひとつである。高宮の著書『島の先史学』(高宮2005)で初めて提示されたこの理論仮説は、これまで主流であった物質文化史的な研究方法と大きく異なる。高宮仮説は、新たに生態学的観点から従来と異なる沖縄諸島の先史時代像を描き出し、これまでの研究の盲点を鮮やかに浮き彫りにした。

高宮の仮説は多岐にわたるが、なかでも貝塚時代前期（縄文時代相当期）の人類を狩猟採集民と仮定したうえで、衝撃的な仮説を提示する。人口許容量・時期別遺跡数増減などをおもな根拠に、貝塚時代前Ⅰ期〜前Ⅲ期頃（ほぼ縄文時代中期以前併行期）を植民に失敗した時代とし、旧住民が途絶えた後に、新移住者が入れ替わりにやって来た可能性があるという。ポリネシアの考古学で、先史ポリネシア人が絶滅または島を放棄したことが明らかな「ミステリーアイランド mystery islands」と呼ばれる事例がある (Weisler 1996)。これとよく似た現象が、琉球列島でも起こった可能性を示したのである。

3. 最初の移住者

琉球列島の考古学で、長く研究者を悩ませる問題に、旧石器時代（土器文化出現以前の完新世を含む）の様相がある。沖縄・先島諸島では、港川人に代表される更新世の人類化石の出土例が多いのと対照的に、石器などの文化遺物がほとんどない。その一方で、奄美諸島では、不定形の剥片石器のみが出土する遺跡が数例知られる。これらの石器群に含まれる楔形石器に着目し、人類化石と同様に、更新世〜完新世初期の東南アジア島嶼地域や南中国海北部地域に由来を求める仮説が加藤晋平により示されている（加藤1996)。

これは土器文化出現期にもかかわる重要な問題である。沖縄・奄美諸島では、約7000年前に最古の土器群が現れる[2]。九州以北に比べて土器の出現が遅いのみでなく、同時期の九州以北の縄文文化と直接類似点が見あたらない土器群でもある。更新世〜完新世初期の無土器石器群と同様に、琉球列島における土器出現も、南からの文化的脈絡を検討する必要がある。無土器石器群と最古の土器群の製作者集団との関連性は、現状ではあまりにも資料不足のため、判断できない。しかし、奄美大島の喜子川遺跡や土浜ヤーヤ遺跡・

イヤンヤ洞穴遺跡のように、ともに数少ない無土器石器群出土遺跡と最古の土器群出土遺跡の位置が重複または近接しているのは興味深い事実である。

4. 編年に断絶期はあるのか？

これまで琉球列島の考古学の最重要課題は、型式学・層位学的分析から詳細な土器編年を構築することにあった。筆者もこれまで北琉球（沖縄・奄美・トカラ諸島）に分布する琉球縄文土器の編年研究を進め、日本「本土」の縄文時代早期末葉～晩期とほぼ同時期の貝塚時代前Ⅰ期～前Ⅴ期（ca. 7000-2500 B.P.）の土器の新たな編年案を最近提示した（伊藤2008）。その結果、前Ⅰ期～前Ⅴ期に7つの土器様式が存在し、それらの土器様式を細かく区別すると全体で少なくとも28段階に分かれてほぼ連続的に変遷する様相を確認した（第1図）。また、貝塚時代前期の土器様式が変化する時期と、九州以北の縄文時代の土器様式が変化する時期が、ほとんど一致しないことも明らかにできた。つまり、貝塚文化（琉球縄文文化）は、九州以北の縄文文化と少なからず交流していたが、土器文化は地域独自の自律的伝統をかなり強く維持していたのである。そして、重要な特色として、貝塚時代の各時期の土器文様や器形の伝統は、古い時期から新しい時期へ少しずつ変化しながらも、切れ目なく連続していたことである。つまり、土器の変遷過程からは、貝塚時代前Ⅰ期～前Ⅴ期までの間に、伝統の不連続（断絶）や土器製作者の完全な入れ替わりを示唆する証拠は確認できない。なお、貝塚時代後期に関しても、土器文化の変遷過程は連続的で、明確な断絶時期は認められていない（新里2008）。

そうした伝統の連続的特徴に関して、各土器様式の主体的分布範囲の変化に着目して検討すると、初期の段階では沖縄・奄美諸島で同一の土器様式が広がっていたものが、その後沖縄と奄美で若干異なる土器様式が展開する時期と共通の土器様式が展開する時期が繰り返し現れる。たとえば、前Ⅳ期前葉の籠目文系土器群古2段階の型式組成には、沖縄・奄美南部・奄美北部という細かな地域性が明瞭に確認できる（第2図）。それぞれ三角押沈線により籠目文を構成した系統（型式）が存在することは共通するが、奄美大島を中

第1部　琉球列島の景観を最初に見た人々をめぐる仮説

	沖　縄	奄美南部 (徳之島・沖永良部島等)	奄美北部 (奄美大島・喜界島)	トカラ	
前Ⅰ期	（大堂原・野国Ⅳ群）	（＋？）	（喜子川？）	？	縄文早期
	爪形文系　古段階 （ヤブチ洞窟ヤブチ式）	（＋？）	（＋？）	？	
	新1段階（ヤブチ式・野国タイプ）			？	
	新2段階（東原式等）			？	
前Ⅱ期	条痕文系　古段階（＋）	条痕文系　古段階（喜界町総合グラウンド・中甫4層）		？	縄文前期
	（ウフニクガマ・港川）	（中甫4層）		？	
	新1段階（曽畑式・条痕文）			（＋）	
	条痕文				
	新2段階（室川下層式）				
	（室川下層・神野A式）				縄文中期
前Ⅲ期	隆帯文系　古1段階（神野B式等）			（＋）	
	古2段階（具志川A・B式）			（＋）	
	新1段階（具志川C・神野C式）			（＋）	
	新2段階（面縄前庭式）				
	新3段階（古我地原Ⅰ式）			（＋）	
前Ⅳ期	沈線文系　古段階（古我原Ⅱ・Ⅲ式、具志川島岩立Ⅶ層）	沈線文系　古段階（古我原Ⅱ・Ⅲ式、志喜屋武当・下原遺跡1住）	沈線文系　古段階（古我地原Ⅱ・Ⅲ式・ケジ遺跡Ⅰ類等）	？	縄文後期
	新段階（仲泊式）	籠目文系　古1段階（面縄東洞＋市来式・面縄東洞式）			
		古2段階（面縄東洞・嘉徳ⅠA・Ⅱ式）		（＋）	
		新1段階（嘉徳ⅠA・Ⅱ式・神野D式）		（＋）	
	点刻線文系　古1段階 （伊波・神野E式）	新2段階（嘉徳ⅠB・Ⅱ式、長浜金久Ⅱ）			
	古2～3段階（伊波式）	（嘉徳ⅠB・Ⅱ式、面縄第2）		（＋）	
	中1段階（荻堂・伊波式）				
	中2～3段階（荻堂式）		肥厚口縁系　古1段階（「面縄西洞式」、手広13層）	（＋）	
	新段階（大山式等）				
	古2段階（室川式、吹出原）	古2段階（犬田布Ⅰb・Ⅱa～d類、犬田布式）	古2段階（「面縄西洞式」・犬田布式、宇宿小第1文化層）		縄文晩期
	（室川式、知場塚原）	（犬田布Ⅰb・Ⅱa～d類・犬田布式）（ナーデン当型）			
前Ⅴ期	新段階（宇佐浜式＝宇宿上層・喜念Ⅰ・犬田布式）				
	無文尖底系（仲原式）				
後期前半	（阿波連浦下層式）		（＋？）		

第1図　琉球縄文土器様式編年（前Ⅰ期～前Ⅴ期）　※伊藤2008編年案に基づく
（＋）は該当資料存在見込、？は詳細不明を示す。

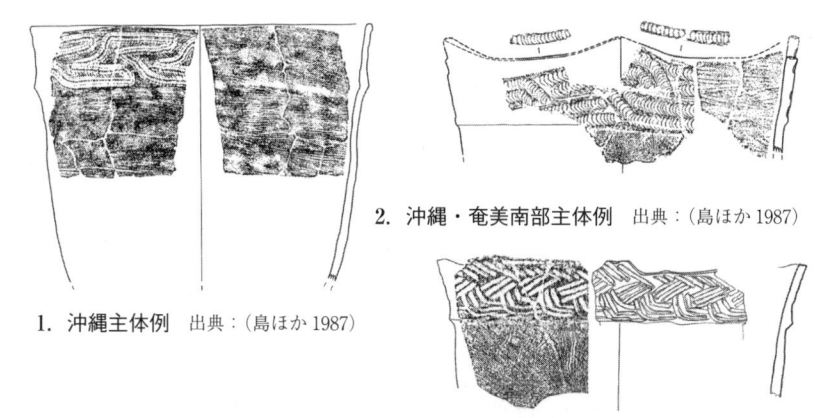

先史琉球社会の段階的展開とその要因—貝塚時代前Ⅰ期仮説—

1. 沖縄主体例　出典：(島ほか1987)

2. 沖縄・奄美南部主体例　出典：(島ほか1987)

3. 奄美北部主体例　出典：(長野ほか1988)

第2図　籠目文系土器群古2段階の地域性　※縮尺不同

心とする奄美北部では、凹線または幅広の沈線による籠目文を構成した例が特徴的に見られる。それに対して、徳之島・沖永良部島などの奄美南部や沖縄諸島ではこうした凹線の例は見られず、代わりに籠目文を構成する三角押沈線列数列ごとに細い沈線が部分的に並走する系統が多い。そして、さらに沖縄諸島では、先端が先割れしたような特殊な施文具により角押沈線を施文する部類がしばしば伴う。このようにして、奄美諸島内部にも地域性があらわになる形で、沖縄・奄美諸島に細かな地域色が出現するのである。

このような土器様式主体的分布域の分割・統合といった変動の背景には、北琉球（沖縄・奄美・トカラ諸島）の文化的同質性を根底に、時を経るにつれて一定の領域を備えた地域社会が小地域ごとに深く定着した状況を反映していると解釈できる。

5. 遺跡数増減の解釈

高宮は、貝塚時代の時期別遺跡数変化も分析した。その結果、貝塚時代前Ⅰ期〜前Ⅲ期の遺跡が少なく、しかもだんだんと減少する傾向が見られることから、Patrick Kirchの先史ポリネシアにおける仮説的人口変化モデル（Kirch 1984）の中の絶滅Extinctionモデルに該当するとし、人類が沖縄諸島

第1部　琉球列島の景観を最初に見た人々をめぐる仮説

への「植民に失敗した時代」としている。

　そこで、新たな土器編年案に基づいて、この貝塚時代前Ⅰ期～前Ⅱ期の土器様式別に遺跡数の変動を再検討した（第3図）。その結果、高宮の分析とは異なり、貝塚時代前Ⅰ期～前Ⅱ期の遺跡数は、増減を繰り返しながら、だんだんと総数が増えていく傾向が見られた。これは、Kirchの振動Oscillatingモデルに類似する。今回は詳しく分析できなかったが、高宮が「植民に成功した時代」としている前Ⅲ期以降も、実際はこのような増減を繰り返しながら、遺跡総数が増えていると考えられる。

　実は、こうした遺跡の総数が増減を繰り返す状況は、九州以北の縄文文化にも良く類似した例が見られる。たとえば今村啓爾が縄文時代の東日本の堅穴住居址数を時期ごとに分析した研究（今村1997）でも、縄文時代の前半は振動モデルに類似し、縄文時代の後半は墜落Crashモデルに類似した結果が得られている。ほとんどの縄文時代の研究者は、日本列島中央部の縄文文化に見られるこうした住居址数の変動は、環境変化と人類の適応度合などの反映と考えている。少なくとも、縄文時代に人口の断絶や新旧住民の完全な交代のような状況があったとは考えていない。

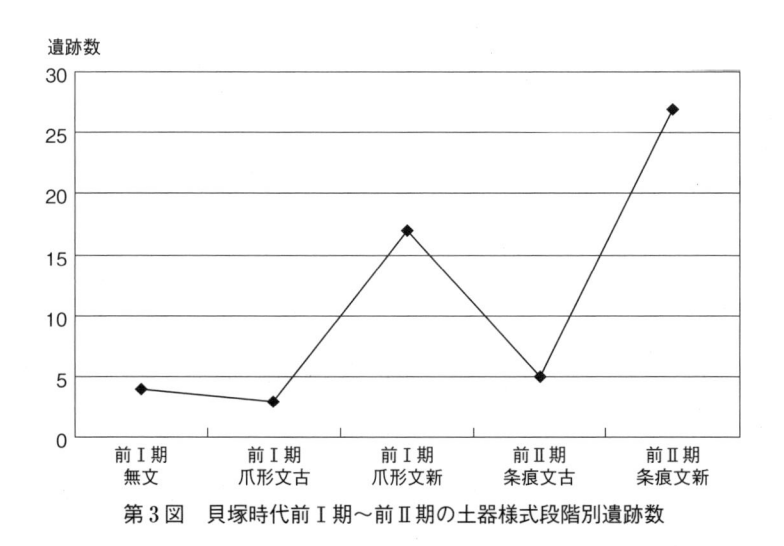

第3図　貝塚時代前Ⅰ期～前Ⅱ期の土器様式段階別遺跡数

6. 貝塚時代の居住活動体系

　もし、仮に貝塚時代前期に人類の絶滅や新集団の移住があったのならば、その後の遺跡分布や生業活動にも断絶的な変化が存在するはずである。そこで、改めて貝塚時代各時期の居住活動にかかわる特徴を大まかに整理すると、3時期に区別できる（第4図）[3]。しかも、この3時期を通して、次第に集落形態に異なる類型が新たに加わる状況も確認できる（第5・6図）。

　第一の時期は、貝塚時代前Ⅰ期～前Ⅱ期（縄文時代早期末葉～中期中葉頃に併行）が属する。沿岸に近い遺跡がやや目立つが、内陸の洞窟から海辺の低地まで多様な土地環境に小さな遺跡が点在する。住居址は未確認で、集石遺構や炉跡の検出例が少し存在する程度で、恒常的な集落景観はまだ不鮮明である（第5図類型1）。おそらく資源獲得の適地間を随時移動し粗放的に利用する生活が推測できるので、遊動期と名づけられる。

　第二の時期は、貝塚時代前Ⅲ期～前Ⅴ期（縄文時代中期後葉～晩期頃に併行）が属する。遺跡は、おもに台地上縁辺とその直下、および内陸寄りの砂丘など、土地環境の利用が集約化する傾向がある。内陸部での植物質食料獲得を基盤に、沿岸漁撈など各種の生業を体系的に統御した状況が推察できる。焼畑などの原初的な農耕を試行していた可能性も考慮される（伊藤2000）。イモ類[4]のほかに、伝統的な利用例が広く知られるソテツ（幹・実）も北谷町伊礼原B遺跡（辻ほか2007）で種子が出土しており、改めて検討すべき有力な対象候補である。2～3軒の住居址を伴う遺跡（第5図類型2、第6図2）だけでなく、この時期の後半には「帯状集落」（伊藤2009b）と名付けられる地形に沿って帯状に群集した多数の住居址を伴う拠点的な集落遺跡（第5図類型3、第6図1）も出現する。主に拠点的な集落遺跡のなかには、住居址群の群集した帯がほぼ並行して複数形成された複列型の例（第5図、第6図3）もある。また、墓域（集団埋葬）・食物貯蔵域・廃棄域（貝塚）など、土地空間利用の区別も次第に明確化する。安定した居住活動が確立するので、定着期と名づけられる。

　定着期の帯状集落は、縄文時代の東日本における環状集落に対比される北琉球の拠点集落形態と考えられる[5]。帯内の特定の位置に固執するように多

第1部　琉球列島の景観を最初に見た人々をめぐる仮説

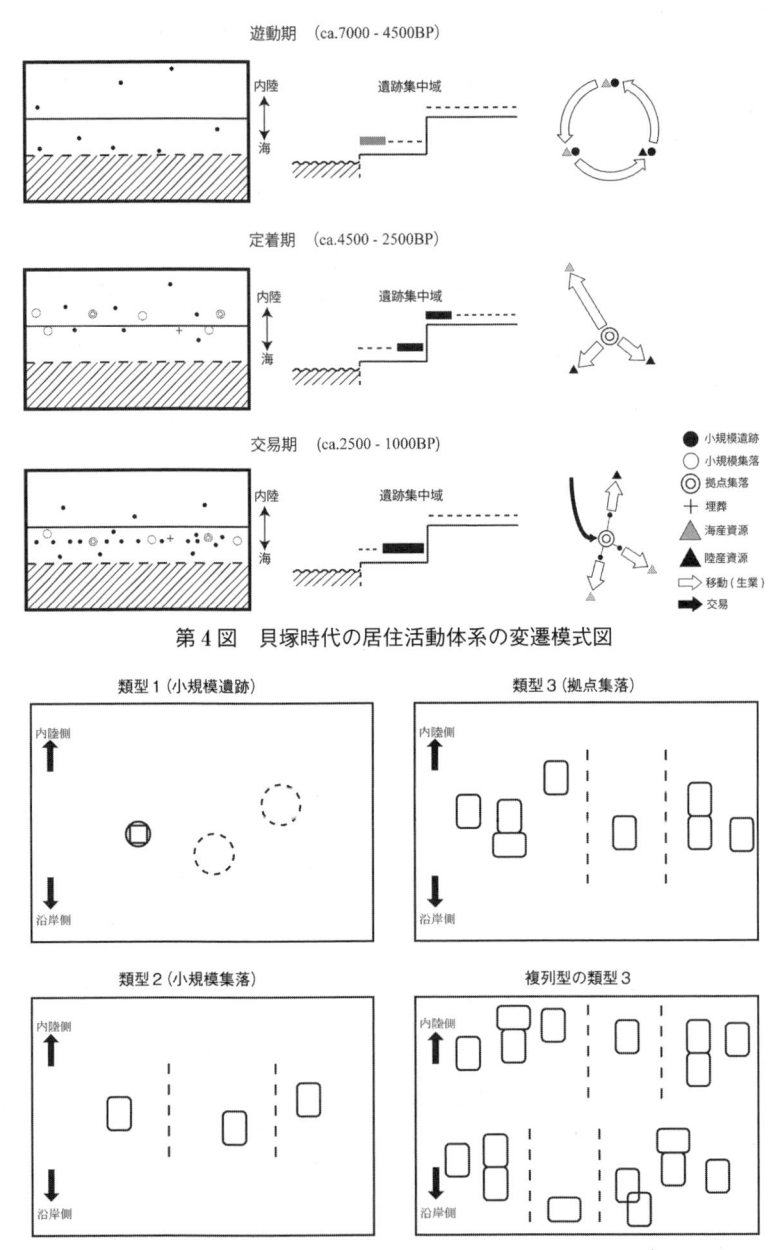

第4図　貝塚時代の居住活動体系の変遷模式図

第5図　貝塚時代集落の3類型　※◎:炉跡　: 遺物集中　□:住居址　┊:分節境界

先史琉球社会の段階的展開とその要因―貝塚時代前Ⅰ期仮説―

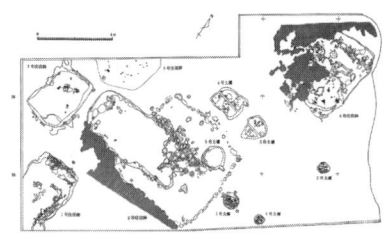

1. 類型3（拠点集落）
沖縄・知場塚遺跡　出典：(岸本ほか1988)

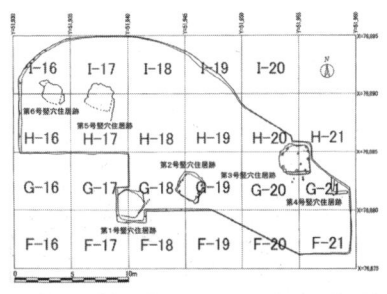

2. 類型2（多時期にまたがる小規模集落）
沖縄・古宇利原B遺跡　出典：(玉城編2004)

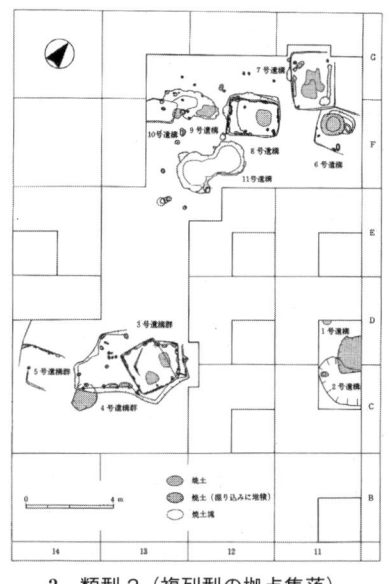

3. 類型3（複列型の拠点集落）
喜界島・ハンタ遺跡　出典：(馬原ほか1986)

第6図　貝塚時代の集落例　※縮尺不同

くの住居址が重複した住居址群複数から構成され、それらが全体として地形に沿って帯状に連なる様相を示す例が特徴的である。沖縄県うるま市宮城島のシヌグ堂遺跡（金武編1985）や高嶺遺跡（金武・金城編1989）では、台地上の内陸側が低くなる段丘状地形を利用して複列型の帯状集落が形成されるが、人為的に居住用地を造成したことに伴う可能性のある「土留め石積み遺構」が確認されていることも重要である。琉球列島で初めて明確な地形改変を伴う文化景観が形成されたのがこの定着期といえる。また、帯状集落内の隣り合う住居址群との間には、遺構の希薄なわずかな切れ目状の空間が介在する場合がしばしばある。こうした帯状集落を構成する各住居址群は、縄文時代の東日本の環状集落に見られる分節構造（谷口2005）と同様に、社会的な関係を反映した分節単位として理解できる可能性がある。

ちなみに、列状に配列あるいは垂直方向に重畳した埋葬遺跡が定着期の終

第1部　琉球列島の景観を最初に見た人々をめぐる仮説

わり頃から後述する交易期の前半にかけて現れ、何らかの強い社会的系譜関係の出現とその反映が推測される。こうした埋葬空間の構成形態を考慮すると、各住居址群の土地はそれぞれ社会的系譜を異にする集団が代を継いで相続し、住居址群が帯内に占める位置もそうした社会的関係に規定されていた可能性も考慮される。

　第三の時期は、貝塚時代後期（弥生時代～平安時代頃に併行）が属する。遺跡の種類は定着期とほぼ同じであるが、沿岸に近い砂丘上に極端に集中し、小規模遺跡が激増する。後期後半の沖縄本島では内陸部側にも遺跡が増える。社会経済的要因から居住活動体系が細分化した可能性が推測できる。出土遺物には、九州などとの交易に関わるものがしばしば含まれ、沖縄諸島のいくつかの主要遺跡ではその交易・再分配拠点的性格も推定されており（新里 2001）、交易期と名づけられる。なお、交易期の集落形態はとりわけその後半を中心として資料不足であるが、数少ない検出例である宜野湾市真志喜安座間原第一・第二遺跡（呉屋ほか 1989）や、多くの遺跡の立地状況から推察すると、少なくとも拠点的な集落の形態は定着期の帯状集落とほぼ同様であった可能性が見込まれる。

　このように、貝塚時代の居住活動体系は、時期によって段階的に変化しており、断絶や逆行的な状況は確認できない。こうした変化は、新旧住民の入れ替わりよりも、琉球列島の自然環境を自分たちの利用しやすい文化環境に貝塚時代人が改変した一連の過程の反映と考えられる。

7. 人口断絶の考古学

　高宮広土は、長期にわたって島の環境に適応した狩猟採集民は、世界的に例外的であったという。その1例として、オーストラリア南部にあるバス Bass 海峡の更新世の狩猟採集民が、完新世の海面上昇で島嶼化が進むと、彼らは速やかに島々を放棄してしまったことを例に挙げる。しかし、同じオーストラリア南部でも、カンガルー Kangaroo（Karta）島では、最終的に放棄または絶滅したと考えられているが、更新世から約 4300 年前まで独自の石器伝統をもった先史文化がオーストラリア大陸から孤立して存続した可能性

が指摘されている（Lampert 1981）。しかも、このカンガルー島の先史人は、新石器文化の特色が強い貝塚時代人と大きく異なり、南極海に近い不安定な自然環境に対して、旧石器文化的な道具組成のみしか持ちあわせていなかった。

なお、果樹・根菜農耕 horticulture を生活基盤とした先史ポリネシアでも、冒頭に紹介した「ミステリーアイランド」が存在する。しかしこれらの島々は、琉球列島と比較すると、資源の少ない小さな環礁島が多く、主要な交易経路から外れた地理的位置の場合がほとんどである。そうした島の一つである東ポリネシアのヘンダーソン Henderson 島では、島外資源を利用した釣針や石斧が主体的な人類移住初期に対して、人類の活動が途絶える直前段階には島の資源のみを苦心して活用した粗雑な釣針や貝斧だけになる状況が報告されている（Weisler 1995）。

琉球列島でも、たとえば先島諸島の南琉球新石器時代前期と後期は、文化の担い手が異なる可能性も従来から指摘されている。前期の指標的遺物である下田原式系土器群の3段階に区別できる変遷過程（伊藤 2006）からは、最古の第1段階から最後の第3段階にかけて、次第に器種組成が単純化する傾向が見られ、ヘンダーソン島の事例のように文化の断絶に至る道筋の物質文化への反映とも解釈できる。

また、冒頭に触れた神山島のような小規模島嶼では、ごく限られた時期の資料のみか、欠落時期をはさんで複数の時期の資料が確認されることが一般的である。そうした中で、琉球列島でも広域を占める一地域として、トカラ諸島（列島）の状況も注意される。筆者が最近実施したトカラ諸島全有人島嶼の遺跡分布状況の調査では、多くの新遺跡を確認できたが、貝塚時代の各時期別の遺跡数としては全諸島でも数箇所程度にとどまる見込みが得られた（伊藤 2009a）。つまり、トカラ諸島を構成する少なくない島は、時期によってはほとんど人類の居住活動が行われず実質的に無人島であった可能性がある。しかも、こうした無人島化する島と居住活動の拠点となる島は、各時期によって異なった可能性が高い。これは、トカラの各島々の面積と持続利用可能な資源量がともに小さく、貝塚時代の生活様式では複数の時期を通じて

第1部　琉球列島の景観を最初に見た人々をめぐる仮説

継続的に同一の島に居住することが困難であったことに起因するとみられる。

　高宮が指摘するように、貝塚時代人は、たしかに自然環境の制約の中で集団全体の生命存続の危機や適応失敗の危機にさらされたことが何度かあったと考えられる。遺跡数の変動が振動モデルに類似するのは、その証拠と考えられる。しかしながら、琉球列島の自然環境は、更新世からの生物固有種・遺存種を現在まで存続させるような生態学的地位 niche を豊富に備えていることがよく知られる。食糧欠乏期や大規模災害時にも、こうした自然環境が人類に対しても生態学的地位を保障したに違いない。貝塚時代人は、土器文化の継続性や居住活動体系の段階的変化から見ると、絶滅の危機をまぬがれ、文化伝統を改良継続する力量も保ち、それを許す自然条件にも充分恵まれていたと理解するのが妥当である。

8. 北琉球における新石器化

　古典的な世界史理解では、人類の定住生活の本格的開始を重視して、新石器時代に大きな歴史的意義を与える。そして、琉球列島とその周辺では、東アジア各地の新石器文化と同時期に展開した貝塚文化や縄文文化を、そうした新石器文化に直接対比することがしばしば行われる。

　しかし、新石器化の基準を古典的な土器・磨製石器・農耕の出現にもとめると、琉球列島の新石器化は約6000年間掛けて段階的に進展している実態がある。たとえば、土器と磨製石器の出現は現在のところ約7000前頃が確実な最古の年代である。ところが、農耕については、筆者が想定するような原初的な農耕（伊藤2000）の試行開始を、仮に定着期のはじまりにまでもとめても約4500年前までしかさかのぼらない。それに対して、伝統的な稲作などの穀物農耕の出現を基準にすると、北琉球における農耕の出現は、中世のグスク時代の開始前後、つまり約1000年前からとされる。これは、東アジア・東南アジア・オセアニアの諸地域と比べて、際立って遅い異例な農耕開始年代となってしまうことにも改めて注意が必要と考えられる。

　ここで、改めて問い直す必要があるのは、先史時代の北琉球における生業の実態である。高宮が指摘するように、いわゆる狩猟採集漁撈が重要な基礎

であったことは、出土動植物遺体からも明らかである。その一方で、資源の計画的な管理度合いという点に着目すれば、イノシシの幼獣を多数獲得し、本来の生息域を超えて沖合の離島にまでヒトがイノシシを持ち込んだ証拠も多数存在する。また、貝塚時代に好んで食されたイタジイの種子は、本来沖縄本島北部などの非石灰岩地帯に群生するものであるのに対して、沖縄本島中南部などの石灰岩地帯の遺跡からの出土例が目立つ。これらは、本来の自然環境の制約を超えて、居住適地を中心に食糧資源利用を計画的に集約化した事例とみなされる。また、出土例の多いオキナワウラジロガシの種子や、仮にソテツを貝塚時代から利用していたとすると、ともに直接食することは不可能で、何段階もの複雑な処理を経てはじめて食用可能になることも重要である。

　これらは、いずれも自然環境・資源を複雑な工程を経て改変利用する計画性や集約性の存在またはその可能性をうかがわせる例であり、民族誌を基に概念化された狩猟採集民像を貝塚時代の北琉球と直接比較する際により慎重な検討が必要となる側面といえる。

9. 森林・サンゴ礁性新石器文化としての貝塚文化（＝琉球縄文文化）

　そもそも、民族誌的現在のほとんどの狩猟採集民は、農耕社会と深く関わって存続していた。たとえばロシア極東を含む北太平洋沿岸部周辺各地の北方狩猟採集民は、ヨーロッパ人や中国人との毛皮交易の対価として食糧を含む生活必需品を入手していたことが知られる（例：佐々木編2002）。また、フィリピンのルソン島北部やマレー半島内陸部の狩猟採集民も、同様に平野部の農耕民との交易活動が食糧入手を含む重要な生業基盤ともなっていたことがよく知られる（Peterson 1978、Dunn 1975）。つまり、民族誌が記録する狩猟採集民は、実際には産業革命後の世界的な社会経済網の末端に組み込まれた専業的集団や、平野部の農耕社会と不可分の補完関係にある「山の民」であった場合が多いのである。民族誌から概念化された狩猟採集民像を先史時代にあてはめるには、歴史的な前提条件の慎重な検証が必要と考えられる。

　これらの点を踏まえると、北琉球の貝塚時代人は、民族誌的な意味あいで

第 1 部　琉球列島の景観を最初に見た人々をめぐる仮説

の狩猟採集民と規定するには食糧獲得に伴う計画的で集約的な自然改変度合いが大きく、農耕民と規定するにはあまりにも主作物が不明確で食糧資源利用が過度に多角的である。

　実は、このような問題点は、日本列島の縄文文化に関しても共通する。縄文文化の少なくとも後半段階に、ある種の栽培植物が存在した可能性は近年数多く指摘されるが、それらが縄文文化の多角的な食糧獲得戦略を根本から刷新するほどの影響を持たなかったことも明らかである。そもそも、世界史的な意味で、縄文文化を中石器文化に対比すべきか、あるいは新石器文化の一類型とみなすか、長年多くの議論が繰り返された。そうしたなかで、今村啓爾は、縄文時代の前期以降を森林性新石器時代と規定することを提唱している（今村1997）。西アジアや中国の新石器時代のような草原地帯に展開した新石器文化と異なり、森林を人工改変して有用な植物を増殖利用することが森林性新石器時代の特徴とされる。

　こうした観点からは、北琉球の少なくとも定着期以降については、類似した枠組みとして森林・サンゴ礁性新石器文化として規定でき、一概に狩猟採集段階とみなす必要はないと考えられる。

　琉球列島の貝塚文化（＝琉球縄文文化）は、熱帯雨林よりも食糧資源の豊富な温帯林分布域の南限に位置し、沿岸水産資源が安定的に獲得容易なサンゴ礁地域の北限にあり、しかもイノシシが多数生息する生態環境という3つの利点が複合的に存在することではじめて成立可能な文化であったと考えられる。

　かくして、遊動期を通して琉球列島特有の資源とそれらの持続的活用方法を模索した人々は、やがて定着期に入ると、それらの資源を集約的に管理可能な場所として、内陸資源の利用が容易で沿岸漁場を見通せる丘の上を集落立地に選び、その後の交易期には交易のための経済的利便性から丘から下りて沿岸砂丘に居を構えたと推測される。

※本論は、伊藤慎二　2010「ヒトはいつどのように琉球列島に定着したのか？」、『考古学ジャーナル』No. 597：6-8頁、ニューサイエンス社（東京）を基に、大幅に

先史琉球社会の段階的展開とその要因—貝塚時代前Ⅰ期仮説—

加筆増補した。

注
1) 1988年4月2日沖縄タイムス朝刊「3500年前の荻堂式土器発見：無人島のチービシから」、および那覇市教育委員会北條眞子氏教示。
2) 最近、琉球列島最古級の土器群に関して大変興味深い新たな見解が提示された。沖縄本島南城市ウフニクガマ遺跡から採集された土器について、その近隣からあわせて得られたシレナシジミとカワニナの9785yrBPと9090yrBPという放射性炭素測定年代値を踏まえて、九州縄文時代早期前葉の貝殻文系土器群（特に政所式・中原式）との関連性が最近示唆された（山崎ほか2010）。年代値が土器に伴うものであれば、爪形文系土器群よりもはるかに古い琉球列島最古の土器群となる。しかし、山崎真治氏のご厚意により筆者が実見した印象では、採集土器は異なる時期の資料を含むと考えられる。九州の貝殻文系土器群との類似性が示唆された資料は、大形の丸底深鉢形土器と小形丸底の鉢形土器で、施文範囲は口縁最上部に限られ、横位に小刻みの波状の条線文を施しその直下に連続刺突文が伴う。筆者の編年案（伊藤2008）では、爪形文系土器群から後続する条痕文系土器群への変遷過程は、施文具の形態を直接点的に反映した文様が器面全面に展開する段階（爪形文系古段階）から、施文具の動作によって線的に連続した文様が加わり（爪形文系新段階）、やがてそれらの文様が主体化して胴上半部に施文域が集約する段階（条痕文系新段階）に移行すると考えている。こうした観点に基づくと、ウフニクガマ遺跡出土資料は、前Ⅱ期の条痕文系土器古段階に位置づけた喜界島総合グラウンド遺跡や沖永良部島中甫洞穴遺跡出土の土器群、あるいは沖縄県八重瀬町港川フィッシャー遺跡出土土器に大枠として文様構成・施文手法が類似する資料といえる。九州の貝殻文系土器群とは、型式組成と器種組成が異なることも無視できない。爪形文系土器群を含めて、琉球列島の最古段階の土器群に関連する資料は、いずれも土器付着炭化物などの直接的な測定年代値がまだ著しく不足しており、改めて層位的検証と全般的な年代検証が必要である。
3) 安里嗣淳は、沖縄諸島における人間集団の動きや状態に着目して、前Ⅰ～Ⅱ期に対応する「渡来期」、前Ⅲ期に対応する「適応期」、前Ⅳ期に対応する「拡散期」、前Ⅴ期～後期後半に対応する「発達期」という時期区分を提唱し、人類の段階的で継続した定着過程を想定している（安里ほか2003）。

第1部　琉球列島の景観を最初に見た人々をめぐる仮説

4)　黒住耐二は、最近ヌノメカワニナを指標にミズイモ湿地栽培の沖縄諸島への導入が貝塚時代前Ⅳ・Ⅴ期に行われた可能性を指摘しており（黒住2007）、大変注目すべき重要な見解と考えられる。
5)　帯状集落は、北琉球以外にも、東日本の環状集落地域や中国遼河流域以西の囲郭集落地域を除く東北アジア各地の新石器文化・縄文文化に広く分布しており、重要な生業基盤である漁撈活動の利便性に特に対応した集落形態と考えられるが、地域により少しずつ異なる類型が存在する（伊藤2009b）。

引用・参考文献（著者名五十音順）

安里嗣淳ほか 2003『沖縄県史』各論編第2巻考古、沖縄県教育委員会（沖縄）

伊藤慎二 2000『琉球縄文文化の基礎的研究』、ミュゼ（東京）

伊藤慎二 2006「縄文文化の南の境界」、『東アジア世界における日本基層文化の考古学的解明』：1-14頁、国学院大学21世紀COEプログラム（東京）

伊藤慎二 2008「琉球縄文土器（前期）」、『総覧縄文土器』：814-821頁、アム・プロモーション（東京）

伊藤慎二 2009a「先史琉球の北限の文化景観」、『NEOMAP Interim Report 2008』：75-79頁、総合地球環境学研究所（京都）

伊藤慎二 2009b「ロシア沿海地方とその周辺の新石器時代集落景観」、『物質文化史学論聚：加藤晋平先生喜寿記念論文集』：125-137頁、北海道出版企画センター（北海道）

今村啓爾 1997「縄文時代の住居址数と人口の変動」、『住の考古学』：45-60頁、同成社（東京）

今村啓爾 1999『縄文の実像を求めて』、吉川弘文館（東京）

馬原和広ほか 1986『ハンタ遺跡』研究室活動報告21、熊本大学文学部考古学研究室（熊本）

加藤晋平 1996「南西諸島における土器以前の石器文化」、『月刊地球』Vol.18 (8)：510-515頁、海洋出版株式会社（東京）

岸本義彦ほか 1988『知場塚原遺跡』本部町文化財調査報告書第5集、本部町教育委員会（沖縄）

金武正紀編 1985『シヌグ堂遺跡』沖縄県文化財調査報告書第67集、沖縄県教育委員会（沖縄）

金武正紀・金城亀信編 1989『宮城島遺跡分布調査報告』沖縄県文化財調査報告書

第92集、沖縄県教育委員会（沖縄）

黒住耐二 2007「胎生淡水産貝類からみた先史時代の沖縄諸島における根栽農耕の可能性」、『南島考古』第26号：121-132頁、沖縄考古学会（沖縄）

呉屋義勝ほか 1989『土に埋もれた宜野湾』宜野湾市文化財調査報告書第10集、宜野湾市教育委員会（沖縄）

佐々木史郎編 2002『開かれた系としての狩猟採集社会』国立民族学博物館調査報告34、国立民族学博物館（大阪）

島弘ほか 1987『古我地原貝塚』沖縄県文化財調査報告書第84集、沖縄県教育委員会（沖縄）

新里貴之 2001「物流ネットワークの一側面」、『南島考古』20号：49-66頁、沖縄考古学会（沖縄）

新里貴之 2008「琉球縄文土器（後期）」、『総覧縄文土器』：822-829頁、アム・プロモーション（東京）

高宮広土 2005『島の先史学：パラダイスではなかった沖縄諸島の先史時代』、ボーダーインク（沖縄）

谷口康浩 2005『環状集落と縄文社会構造』、学生社（東京）

玉城靖編 2004『古宇利原B遺跡発掘調査報告書』今帰仁村文化財調査報告書第16集、今帰仁村教育委員会（沖縄）

辻誠一郎・大松しのぶ・辻圭子 2007「伊礼原遺跡の植物遺体群」、『伊礼原遺跡：伊礼原B遺跡ほか発掘調査』北谷町文化財調査報告書第26集：433-444頁、北谷町教育委員会（沖縄）

長野真一ほか 1988『下山田Ⅱ遺跡・和野トフル墓』鹿児島県埋蔵文化財発掘調査報告書（45）、鹿児島県教育委員会（鹿児島）

山崎真治・横尾昌樹・大城秀子 2010「南城市親慶原ウフニクガマ採集の遺物について」、『南島考古』第29号：113-128頁、沖縄考古学会（沖縄）

Dunn, F.L. 1975 *Rain-Forest Collectors and Traders: A Study of Resource Utilization in Modern and Ancient Malaya*, Monographs of Malaysian Branch of the Royal Asiatic Society (Kuala Lumpur)

Kirch, P. V. 1984 *The Evolution of the Polynesian Chiefdoms*, Cambridge University Press (Cambridge)

Lampert, R 1981 *The Great Kartan Mystery*, Terra Australis 5, Australian National University (Canberra)

第 1 部　琉球列島の景観を最初に見た人々をめぐる仮説

Peterson, J. T. 1978 *The Ecology of Social Boundaries: Agta Foragers of the Philippines*, University of Illinois Press (Urbana)

Weisler, M. I. 1995 Henderson Island Prehistory: Colonization and Extinction on a Remote Polynesian Island, In *The Pitcairn Islands: Biogeography, Ecology and Prehistory*. pp.377-404, Academic Press (London and San Diego)

Weisler, M. I. 1996 Taking the Mystery Out of the Polynesian 'Mystery Islands': A Case Study from Mangareva and Pitcairn Group, In *Oceanic Culture History: Essays in Honour of Roger Green*. pp. 615-629, University of Otago (Dunedin)

第 2 部

琉球列島の景観の形成と資源利用

琉球列島におけるサンゴ礁形成史と地震・津波

河 名 俊 男

はじめに

　琉球列島はサンゴ礁に縁取られている。また、過去に何度も地震が発生し、津波も襲来している。琉球列島における貝塚時代の考古遺跡の立地は、サンゴ礁の形成史と密接に係わっており、地震や津波などの自然災害からも少なからず影響を受けてきたと推測される。本稿は、沖縄島中部を中心とする地域における貝塚時代の考古遺跡の立地を、当地域のサンゴ礁形成史と海面変動、および津波の襲来との関連の中で考察する。序論でも説明されているように、沖縄における考古学編年では、現行編年と暫定編年が一般的に利用されているが、本稿では暫定編年（高宮編年）を採用する（第1表：後述）。

　本稿では考古遺跡の立地とサンゴ礁形成史・海面変動および地震・津波との関係を議論するが、両者の共通軸として年代がある。このうち、サンゴ礁形成史、海面変動、および古地震・古津波などを考察する自然地理学や地質学などの分野では、近年、国際的にも国内においても、試料の$δ^{13}C$を測定した上で暦年代に較正された年代値（cal BPで表記される：1950年を基準年とし、それよりも以前の年代を意味する）で議論する、あるいは$δ^{13}C$を測定していない試料については、ある仮定を基に暦年代に較正し（詳細は後述）、全体として暦年代で議論することが必要とされる。

　一方、考古学の分野では、従来、$δ^{13}C$が未測定の試料（$δ^{13}C$を測定したという記述がない試料）の年代値がそのまま表記されているように思われる。この最初の年代値はmeasured radiocarbon age（測定年代）と呼ばれ、年代値はyr BPで表記される。これらの年代値は暦年代に較正されていないので、暦年代で議論している他の研究分野との共通の年代軸が設定できないという

問題点がある。こうした中で、最近の考古学の年代値に際しては、δ^{13}C が測定されているので、測定年代から補正年代（conventional radiocarbon age: yr BP）に補正され、さらに補正年代から暦年代に較正されている。しかしその場合であっても、考古学の議論に際しては最終的に暦年代で議論することが少なく、その前の段階の補正年代などに基づいて議論している研究例がみられる。こうした背景の下、岩井・河名（2008）は沖縄島における過去数千年間の自然環境と考古遺跡の立地との関係について論じた。この中で、過去数千年間のサンゴ礁発達史と海面変動の年代は暦年代（cal BP、1σ）（1σは、測定結果が測定誤差内に入る確率が約68％を示す）で表記したが、考古遺跡の年代は暦年代に較正していない測定年代（yr BP）を採用したため、同一の年代軸（暦年代）での議論ができず、今後の課題として残された。

　こうした中で、近年、琉球列島の考古学において、暦年代を明記した論文等が掲載され、さらに暦年代に基づく議論が展開されるようになってきた（アラフ遺跡発掘調査団・江上編2003；木下編2006；沖縄県立埋蔵文化財センター編2006；北谷町教育委員会編2007；うるま市教育委員会監修・イーエーシー2008；名島ほか2008など）。このうち、名島ほか（2008）がまとめた年代値の別表は、奄美諸島、沖縄諸島、先島諸島における考古遺跡の年代値を、「測定機関、遺跡・層序、推定時期・出土土器等、測定方法、測定試料、測定年代（yr BP）、δ^{13}C（‰）、補正年代（yr BP）、較正暦年代（2σの年代値の cal BC あるいは cal AD）と2σの年代値の信頼率、評価、引用文献」の一覧表としてまとめ、有用な資料を提供している（上記の2σは、測定結果が測定誤差内に入る確率が約95％を示す。1σよりも暦年代の年代幅が大きい）。

　本稿では、自然地理学・地質学と考古学との共通の年代軸として、暦年代（cal BP、1σ）を採用する。名島ほか（2008）にまとめられている年代値は、δ^{13}C を測定後、補正年代から暦年代に較正した年代値（cal BC あるいは cal AD、2σ）、および δ^{13}C が未測定なため暦年代に較正できなかった未較正の年代値（測定年代）の双方を含んでいる。本稿では、このうち沖縄島中部を中心とする考古遺跡に係わる年代値として、名島ほか（2008）の表から可能な限り多数の暦年代値（2σ）をピックアップし、それらを以下の方法で cal

BP（1σ）の暦年代値に較正し直した。また、$δ^{13}C$ が未測定なため暦年代に較正できなかった未較正の年代値（測定年代）についても、以下の方法を基に cal BP（1σ）の暦年代に較正した（合計58件）。較正の概略は以下の通りである。

a) $δ^{13}C$ が測定されている試料（名島ほか 2008）の中で、木炭など炭化物の試料の補正年代は、暦年代較正ソフトウェアの calib501 に基づき、Intcal04（木炭など炭化物の試料に適用）として暦年代（1σ：cal BP）に較正した。この結果、得られた暦年代2σの年代値（cal BC あるいは cal AD）およびそれぞれの信頼率は、いずれも名島ほか（2008）の別表に示される値に一致したので、上記の較正方法は妥当と考え、calib501 に基づいて得られた暦年代1σ（cal BP）を本稿で採用した。なお、得られた1σの暦年代が複数の場合は、その中で最も信頼率の高い年代値を採用した。

b) $δ^{13}C$ を測定していない年代値は、上述したように測定年代と呼ばれている。従来の考古遺跡に係わる多くの年代値はこの年代値と考えられる。これらの年代値は $δ^{13}C$ が未測定なため暦年代に較正できなかったので、自然地理学・地質学など暦年代に基づく分野との共通の年代軸を有する議論ができなかった。本稿ではこの問題の打開策として、以下の仮定を基に測定年代から補正年代に較正した。

名島ほか（2008）に記載された多くの試料は木炭などの炭化物である。これらの試料の $δ^{13}C$ は平均すると-25‰を示すので（ボウマン1998）、$δ^{13}C$ = -25‰と仮定すると、それらの測定年代は、同一の値である補正年代に較正することができる。ただし木炭など炭化物の $δ^{13}C$ は厳密には-25‰ではなく、名島ほか（2008）に示される $δ^{13}C$ の平均値は、名島ほか（2008）が指摘しているように-26‰を示す。また、$δ^{13}C$ は一般に2~3‰の変動幅があり、ときには大きく変化することもあるので、少なくとも25~50年以上の差がある可能性を考えなければならない（名島ほか 2008）。以上の問題点を踏まえた上で、名島ほか（2008）の測定年代（木炭などの炭化物）を、それらの試料の $δ^{13}C$ を-25‰と仮定して補正年代に補正した。以上の補正年代を、暦年代較正ソフトウェアの calib501 に基づき、Intcal04 として暦年代（1σ：cal BP）

第2部　琉球列島の景観の形成と資源利用

に較正した。

　c）後述の野国貝塚群B地点における第VII層中に、貝化石の年代（$\delta^{13}C$が未測定の測定年代：yr BP）が報告されている（古川1984）。この貝の学名は不明であるが、本稿ではこの貝を海成の貝と仮定して、$\delta^{13}C = 0‰$（海洋性の炭酸塩試料の平均値）（ボウマン1998）として補正年代を求め、Marine04（海洋性の試料）として、海洋リザーバー効果を$\Delta R = 0 \pm 0$年と仮定して、calib501のソフトウェアに代入して暦年代（cal BP、1σ）を得た。

　d）渡具知東原遺跡における曽畑式産出層準の第III層（陸源の褐色粘土層）の測定年代は4880 ± 130 yr BPを示す（古川・大城1977）。この年代を示す試料の種類は明確に示されていないが、古川・大城（1977）の記載から、当試料を炭化物と判断した。以上に基づき、上記のb）と同様の仮定の下で暦年代に較正した。

　上記に基づいて、沖縄島中部を中心とする地域における沖縄貝塚時代の編年、および各時代の考古遺跡の暦年代と立地についてまとめたものが第1表である。このうち、本稿での暦年代の表示については、各暦年代（cal BP、1σ、1桁まで得られた数字）のうち2桁目の数字を四捨五入し、4桁と3桁の数字のcal BPを○○～○○年前と表示する。本稿で議論する主要な地点は第1図に示される。第1表の年代区分と土器型式の分類は名島ほか（2008）による。ただし、本稿で扱う考古学の年代値は、名島ほか（2008）の中で主として沖縄島中部を中心とする地域の年代値を採用しているので、第1表に示される各時代の土器型式の年代幅は、沖縄島全域および周辺島も含めた広域の地域における各時代の土器型式の年代幅よりも小さくなっている可能性が高いと考えられる。換言すれば、沖縄島全域および周辺島も含めた地域における各時代の土器型式の年代幅は、第1表に示された各土器型式の年代幅よりも大きいと推測される。以上を踏まえた上で、第1表から以下の諸点が指摘できる。

　（a）前I期は無文の先爪形文土器型式、および無文土器・爪形文と爪形文の土器型式で（古川1984）、無文の先爪形文土器型式では、野国貝塚B地点（第1図参照。以下同様）での年代は約7900～7700年前を示す。ここで7900～

琉球列島におけるサンゴ礁形成史と地震・津波

第1表　沖縄島中部を中心とする沖縄貝塚時代の編年（暦年代）と遺跡の立地

九州	沖縄貝塚時代 （暫定編年）		沖縄貝塚時代 （現行編年）	土器型式	年代（cal BP：1σ）、試料件数、および遺跡名	遺跡の立地
縄文時代	前期	I	早期	無文の先爪形文	約7900～7700＊＊＊（1件）（野国貝塚B地点）	海岸付近の台地の崖下
				無文土器・爪形文	約7300～6800 ＊（3件）（新城下原第二遺跡）	海岸低地
				爪形文	約7600～7200＊＊（2件）（渡具知東原） 約7000～6500＊＊（2件）（野国貝塚B地点）	海岸付近の台地
		II		曽畑式	約6200～5700＊（7件）（伊礼原遺跡低湿地地区） 約5800～5500＊＊＊＊（1件）（渡具知東原）	海岸付近の台地の崖下、海岸低地
		III		面縄前庭式？	約5300～4900 ＊（3件）（伊礼原遺跡低湿地地区）	海岸低地
		IV	前期	伊波・荻堂式	約4200～3900 ＊（2件）（宜野座前原遺跡） 約3600～3200 ＊＊（3件）（キガ浜貝塚） 約3500～2900 ＊（2件）（西長浜遺跡） 約3300～2900 ＊（2件）（宜野座前原遺跡） 約1400～1300 ＊＊（2件）（部瀬名南貝塚）	丘陵斜面、崖下、海岸からやや内陸の崖下、海岸砂丘、海浜、海岸低地
		IV・V		伊波・大山・室川・宇佐浜式、および室川・宇佐浜式？	伊波・大山・室川・宇佐浜式（約3300～2900 ＊）（5件）（茅打バンタ遺跡）、室川・宇佐浜式（3400～2900 ＊）（4件）（大山富盛原第二遺跡）	高台
		V	中期	カヤウチバンタ・仲原式	カヤウチバンタ式（約3400～3200 ＊）（2件）（大山岳之佐久第一遺跡）、仲原式（主体含む）（約3300～2900 ＊＊）（2件）（シヌグ堂遺跡、喜友名東原ヌバタキ遺跡）、仲原式？（約2800～2700 ＊）（1件）（伊礼原遺跡低湿地地区）、土器型式不明（約1900～1400 ＊＊）（2件）（前原第2遺跡）	高台、丘陵、海岸低地
弥生時代	後期	I	後期	浜屋原・大当原式、大当原式？、大当原・アカジャンガー式、アカジャンガー式、フェンサ下層式	浜屋原・大当原式主体（約2300～1900 ＊）（2件）（宜野座前原貝塚）、大当原式？（約1600～1500 ＊）（1件）（津堅貝塚）、大当原式？（約2200～1900 ＊＊1件および約1300～900 ＊＊2件）（平敷屋トウバル遺跡）、大当原・アカジャンガー式（約1300～1200 ＊）（3件）（宜野座前原貝塚）、アカジャンガー式（約1400 ＊）（1件）（津堅貝塚）、フェンサ下層式（約1100～900 ＊）（2件）（伊礼原遺跡低湿地地区）	海岸付近の低地、海岸砂丘
		II				
		III				
古墳時代 〜 平安時代		IV				

沖縄貝塚時代（暫定編年）は高宮暫定編年に基づく。土器型式と各遺跡名は名島ほか（2008）による。暦年代は cal BP（1σ）。＊＝名島ほか（2008）別表の2σの年代に基づき、calib501 により求めた年代値（本文参照）。＊＊＝名島ほか（2008）別表の試料（木炭など炭化物）の中で、δ^{13}C が未測定なため補正年代が得られていない試料を、calib501 により求めた年代値（本文参照）。＊＊＊＝古川（1984）の試料（貝）で、δ^{13}C が未測定なため補正年代が得られていない試料を calib501 により求めた年代値（本文参照）。＊＊＊＊＝古川・大城（1977）の試料で、本文の記載から試料を炭化物と判断する。ただし δ^{13}C が未測定なため補正年代が得られていないので、calib501 により求めた年代値（本文参照）。各年代値の括弧の中の件数は、筆者が暦年代（cal BP、1σ）に較正した件数を示す。

7700年前という表示は、上述したように、1桁まで得られている暦年代の2桁目の数字を四捨五入し、7900～7700 cal BP が得られた。その中の「cal BP」を、本稿では「年前」と表示する（以下同様）。

前述したように、野国貝塚群B地点における年代測定用の試料（貝）を海成と仮定して暦年代に較正したが、貝が海成か非海成かは不明であり、また、

67

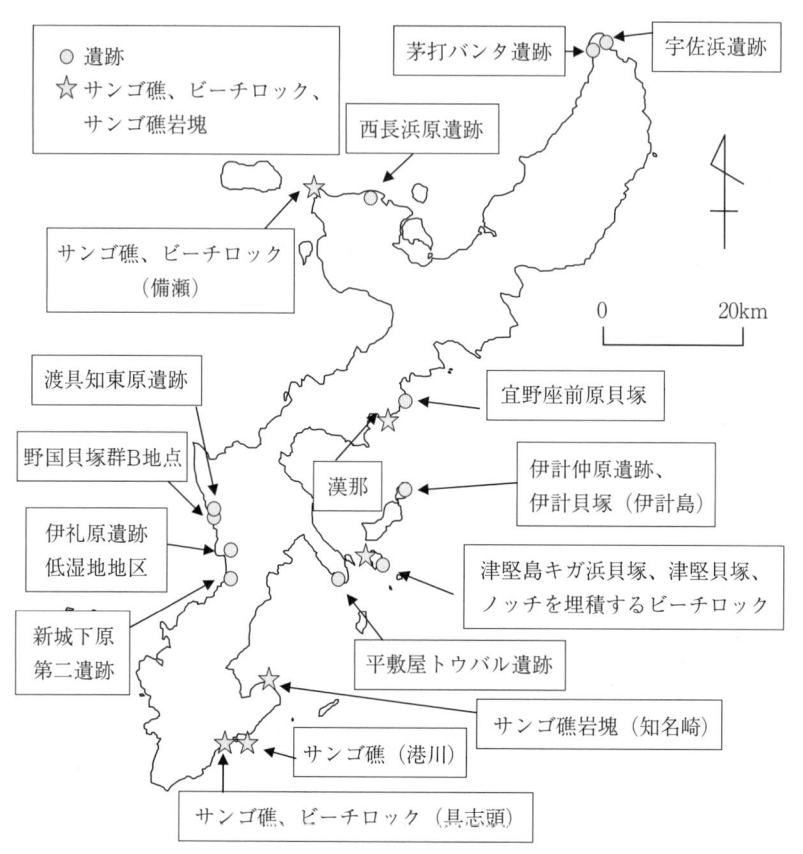

第 2 部　琉球列島の景観の形成と資源利用

第 1 図　沖縄島と周辺島における遺跡および自然環境（サンゴ礁、ビーチロック、サンゴ礁岩塊）の調査地域の位置図

試料の $\delta^{13}C$ は測定されていないので（古川 1984）、上記の年代については、ある程度の年代幅を考える必要がある。また、野国貝塚群 B 地点における無文の先爪形文土器型式の包含層はその上位の爪形文土器型式の包含層と整合的に連続しているので、無文の先爪形文土器型式と爪形文土器型式との間の時間的な間隙は大きくはないと推測されている（古川 1984）。

　無文土器・爪形文と爪形文の土器型式では、新城下原第二遺跡での年代は約 7300〜6800 年前を示す。渡具知東原遺跡での年代は約 7600〜7200 年前、

68

野国貝塚群B地点での年代は約7000～6500年前を示す。以上から、当地域における前I期の無文土器・爪形文と爪形文の土器型式の時代は約7600～6500年前を示す。ただし渡具知東原と野国貝塚群B地点の年代値は$\delta^{13}C$を測定していないので、実際の暦年代は上記の年代よりも、少なくとも25～50年以上の差がある可能性を考える（名島ほか2008）必要がある。

(b) 前II期は曽畑式の土器型式で、伊礼原（いれいばる）遺跡低湿地地区での年代は約6200～5700年前、渡具知東原での年代は約5800～5500年前を示す。以上から、当地域における前II期の曽畑式土器型式の時代は、約6200～5500年前を示す。ただし渡具知東原での年代は$\delta^{13}C$を測定していないので、実際の暦年代は上記の年代よりも、ある程度の幅があると考えられる。

(c) 前III期は面縄前庭式（おもなわ）？（？の表示は名島ほか（2008）の記載による。以下同様）の土器型式で、伊礼原遺跡低湿地地区での年代は約5300～4900年前を示す。

(d) 前IV期は伊波（いは）・荻堂式の土器型式で、宜野座前原（ぎのざめーばる）遺跡での年代は約4200～3900年前と約3300～2900年前、津堅島（つけん）キガ浜貝塚では約3600～3200年前、西長浜原（にしながはまばる）遺跡では約3500～2900年前を示す。このうち、キガ浜貝塚での年代は$\delta^{13}C$を測定していないので、実際の暦年代は上記の年代よりも、一定の幅があるものと思われる。

なお名島ほか（2008）の別表には、伊波・荻堂式の遺跡として部瀬名（ぶせな）南貝塚があり、炭化材（$\delta^{13}C$が測定されている）試料の暦年代が1件記載されている。この試料の暦年代は約1400～1300年前を示す（複数の年代値があるので、その中の最も信頼率の高い年代値を採用した）。しかしこの年代は上記の前IV期の各土器型式の年代とは大きく異なり、後述する貝塚時代後期の暦年代と同年代を示す。

(e) 前IV期～V期は伊波・大山・室川・宇佐浜式、および室川・宇佐浜式の土器型式で、前者では茅打（かやうち）バンタ遺跡での年代は約3300～2900年前、後者では大山富盛原（とうむいばる）第二遺跡での年代は約3400～2900年前を示す。

(f) 前V期は宇佐浜・カヤウチバンタ・仲原（なかばる）式の土器型式で、大山岳之佐久原（たきぬさくばる）第一遺跡での年代は3400～3200年前（カヤウチバンタ式）、シヌグ堂遺跡

第2部　琉球列島の景観の形成と資源利用

と喜友名 東 原ヌバタキ遺跡では3300～2900年前（仲原式：主体含む）、伊礼原遺跡低湿地地区では2800～2700年前（仲原式？）を示す（？の表示は名島ほか（2008）の記載による。以下同様）。

なお名島ほか（2008）の別表には、前Ⅴ期の遺跡として前原第2遺跡があり、炭化材を試料とする測定年代が2件記載されている（ただし土器型式は不明）。これらの試料は$δ^{13}C$が測定されていないので、前述の方法により暦年代を求めると約1900～1400年前になる。しかし、これらの年代は上記の前Ⅴ期の各土器型式の年代とは大きく異なり、後述する貝塚時代後期の暦年代と同年代を示す。

（g）高宮暫定編年の後期はⅠ～Ⅳに細分されるが、一括すると、宜野座前原貝塚（海岸低地）では約2300～1900年前（浜屋原・大当原式主体）と1900～1300年前（大当原・アカジャンガー式）、津堅貝塚（海岸低地）では約1600～1500年前（大当原式？）と約1400年前（アカジャンガー式）、平敷屋トウバル遺跡（海岸低地）では約2200～1900年前（大当原式？）と約1300～900年前（大当原式？）、および伊礼原遺跡低湿地地区(海岸低地)では約1100～900年前(フェンサ下層式）を示す。以上の年代値は、全体として前述の第1表にまとめられる。

前述したように、第1表の土器型式の年代値の中には$δ^{13}C$を測定していない試料も含まれる。そのため、それらの試料を有する土器型式の暦年代は、第1表に示された年代幅よりも幅のある年代値を有するものと思われる。以上の問題点を踏まえた上で、各遺跡の土器型式と暦年代（cal BP、$1σ$）から以下の概要が読み取れる。

a）無文の先爪形文と無文土器・爪形文（前Ⅰ期）、曽畑式（前Ⅱ期）、面縄前庭式？（前Ⅲ期）、および伊波・荻堂式（前Ⅳ期）の各土器型式の暦年代は相互に重複していない。この特徴は、上記の土器型式年代を$2σ$の年代幅（$1σ$の年代幅よりも大きい）で考えても相互に重複していない。換言すれば、暦年代の視点のみに絞って考えれば、無文の先爪形文～無文土器・爪形文（前Ⅰ期）と曽畑式（前Ⅱ期）、曽畑式（前Ⅱ期）と面縄前庭式？（前Ⅲ期）、および面縄前庭式？（前Ⅲ期）と伊波・荻堂式（前Ⅳ期）の各土器型式の間には、

一定の時間の間隙が存在していた可能性がある。

b) 一方、前IV期（伊波・荻堂式）、前IV期～前V期（伊波・大山・室川・宇佐浜式と室川・宇佐浜式）、および前V期（カヤウチバンタ・仲原式）との間には、土器型式の暦年代（1σ）が、それぞれにおいて、かなり重複している。ただし、それらの年代の中には$δ^{13}C$を測定していない試料も含まれる。以上の問題点も考慮した上で、それらの特徴を暦年代（1σ）だけから考えれば、前IV期から前IV期・前V期を経て前V期にかけての土器型式は、時代的にはかなり重複しながら変遷してきた可能性がある。

c) 前V期の土器型式と貝塚時代後期（暫定年代ではIからIVに細分されるが、本稿では一括して後期とする）の土器型式の暦年代については、前原第2遺跡（前述）以外の土器型式の暦年代では1σでも2σでも重複していない。ただし前原第2遺跡と同様のケースは前IV期の部瀬名南貝塚（前述）にも存在し、両者ともそれらの土器型式の年代は貝塚時代後期を示す。

以上から、前V期から後期への土器型式の時代を暦年代のみから考えると、本稿で扱った多くの遺跡や貝塚では、両者の間に一定の時間の間隙が存在していた可能性がある。しかし、前原第2遺跡と部瀬名南貝塚の土器型式の年代を含めて考えると、全体としては、前IV期・前V期と後期の各土器型式の間には時間の間隙が存在していなかったと考えられる。

d) 沖縄貝塚時代後期の後はグスク時代と呼ばれている。名島ほか（2008）の表の中で、グスク時代の最も古い年代を示すと思われる遺跡の試料2件（城間村集落跡のヌ－7、2層最下部、および野嵩タマタ原遺跡の7地点IIx層）の補正年代を暦年代（1σ）に較正すると、前者は約1200～1100年前、後者は約1300～1200年前を示す。以上の暦年代（1σ）は、前述した沖縄貝塚時代後期の平敷屋トゥバル遺跡の暦年代（1σ）の1つである約1300～900年前（大当原式？）の年代に重複している。別の表現をすれば、沖縄貝塚時代後期の一部の暦年代（1σ）は、その後のグスク時代の一部の暦年代（1σ）と重複していることから、暦年代（1σ）の視点のみから考えると、一部の遺跡においては、沖縄貝塚時代後期とその後のグスク時代との間に時間的な間隙を見いだすことができない。

e）ただし、上述の各土器型式は沖縄島中部を中心とする遺跡での土器型式であるため、限定された地域での考察に留まっている。また、$\delta^{13}C$ が未測定の試料（木炭などの炭化物）の測定年代を、$\delta^{13}C = -25‰$ と仮定して補正年代を算出し、それらの補正年代から暦年代に較正しているので、そのような試料の暦年代は、ある程度の年代幅を有する。そのため、そのような試料を有する土器型式の議論に際しては、「各土器型式時代の間には、一定の時間の間隙が存在していた可能性がある。」（上述）との指摘は、$\delta^{13}C$ が未測定の試料を有する場合は不確実性を伴う。さらに、各土器の特徴や文化的な背景等を考慮せずの検討であるので、種々の問題点や課題が少なからず存在する。

以上から上記のa）〜d）の指摘は、「沖縄島中部を中心とする限定された地域の遺跡群において、$\delta^{13}C$ が未測定の試料を含む土器型式に係わる暦年代」という特定された視点からの問題提起に留め、今後、考古学からの十分な議論を加えて総合的に考察する必要がある。

1. 琉球列島におけるサンゴ礁形成史と考古遺跡の立地

(1) 琉球列島におけるサンゴ礁形成史と海面変動の概要

地球史の最後の地質年代は新生代の「第四紀」と呼ばれている。従来、第四紀の始まりは約180万年前とされてきたが、2009年の国際地質科学連合において、その始まりは約260万年前と再定義された。このうち、約260万年前から約1万年前の期間は、新たに定義された「更新世」、約1万年前以降、現在にかけての期間は、従来と同様に「完新世」と呼ばれている。新しく定義された第四紀の特徴は、第1に、それまでの時期（第三紀）に比較して世界的な寒冷化が恒常的になり、第2に、世界的な気候変化（氷期—間氷期）のサイクルが成立したことにある（植木・遠藤 2010）。

このうち、氷期—間氷期のサイクルは、研究者の名称を冠してミランコビッチ・サイクルと呼ばれている。ミランコビッチは1920年から1957年にかけての論文で、世界的な気候変化の要因を、1）太陽を回る地球の公転軌道の変化、2）地軸の傾きの変化、3）自転に伴う歳差運動に求めた。その後、ミ

ランコビッチの学説は、1960年代後半から判明した深海底の酸素同位体記録や大陸氷床コアから得られた多くの気候変化データなどから支持された（町田ほか編2003）。一方、陸上および海底における地形地質調査から約120〜130m規模の海面変動が指摘され、氷期（寒冷期）は低海面期、間氷期（温暖期）は高海面期に対応するという学説（氷河性海面変動説）が提唱された。その周期は約10〜13万年と見積もられている。

　過去14万年間における海面変化曲線（Shackleton 1987）によると、約12〜13万年前は温暖期に相当し、最終間氷期と呼ばれている。その後序々に寒冷化し、それに伴って海面も除々に下降し、約18000年前には寒冷期の最寒期を迎えた。その時期は最終氷期と呼ばれている。当時の海水準は水深約120〜130mに低下した。18000年前の最終氷期から数千年前にかけて海面が急速に上昇した。その後、海面は相対的に安定し現在に及んでいる。数千年前から現在にかけては温暖期に相当する。

　以上の気候変化と海面変動を、琉球列島中南部におけるサンゴ礁の発達史と関連させて考えると以下のようにまとめられる。琉球列島のサンゴ礁は、約18000年前（最終氷期）以後の温暖化に伴い、ある時期から発達を開始した。沖縄島南部の具志頭海岸でのサンゴ礁の掘削によると、水深約10m〜20mの平坦面を基盤にして、約8500年前から上方に堆積を開始した（河名・菅1996；河名ほか2009；暦年代。以下同様）。石垣島中部の伊原間沖のサンゴ礁の掘削によると、水深約20mの基盤から、約9500年前以降、上方に堆積を開始し（堀・茅根2000）、石垣島と西表島の間のサンゴ礁海域である石西礁湖東部のサンゴ礁の掘削によると、水深約15m〜20mの平坦面を基盤にして、約8500年前から上方に堆積を開始した（Kan and Kawana 2005）。

　以上から、琉球列島中南部におけるサンゴ礁の発達は約9500〜8500年前から上方に堆積を開始している。この時期は最終氷期以降の急速な海面上昇期に相当し、その時期から数千年前の海面安定期までのサンゴ礁は、急速な海面上昇に伴って、あとから海面に追いつく形のサンゴ礁を呈した。このようなサンゴ礁の形態をcatch-up型のサンゴ礁と言う。数千年前に海面付近に出現したサンゴ礁は、その後、現在に至るまで相対的に海面が安定したの

第 2 部　琉球列島の景観の形成と資源利用

で、ほぼ現在の海水準近くに現れ、全体として沖側に形成された。

　琉球列島における数千年前以降のサンゴ礁発達史の概要は以下の通りである。数千年前の最初のサンゴ礁は、多くの場合、海岸付近に局地的に出現した。ただし「数千年前」という時期は各地域の地殻変動によって見かけ上異なり、一般に隆起運動が活発な地域ほどサンゴ礁が早めに海面近くに出現している。沖縄島では南部ほど隆起運動が活発である。例えばサンゴ礁が海面近くに出現した時期は、南部の具志頭海岸では約 7300〜6900 年前（7327-7036 cal BP と 7158-6896 cal BP。河名未公表資料（測定年代）を暦年代に較正。本研究）、中部の西海岸（比謝川河口付近）では約 6300〜5600 年前（6260-6080 cal BP、5950-5850 cal BP、5830-5610 cal BP）（岩井・河名 2008）、北部の本部半島の北西海岸では約 5500〜5400 年前（5510-5420 cal BP）（岩井・河名 2008）を示す。

　同様の特徴は石垣島でも見られる。石垣島では島の南東から北西への傾動運動が起きている（河名 1987）。サンゴ礁が海岸付近で海面近くに出現した時期は、南東部（隆起地域）の宮良湾では 7200〜6800 年前（7170-6950 cal BP、6940-6790 cal BP。本研究）、西部の名蔵湾北方のシーラ川河口付近では 5000〜4800 年前（4970-4820 cal BP。本研究）を示す。一方、宮古島では完新世地殻変動が不活発で（Kawana and Pirazzoli 1984）、東平安名崎では約 4300〜3700 年前（4306-4036 cal BP と 3848-3664 cal BP）に最初のサンゴ礁が出現した（堀ほか（1994）の測定年代を暦年代に較正。河名 2003）。

　その後、沖側にサンゴ礁の高まりである礁嶺が形成された。沖縄島での礁嶺の出現時期は、南部の港川（具志頭東方）で 6100〜4800 年前（6100-5930 cal BP、5980-5880 cal BP、5630-5560 cal BP、5480-5320 cal BP、4960-4820 cal BP。本研究）、中部の西海岸（比謝川河口付近とその南方海岸）では約 4500〜3800 年前（4513-4286 cal BP、3980-3820 cal BP）（岩井・河名 2008）、北部の本部半島の北西海岸では約 3600〜3500 年前（3620-3510 cal BP）（岩井・河名 2008）を示す。

　宮古島での礁嶺は、高野では約 3200〜2600 年前（3189-2948 cal BP、2827-2607 cal BP）、東平安名崎では約 2300〜1900 年前（2310-2135 cal BP、2096-1905 cal BP）に出現した（いずれも堀ほか（1994）の測定年代を暦年代に較正）。

石垣島では南東部の白保沖での礁嶺は約3400〜3200年前（3445-3229 cal BP）（市川（1992）の測定年代を暦年代に較正）、北部の川平沖でも約3400〜3200年前（3358-3159 cal BP）を示す（Konishi and Matsuda 1980の測定年代を暦年代に較正）。石垣島南方の石西礁湖東部では約4300〜4000年前（4250-4080 cal BP、4155-3960 cal BP）に礁嶺が出現した（Kan and Kawana 2005）。

　以上の特徴を踏まえ、沖縄島中部を中心とする地域のサンゴ礁形成史・海面変動と考古遺跡の立地との関係について検討する。沖縄島中部の西海岸地域には、読谷村と嘉手納町とを隔てる比謝川を中心とする地域や、北谷町、宜野湾市、浦添市までの広範囲にわたって多くの考古遺跡が立地している。本稿では、それらの遺跡の中で、サンゴ礁の暦年代が得られている比謝川河口付近の泊城や砂辺海岸を中心に、各遺跡の立地を検討する。

(2) 沖縄島中部を中心とする地域におけるサンゴ礁形成史・海面変動と考古遺跡の立地との関係（第1・2図）

1) 比謝川河口付近を中心とするサンゴ礁の発達史と考古遺跡との関係
①無文の先爪形文、無文土器・爪形文、および爪形文の土器文化（前Ⅰ期）

　前述したように、無文の先爪形文土器型式は約7900〜7700年前、後続する無文土器・爪形文、および爪形文の土器型式は約7300〜6500年前を示す。一方、当地域の最初のサンゴ礁は約6300〜5600年前頃に海面付近に局地的に出現した。言葉を換えれば、先爪形文土器時代と爪形文土器の時代には、当地域にはサンゴ礁が海面付近に出現しておらず（最終氷期以降のある時期から上方に成長していたサンゴ礁は急速な海面上昇に追いつけず、そのため、当時まだ海面に追いついていなかったので）、海岸には非常に強い波が襲来したと考えられる。以上を考慮すると、当時、主要な食糧源を海の資源に求めることは、かなり困難であったと推測される。ただし、上記の推測は海洋における自然科学的現象のみからの推測であるので、今後、多方面からの総合的な検討が必要である。以下、②〜⑦の推測についても総合的な検討を必要とする。

②曽畑式の土器文化（前Ⅱ期）

　当地域の土器型式は約6200〜5500年前を示す。これらの年代は、海岸付近に出現した最初のサンゴ礁（ただし局地的に発達したサンゴ礁）の形成時期（約

6300～5600年前）とほぼ同様の時期を示している。換言すれば、曽畑式土器の時代には、海岸付近に最初のサンゴ礁が形成されたが、それらのサンゴ礁は海岸付近に局地的に発達していたので（かつ、礁嶺は未発達であったので）、当時も、依然として強い波が海岸に襲来したものと推測される。そのため、主要な食糧源を海の資源に求めることは、比較的困難であったと推測される。

③面縄前庭式？の土器文化（前Ⅲ期）

この時期は、伊礼原遺跡低湿地地区において約5300～4900年前を示す。この年代は比謝川河口付近における最初のサンゴ礁の形成時期よりも新しくなるが、礁嶺の形成時期（約4500～3800年前）よりも以前の時期であるので、海岸には依然として強い波が襲来したものと推測される。そのため、この時期も、主要な食糧源を海の資源に求めることは、比較的困難であったと推測される。

④伊波・荻堂式の土器文化（前Ⅳ期）

この時期は約4200～2900年前を示す（部瀬名南貝塚の年代を除く）。宜野座前原遺跡と津堅島キガ浜貝塚は沖縄島の東海岸に位置する。現在その付近の礁嶺の年代は得られていないが、砂辺海岸を含む比謝川河口付近一帯の礁嶺（約4500～3800年前）とほぼ同時期と仮定すると、宜野座前原遺跡と津堅島キガ浜貝塚における土器文化の時代は、礁嶺が発達した時期およびそれ以降の時期に相当する。また、西長浜原遺跡（北部の今帰仁村）の土器型式の時代は約3500～2900年前を示すが、その時代は北部の本部半島北西部の礁嶺が発達した時期（約3600～3500年前、岩井・河名2008）、およびそれ以降の時期に相当する。

以上から、前Ⅳ期の伊波・荻堂式の宜野座前原遺跡、西長浜原遺跡、および津堅島キガ浜貝塚の時代には、当時、礁嶺が発達していた可能性が考えられる。もし上記の遺跡群の沖側に礁嶺が形成されていたとすれば、それらの遺跡群付近の海岸では、それ以前の時期に比較して波の穏やかな海洋を呈していたと推測される。その結果、海岸付近に立地した上記の遺跡群は、波の穏やかな海洋の下で、食糧源の何割かを（あるいは、場合によれば、かなりの割合を）サンゴ礁の資源に求めた可能性が考えられる。一方、前述したよ

うに伊波・荻堂式の遺跡として部瀬名南貝塚があり（約1400〜1300年前）、貝塚時代後期の暦年代と同年代を示す。この時期には礁嶺は形成されているので、部瀬名南貝塚付近の海岸では波の穏やかな海洋を呈していたと推測される。

なお沖縄島中部を中心とした地域には、上述した海岸付近の遺跡以外に、この時期における高台の遺跡も存在していた可能性があると思われる。ただし名島ほか（2008）の別表からは、それらの遺跡を見いだすことができなかったので、本稿では前IV期の伊波・荻堂式の遺跡として、宜野座前原遺跡、西長浜原遺跡、津堅島キガ浜貝塚、および部瀬名南貝塚に限定して検討した。

⑤伊波・大山・室川・宇佐浜式および室川・宇佐浜式の土器文化（前IV期〜前V期）

本稿で扱った伊波・大山・室川・宇佐浜式の遺跡は沖縄島北部の茅打バンタ遺跡、室川・宇佐浜式の遺跡は大山富盛原第二遺跡で、いずれも高台に立地している。前者の年代は約3300〜2900年前、後者の年代は3400〜2900年前を示す。これらの年代は、比謝川河口付近一帯の礁嶺よりも新しい時期に相当する。ただし、両遺跡とも高台に位置しているので、当時のサンゴ礁地形や海面変動とは、ほとんど関係なく立地したものと考えられる。

⑥カヤウチバンタ・仲原式の土器文化（前V期）

本稿で扱ったカヤウチバンタ式の遺跡は大山岳之佐久第一遺跡で、年代は約3400〜3200年前を示す。仲原式（主体を含む）の遺跡はシヌグ堂遺跡と喜友名東原ヌバタキ遺跡で、年代は約3300〜2900年前である。以上の遺跡は、いずれも高台に位置する。一方、仲原式？の伊礼原遺跡低湿地地区は海岸低地に立地し、約2800〜2700年前の年代を示す。

以上の遺跡の中で高台に位置する遺跡群は、当時のサンゴ礁地形や海面変動とは、ほとんど関係なく立地したものと考えられる。ただし、伊礼原遺跡低湿地地区の年代は前述の礁嶺の形成時期よりも新しいので、波の穏やかな海洋の下で、食糧源の何割かを（あるいは、場合によっては、かなりの割合を）サンゴ礁の資源に求めた可能性が考えられる。一方、前V期の遺跡として前原第2遺跡があり（約1900〜1400年前）、貝塚時代後期の暦年代と同年代を示

す。前述の部瀬名南貝塚と同様に、この時期には礁嶺は形成されていたので、前原第2遺跡付近の海岸では波の穏やかな海洋を呈していたと推測される。

⑦貝塚時代後期の土器文化

本稿で扱った貝塚時代後期の遺跡は、宜野座前原貝塚、津堅貝塚、伊礼原遺跡低湿地地区、平敷屋トウバル遺跡で、いずれも海岸付近あるいは海岸低地に位置している。年代は約2300～900年前にまたがる（礁嶺形成後の時期）。以上の遺跡群は、波の穏やかな海洋の下で、主要な食糧源をサンゴ礁の資源に求めた可能性が考えられる。

2) 沖縄島中部の西海岸における海面変動

当地域には琉球石灰岩のノッチが数段発達している。ノッチは石灰岩の海食崖に形成された窪みで、海食崖に沿って側方に発達している。その最も窪んだ地点を後退点という。ノッチ後退点高度はほぼ現在の平均潮位に位置するので、その高度を測定することにより、過去の海水準高度（当時の平均潮位の高度）を推定することができる。

当地域のノッチ後退点高度は、平均潮位を0mとすると、上位より、約＋2.3m（最上位ノッチ）、＋1.9m（上位ノッチ）、＋1.4m（中位ノッチ）、および＋0.6m（下位ノッチ）に分けられる。このうち、下位ノッチ後退点高度は潮間帯に含まれるので現成ノッチと考えられる。それ以外の上位3段のノッチは離水ノッチである。ただし、最上位のノッチは1箇所しか判別できなかったので、当時の海水準を推定する上では普遍性に乏しい（岩井・河名2008）。以上の海水準高度を踏まえ、当地域における完新世（過去1万年間）の海面変動を検討する。

古川（1984）によると、野国貝塚群B地点の海面変動は以下のようにまとめられた。無文の先爪形文土器包含層（約7900～7700年前）当時の相対的な海水準はほぼ現在の海面に近かった。その後さらに海進があり、約7000年前よりも以前のある時期に海進のピークが訪れた。一方、渡具知東原遺跡における爪形文土器の年代は約7600～7200年前を示す。当時の海水準高度は海抜1～2mと推定された（古川・大城1977）。ただし、古川・大城（1977）および古川（1984）の記載からは、無文の先爪形文土器包含層および爪形文土

器包含層の正確な海抜高度が読み取れないという問題点があり、また、海面変動の推測に係わる根拠が明確に把握できないため、両論文は参考程度に留める。

一方、新城下原第二遺跡における爪形文・無文土器（Ⅸ b 層）は海面下約0.4m付近に出土し（沖縄県立埋蔵文化財センター編（2006）の第6図からの判読による）、その年代は較正した暦年代で約7000年前を示す。以上を考慮すると、無文・爪形文土器型式時代の相対的な海水準高度は現海面よりもやや低かった可能性が大きい。

次に曽畑式土器時代（約6200～5500年前）の海水準高度を検討する。伊礼原遺跡の曽畑式土器は海抜約2.4m付近の砂礫層上部から出土している（北谷町教育委員会（2007）の図版4からの判読による）ので、当時の海水準高度は海抜約2.4m以下のある高度と考えられる。他方、曽畑式土器時代は最初のサンゴ礁出現時期（約6300～5600年前）とほぼ同様の時期を示している。これらのサンゴ礁の高度は、その後に形成された礁嶺の高度よりもやや高いので、最初に出現したサンゴ礁の当時の海水準高度は、海進のピークに相当すると考えられる。以上の特徴を、前述のノッチ後退点高度と関連させながら検討すると、当時の海水準高度（海進のピーク）は、前述したノッチの中で、後退点高度が高く発達良好なノッチ、すなわち上位から2番目の後退点高度（＋1.9m）に相当すると考えられる（最上位の＋2.3mのノッチ後退点高度の可能性もあるが、前述したようにそのノッチは1箇所しか見あたらず、普遍性に乏しいという理由から、最終的に上述の結論とした）。以上から、当地域における最初のサンゴ礁出現時期（上方成長していたサンゴ礁が当時の海面に追いついた時期）の海水準高度は約＋1.9mで、その頃、曽畑式土器文化が栄えていたと考えられる。

その後若干の海退があり、沖側に礁嶺が形成された。その時期は約4500～3800年前で、前述のノッチ後退点高度に基づくと、当時の相対的な海水準高度は約1.4mと推測される。以後、海面は徐々に低下し、約2500～2400年前（2546-2418 cal BP）には、ほぼ現海面に位置した（沖縄島中部の東海岸、宜野座村漢那の東南海岸における潮間帯上部のビーチロックの試料による。Kawana

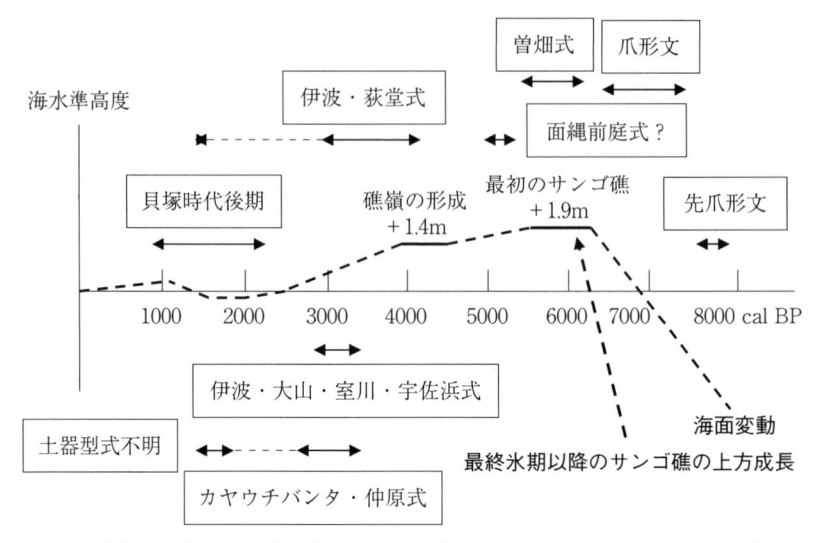

第 2 部　琉球列島の景観の形成と資源利用

第 2 図　沖縄島中部の西海岸を中心とする過去約 8000 年間の相対的な海面変動、サンゴ礁の発達史、および土器型式の暦年代（詳細は本文参照。横軸は暦年代（cal BP）、縦軸は海水準高度を示す）

(1981) の測定年代を暦年代に較正。本研究）。その後の海面変動については、以下に示される興味深い現象がある。

　新城下原第二遺跡から河川の痕跡が発見された（沖縄県埋蔵文化財センター 2006）。それによると河川層から浜屋原式土器や大当原式土器などが出土している。以上を勘案すると、ある程度の年代幅を有するが、約 2300～1500 年前頃、海面は相対的に低下し、その結果、河川による下方浸食とその後の埋積が起きたと考えられる（ただし当時の海水準高度は推定できない）。この海退の時期は本土での「弥生の小海退」の時期に相当する可能性がある。

　沖縄島北部の本部半島北西部、本部町備瀬海岸の離水ビーチロックの測定年代（Kawana 1981）を暦年代に較正すると、約 1200～1100 年前（1183-1055 cal BP：本研究）を示し、当時の海面は現海面よりも若干高かったと推測される（離水ビーチロックの年代による）。その後海面は低下し現在に至っていると考えられる。以上の貝塚時代における考古遺跡群とサンゴ礁発達史・海面変動との関係をまとめると第 2 図になる。

2. 琉球列島における地震・津波と考古遺跡の立地
(1) 琉球列島における地震・津波の概要

　琉球列島は屋久島・種子島から与那国島まで、約1000〜1200kmにおよぶ弧状列島である。琉球列島の東方から西方に向かって、フィリピン海、琉球海溝、琉球列島、沖縄トラフ、および東シナ海の大陸棚が位置し、このうち、琉球海溝、琉球列島、および沖縄トラフは、それぞれ東南方向に張り出す列状配列を呈する。琉球列島はユーラシアプレートの東方の縁辺部に位置し、ユーラシアプレートは琉球海溝において、その東方のフィリピン海プレートの沈み込み運動を受けている。そのため、琉球列島は地震が多発し、それに伴って何度も津波が発生してきた。とくに琉球列島南部の宮古・八重山諸島では、過去数千年間にわたって、少なくとも数回の大津波が襲来した（河名・中田1994）。このうち1771年明和津波は最高遡上高が約30mに達し（石垣島東部）、犠牲者は約12000人に及んだ未曾有の津波であった（Goto et al. 2010）。

(2) 沖縄島における考古遺跡の立地と津波の襲来との関係（第1図）

　沖縄島中部の東海岸一帯には、下記に述べるような遺跡群の変遷が見られる。津堅島の南海岸には、貝塚時代後期の津堅貝塚が立地している。一方、津堅島東海岸のキガ浜貝塚では、貝塚時代前IV期と後期の層序が見られるが、その間の前V期が欠如している（沖縄県文化振興会公文書管理部史料編集室編2000）。

　伊計島では南岸に伊計貝塚がある。伊計貝塚の時代は、うるま市教育委員会（2009：49）の表に基づくと、前IV期と後期に見られるが、その間の前V期には見られない。これに対して、海抜約20mには前V期の伊計仲原遺跡が立地している。

　以上から両島の遺跡群は、前IV期には海岸付近に立地し、その後、前V期には層序が欠如あるいは高台に立地し、後期には再び海岸付近に立地しているという特徴が見られる。前V期には、そのほかの多くの遺跡が高台に立地している。この現象は、『沖縄貝塚時代中期のミステリー』の1つとして紹介されている（沖縄県立埋蔵文化財センター2005）。

　以上の特徴を下記の側面から検討する。与勝半島の突端部の平敷屋トウバ

第 2 部　琉球列島の景観の形成と資源利用

ル遺跡（海岸低地）では、枝サンゴ片を多量に含む砂礫層の VI 層は暴浪時に海浜に打ち上げられた堆積物で（海抜高度 4.65～3.70m。宮城伸一氏のご教示による）、その要因の1つに津波の襲来があげられている。同層の上位の V 層の暦年代（1σ）は 3408～3350 cal BP を示す（うるま市教育委員会ほか 2008）。以上から、約 3400～3350 年前よりも以前の津波の襲来が示唆される。

　上述の津堅島のキガ浜貝塚が立地する海岸付近には砂丘が発達している。それらの砂丘を観察すると最大約 $1 \times 2 \times 1.5$ m の琉球石灰岩の岩塊群が打ち上げられている。それらの岩塊の中には円筒状空洞地形を含む岩塊がある。石灰岩に刻まれた円筒状空洞地形は沖縄島北部周辺島の古宇利島北海岸沿いに顕著に見られ、琉球石灰岩の海食崖沿いに発達する地形である。つまり、これらの岩塊群の元の地層は、元来、琉球石灰岩の海食崖沿いにあったが、その後砂丘上に打ち上げられ、それらは植生で覆われている。

　以上の岩塊群は台風の高波では到達が難しい場所と考えられる。その理由は以下の通りである。琉球石灰岩の磯海岸では、これまで観察した範囲では、台風の高波によって琉球石灰岩の海食崖から剥離された岩塊は、多くの場合ノッチの沖側に運ばれて堆積するか、場合によってはノッチの上面に打ち上げられる。ただし後者の場合は植生がほとんどない裸岩帯に打ち上げられている。以上からキガ浜貝塚の砂丘上で植生に覆われている箇所に打ち上げられた琉球石灰岩の岩塊群は、ある時、琉球石灰岩の海食崖付近の地層が津波によって剥離され、背後の砂丘に打ち上げられた岩塊と考えられる。その現象は上述したキガ浜貝塚における年代の欠如の時期（前 V 期）と関係する可能性がある。

　一方、津堅島北西部の海岸には、ほぼ水平の堆積面を持つ離水ビーチロックが離水ノッチを埋積している（ただし、ノッチ付近以外の周辺の海浜では、通常見られるビーチロック＝現在の海浜とほぼ同様の傾斜を示すビーチロックが発達している）。通常、ノッチは磯海岸に発達し、ビーチロックは海浜に発達する。以上から、本来、ビーチロックとノッチは、それぞれ発達箇所が異なっている。ところが、この地点では、ビーチロックがノッチを埋積している（通常の発達様式とは異なった）現象が見られる。しかも、上述したように離水ノッ

チを埋積している離水ビーチロックは、通常のビーチロックの傾斜とは異なり、ほぼ水平に堆積している。以上の現象を総合的に考えると、ある時、当海岸に非常に強い波が襲来し、その結果、多量の砂層がノッチをほぼ水平に埋積したものと推測される。当時、津堅島の東南方あるいは東方から津波が襲来し、津波は島の周囲を回って当海岸部のノッチ付近に収束し、多量の砂を打ち上げた可能性が考えられる。離水ノッチを埋積した離水ビーチロック中の海成堆積物の暦年代（1σ）は2件得られた（3890-3810 cal BP と 3390-3330 cal BP）。そのうち後者の試料は前者よりも高度が若干高く、しかも最上位のほぼ表面から採取された試料である。以上から河名（2006）は、当海岸部における約3400年前頃の津波の襲来を推定した。

以上に類似する津波起源と推測される堆積物として、沖縄島南東部の知名崎海岸に打ち上げられたサンゴ礁の岩塊（4×2.2×1.6m）、および南部の具志頭海岸に打ちあげられた離水ビーチロックがある。前者の岩塊は少なくとも過去10年間での非常に強い台風の高波で移動していない。前者の暦年代（1σ。最新箇所に近い箇所のサンゴ化石の年代）は 3460-3370 cal BP を示し、後者の暦年代（1σ）は 3633-3461 cal BP を示す。以上の3件の年代値から、約3400年前頃、沖縄島東南部およびその周辺島への津波の襲来が推定された（河名2006）。

以上の津波が想定されるとすれば、上述した特徴、すなわち、「貝塚時代前Ⅳ期には海岸付近に立地し、その後、前Ⅴ期には層序が欠如あるいは高台に立地し、後期には再び海岸付近に立地しているという特徴」の要因として、約3400年前頃の津波の襲来という現象が考えられる。

この現象は、当地域とは反対側の沖縄島西海岸の伊礼原遺跡低湿地地区でも報告され、松田（2007）は、暴浪あるいは津波が縄文時代後期（前Ⅳ期ごろ）に襲来し、暴浪が弥生時代後期（貝塚時代後期前半）に襲来した可能性を指摘している。松田（2007）はそれらの年代を明記していないが、縄文時代後期は上述の約3400年前の時期と大きな矛盾はないように思われる。また松田（2007）は、弥生時代後期にも暴浪の襲来を指摘しているが、河名（2006）も津堅島と沖縄島南部の与那原海岸での堆積物から、約2000年前の大波の襲

第 2 部　琉球列島の景観の形成と資源利用

来を示唆した。弥生時代後期と約 2000 年前という時期との整合性は明確ではないが、沖縄島の東海岸と西海岸で、2 回の津波あるいは暴浪の襲来が指摘されているのは興味深い現象である。

ただし、以上の「沖縄島東海岸での約 3400 年前の津波の襲来」という示唆は、津堅島キガ浜貝塚での前 IV 期の暦年代（約 3600〜3200 年前）とは、厳密には整合しないという問題点がある。以上から約 3400 年前という時期は、ある程度の幅を有する時期を考える必要がある。以上の問題点は今後の課題とし、さらに検討を深めなければならない。

考古遺跡の断面には各種の遺物など考古学上の情報が包含されている。同時に、考古遺跡の断面には遺物が含まれない無遺物層も存在する。こうした無遺物層には、津波の痕跡や地震動による地割れ、あるいはサンゴ礁の発達史や海面変動など各種の情報が記録されている可能性がある。今後は考古遺跡の断面において、自然環境の変化や自然災害の記録にも、さらに注意を向ける必要がある。

おわりに

本稿では、沖縄島の遺跡の立地とサンゴ礁の発達史・海面変動および津波の襲来との関係を議論するに際して、共通の年代軸として暦年代（cal BP、1σ）を設定し、その視点に基づき相互の関係を検討した。ただし前述したように本稿は、「沖縄島中部を中心とする限定された地域の遺跡群において、$\delta^{13}C$ が未測定の試料を含む暦年代」という特定された視点からの問題提起であるため、種々の問題点や多くの課題が残されている。今後、考古学からの十分な議論を加えて総合的に考察する必要がある。

参考文献

アラフ遺跡発掘調査団・江上幹幸編 2003『アラフ遺跡調査研究 I—沖縄県宮古島アラフ遺跡発掘調査報告—』、六一書房、東京

市川清士 1992「石垣島白保海岸の隆起サンゴ礁から得られた ^{14}C 年代について」『日本第四紀学会講演要旨集』22：104-105

岩井香寿美・河名俊男 2008「沖縄島における過去数千年間の自然環境と考古遺跡の立地」『沖縄地理』8：25-36

うるま市教育委員会監修・（株）イーエーシー 2008『平敷屋トウバル遺跡―ホワイトビーチ地区内機材倉庫建設に伴う埋蔵文化財発掘調査報告書―』、（株）ちとせ印刷

うるま市教育委員会 2009『うるま市の遺跡』、うるま市立海の文化資料館

植木岳雪・遠藤邦彦 2010「特集「第四紀の開始期の環境変動とテクトニクス：第四紀の新定義を検証する」の趣旨」『第四紀研究』49：271-274

沖縄県文化振興会公文書管理部史料編集室編 2000『沖縄県史資料編10　遺跡総覧（先史時代）考古1』、（株）尚生堂、浦添市

沖縄県立埋蔵文化財センター 2005『沖縄貝塚時代中期のミステリー』、沖縄県立文化財センター企画展資料、西原町

沖縄県立埋蔵文化財センター編 2006『新城下原第二遺跡―キャンプ瑞慶覧内整備工場建設に係る緊急発掘調査報告―』、（株）尚生堂、浦添市

河名俊男 1987「沖縄県石西礁湖周辺域の完新世地殻変動」『月刊地球』9：129－134

河名俊男 2003「宮古島のビーチロックと後期完新世の地形発達史」『アラフ遺跡調査研究Ⅰ―沖縄県宮古島アラフ遺跡発掘調査報告―』、六一書房、東京

河名俊男 2006「沖縄島東南部とその周辺島のサンゴ質堆積物から推定される約3400年前の大波の襲来」『琉球大学教育学部紀要』68：265-271

河名俊男・菅　浩伸 1996「沖縄島南部の具志頭海岸における完新世離水サンゴ礁の掘削によるボーリングコアの記載」『琉球大学教育学部紀要』48：1-16

河名俊男・中田　高 1994「サンゴ質津波堆積物の年代からみた琉球列島南部周辺海域における後期完新世の津波発生時期」『地学雑誌』103：352-376

河名俊男・前門　晃・小暮哲也 2009『亜熱帯の地形と地形プロセス：サンゴ礁・波食棚・泥岩丘陵・台風石・海食崖・地すべり―日本地理学会2009年秋季学術大会巡検案内書―』、日本地理学会、東京

木下尚子編 2006『先史琉球の生業と交易2―奄美・沖縄の発掘調査から（平成14～17年度科学研究費補助金基盤研究（A）（2）研究成果報告書）』シモダ印刷株式会社、熊本市

北谷町教育委員会編 2007『伊礼原遺跡―伊礼原B遺跡ほか発掘調査―』、有限会社Skill、読谷村

第 2 部　琉球列島の景観の形成と資源利用

名島弥生・安斎英介・宮城弘樹 2008「南西諸島の炭素 14 年代資料の集成」『南島考古』27：23-48

古川博恭・大城逸朗 1977「渡具知東原遺跡周辺の地形・地質—とくに遺跡包含層の地史と編年について—」『渡具知東原-第 1～2 次発掘報告』読谷村教育委員会、3-14、読谷村

古川博恭 1984「野国貝塚 B 地点及びその周辺の地史」『野国貝塚 B 地点発掘調査報告』沖縄県教育委員会、3-14、那覇市

ボウマン、S.（北川浩之訳）　1998『年代測定』、學藝書林、東京

堀　信行・菅　浩伸・市川清士 1994「宮古島のサンゴ礁礁原における地形帯の形成と場の条件」『日本地理学会予稿集』45：78-79

堀　和明・茅根　創　2000「琉球列島中南部の島棚地形の特徴とその形成過程について」『地理学評論』73：161-181

町田　洋・大場忠道・小野　昭・山崎晴雄・河村善也・百原　新編 2003『第四紀学』朝倉書店、東京

松田順一郎 2007「伊礼原遺跡砂丘区の堆積物・埋設地形と中央区・南区にみられる古地震痕跡」『伊礼原遺跡—伊礼原 B 遺跡ほか発掘調査—』、北谷町教育委員会、44-60、有限会社 Skill、読谷村

Goto, K., Kawana, T. and Imamura, F. 2010 Historical and geological evidence of boulders deposited by tsunamis, southern Ryukyu Islands, Japan. *Earth-Science Reviews*, 102: 77-99

Kan, H. and Kawana, T. 2006 'Catch-up' of a high-latitude barrier reef by back-reef growth during post-glacial sea-level rise, Southern Ryukyus, Japan. *Proceedings of the 10th International Coral Reef Symposium*, Okinawa, Japan, 2: 494-503

Kawana, T. 1981 Radiocarbon ages of the beach rocks on Okinawa, Miyako and Ishigaki Islands, the Ryukyus, Japan. 琉球大学教育学部紀要 , 25:245-249

Kawana, T. and Pirazzoli, P.A. 1984: Late Holocene shorelines and sea level in Miyako Island, the Ryukyus, Japan. *Geographical Review of Japan*, 57 (Ser. B)：135-141

Konishi, K. and Matsuda, S. 1980 Relative fall of sea level within the past 3000 years. *Trans, Proc. Palaent. Soc. Japan, N. S.*, 117: 243-246

Shackleton, N. J. 1987 Oxygen isotopes, ice volume and sea level. *Quaternary Science Reviews*, 6: 183-190

琉球先史時代人とサンゴ礁資源
―貝類を中心に―

黒 住 耐 二

はじめに

　今回の対象となる地域は、生物地理学（主に陸上生物の分布に基づいている）では、北琉球は九州に近く、ヨーロッパと同じ旧北区に属する。中・南琉球は狭義の琉球列島とも呼ばれ、台湾との類似が知られ、東洋区となっている。考古学的にも南島北部圏は九州と共通する遺物も多く、考古学と生物地理学の区分はかなり重複している。ここで琉球列島と記す場合には狭義の琉球列島を指すこととし、沖縄は沖縄諸島を意味することとしたい。

　琉球列島は、亜熱帯気候に属し、サンゴ礁が形成される。本地域のサンゴ礁は沖合いのリーフ（干瀬［ヒシ］：礁嶺）が明らかで、岸側との間は水深数mのイノー（礁池）を持つ裾礁というサンゴ礁形態をとる。干瀬の沖合は、10m以深の急な礁斜面となっている（第2部河名論文も参照）。サンゴ礁の発達する地域には、その他にも河口域にマングローブ（ヒルギ林）と呼ばれる潮間帯に形成される林が存在し、マツバウミジグサ等の海草帯を有する内湾域など、やはりヤマト［暖温帯日本列島≒本土］と異なっている。このような亜熱帯島嶼としての様々な環境を表現する場合には、「サンゴ礁地域」と表記する。

　沖縄の先史時代の区分に関しては、序論で述べられているように、いくつかの考え方・表記が存在する。沖縄の先史文化は、縄文土器を用い、その文化の影響を受けていることは確実であることに筆者も同意するが、従来から用いられてきた「貝塚時代」（対外的には「沖縄貝塚時代」）という区分および文化内容を用いたい。それは、琉球列島が前述のようなヤマトとは異なった生物地理区に属し、ヤマト先史貝塚が主に内湾域を利用するのに対し、琉球

第2部　琉球列島の景観の形成と資源利用

列島では外洋に面したサンゴ礁を主な食用貝類の採集空間とし、多様な貝製品を製作・使用し、この両者がヤマトの古代併行期まで長期間継続する等の異なった「文化」を持っていると考えるためである。

1. 食用貝類遺体

サンゴ礁地域における遺跡出土貝類の採集空間を生息場所類型として、筆者は1）外洋—サンゴ礁域（以下ではサンゴ礁域と表記）、2）内湾—転石域（内湾域）、3）河口干潟—マングローブ域（河口干潟域）、4）淡水域、5）陸域に大別し、さらに潮位と底質等で区分する体系を考えた（黒住1987）。もちろん、類型化であるので、例外は存在するが、全体を統一的に理解する場合には、有効であると考えている。

(1) 時代変遷

これまでのまとめから（沖縄考古学会1978等）、貝類遺体については、1）貝塚時代前Ⅳ期には貝塚は内陸崖下に多く陸産貝類を含め小形の貝類が多い、2）同Ⅴ期には台地上に遺跡が存在し貝類を含め食料残滓が激減する、3）同後期には海岸砂丘に遺跡が移り、大形種が増加する、という傾向が指摘されている。その後、貝塚時代早期が設定された。主に筆者の実見できた遺跡を中心に、沖縄における変遷のアウトラインを示してみたい。写真1に主な貝類を示した。

前Ⅰ～Ⅲ期には、嘉手納町の野国貝塚群B地点で3つの文化層（縄文早期～前期）が確認され、それぞれから多数の貝類が得られ、どの時期を通じてもイノー内のマガキガイが60％以上を占める結果が示されている（盛本1984）。また宜野湾市の新城下原第二遺跡では、同時期で自生化石と考えられるヘラサギガイや個体数は多くないもののチョウセンサザエやヤコウガイが報告されている（島袋2006）。前Ⅱ期の曽畑式土器期と前Ⅲ期の面縄前庭式土器期の包含層の認められた北谷町の伊礼原遺跡では、曽畑式土器期にはやはりマガキガイが約50％を占め、チョウセンサザエ・サラサバテイラ・ハイガイも1割程度となっている。面縄前庭式土器期ではサンプルサイズが少なかったが、同期の土坑から河口干潟域のオキシジミが最も多く、イソハ

琉球先史時代人とサンゴ礁資源—貝類を中心に—

写真1　沖縄の遺跡から出土する主な食用貝類

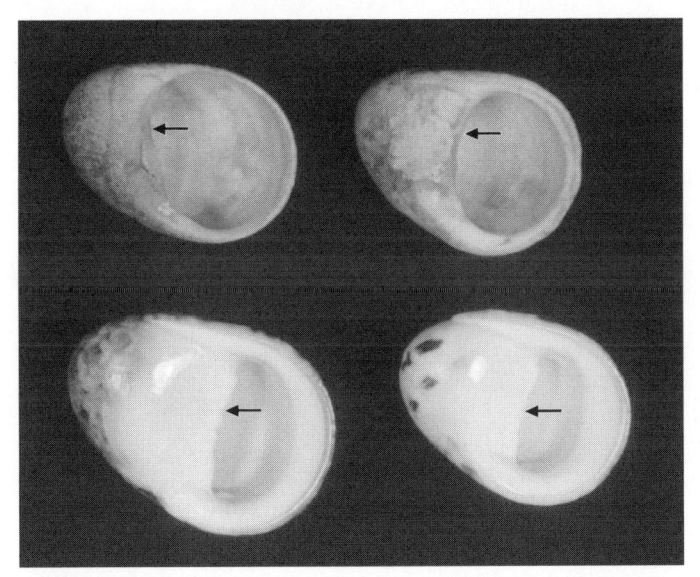

写真2　オカヤドカリ類（あーまん）の入った殻（上）と生貝（下）
（上では殻口の左側が大きくハサミを入れるために削られている：ニシキアマオブネの例）

89

第2部　琉球列島の景観の形成と資源利用

マグリ・マガキガイも比較的高い割合であった（黒住2007a）。前Ⅲ期の石川市の古我地原貝塚では、河口干潟のキバウミニナ等の大形ウミニナ類が大半を占め、アラスジケマンやシレナシジミも多い（花城1987）。沖縄市の室川貝塚では、前Ⅱ期からアラスジケマンが極めて優占すると報告されている。

　貝塚時代前Ⅳ期になると、陸産貝類と共に、イソハマグリ（伊是名貝塚）・アマオブネ類（久里原貝塚）・マガキガイ（キガ浜貝塚）・アラスジケマン（百名第二貝塚）の優占する貝塚が認められ、前2種のように小形種が優占している。ただ、アマオブネ類ではオカヤドカリ類（あーまん）の宿貝も多く（写真2）、この仲間では過大評価になっている可能性もあろう。貝塚時代前Ⅴ期では陸産貝類が多くを占め、海産貝類が激減するものの、マガキガイ・チョウセンサザエ・ホソスジイナミ（優占率低い：知場塚原貝塚）・チョウセンサザエ・イソハマグリ・リュウキュウマスオ（優占率低い：シヌグ堂遺跡・高嶺遺跡）等の例がある。

　貝塚時代後期になると、イソハマグリの優占する貝塚もあるものの（具志堅貝塚等）、シャコガイ類やサラサバテイラが目立つようになる（ナガラ原西貝塚等）。後述する貝交易に用いられた集積を含めたゴホウラやアンボンクロザメ等の大形イモガイ類の出土も知られるようになる（具志原貝塚等）。その後半（アカジャンガー式期・フェンサ下層式期）では真珠貝類（ミドリアオリと中城湾等のアコヤガイ）の増加も目立つようになる（平敷屋トゥバル遺跡・ナガラ原東貝塚・フェンサグスク等）。

　穀類農耕の開始されるグスク時代では、カンギクやアラスジケマンの多い遺跡が増加する。豊見城市の3つのグスク（長嶺・保栄茂・平良）からの貝類遺体の出土例を第1図に示した（黒住・金城1988）。平良グスクの「(修正)」で示したものは、土壌サンプルから得られたものの割合を考慮して全体の割合を表したものである。優占種では長嶺がカワアイ、保栄茂がアラスジケマンとウラキツキガイ、平良がウミニナ（＝リュウキュウウミニナ）とウラキツキガイと各遺跡で異なっており、生息場所類型組成でも、割合が大きく相違していることがわかる。これは、各グスク集団での貝類採集空間を示しているので、遺跡に近い環境を利用していたことを明示しており、ある意味、"テ

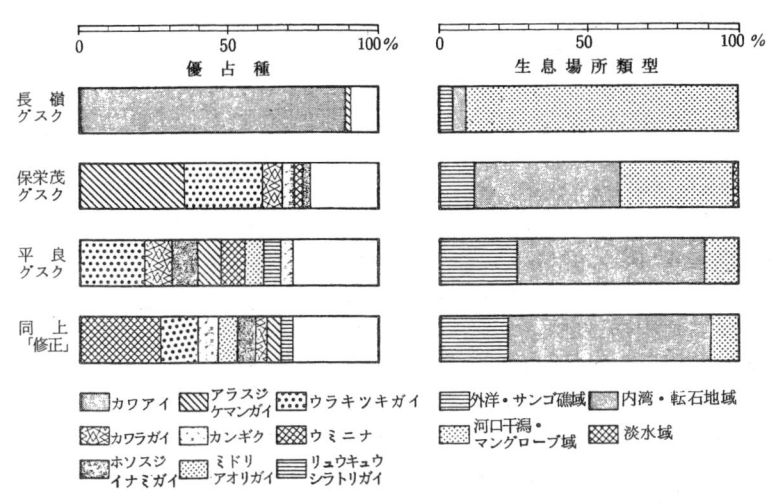

琉球先史時代人とサンゴ礁資源―貝類を中心に―

第1図 豊見城市の3つのグスクから得られた食用貝類遺体組成（黒住・金城 1988）

リトリー"的なものなのかもしれない。種組成では、アラスジケマンやカンギク等のグスク時代に増加する種と共に、カワアイやウミニナのような小形・搭型の種が顕著になるのもグスク時代の特徴である。また平良グスクでは前述のミドリアオリも目立っている。

　全体を俯瞰するために、海産種出土数の半数を占める生息場所類型によって貝類採集空間タイプを、サンゴ礁型・内湾型・河口干潟型に区分した（第1表）。少しデータが古く、出土数・同定精度等を勘案したので、対象遺跡数が少なくなっている。また、隣接島嶼とは与勝諸島等を含め、伊江島等は周辺島嶼に区分している。この結果から、早くからサンゴ礁域を利用し、その傾向は貝塚時代を通して比較的類似しているものの、グスク時代から一挙に変化していることがわかる。特に、内湾域の利用増大が顕著である。また、周辺島嶼には内湾域や河口干潟域が発達しないので、当然、これらの類型に含まれるものは皆無であった。

　このような貝塚時代のサンゴ礁域利用から、穀類農耕の開始された内湾域／河口干潟域利用への変化に関して、黒住（2002）は、1）グスクが内陸に位置することによる鮮度を保てる二枚貝（アラスジケマン）やフタで閉まる巻貝

第2部　琉球列島の景観の形成と資源利用

第1表　沖縄諸島における時代ごとの貝類採集空間類型

	沖縄島および隣接島嶼				
	N	サンゴ礁型	内湾型	マングローブ型	他類型
貝塚時代前I期	2	2	−	−	−
貝塚時代前II期	3	1	−	1	−
貝塚時代前III期	1	−	−	1	−
貝塚時代前IV期	12	6	1	4	1
貝塚時代中期	7	6	−	1	−
貝塚時代後期	20	14	2	3	1
グスク時代	23	3	7	7	6
近世	5	1	4	−	−

	周辺島嶼				
	N	サンゴ礁型	内湾型	マングローブ型	他類型
貝塚時代前I期	0	−	−	−	−
貝塚時代前II期	0	−	−	−	−
貝塚時代前III期	2	2	−	−	−
貝塚時代前IV期	5	5	−	−	−
貝塚時代中期	1	1	−	−	−
貝塚時代後期	11	11	−	−	−
グスク時代	0	−	−	−	−
近世	0	−	−	−	−

（カンギク）の選択、2）農耕に伴う土砂流出によるサンゴ礁環境の悪化、3）内湾性の貝に執着するヤマトからの人々の移住、4）貝類資源の軽視や農耕従事による社会的な制約、等を想定した。沖縄諸島では、グスク時代にマングローブ域に生息するキバウミニナの絶滅に示されるように（Ohgaki and Kurozumi 2000）、人為的な改変の大きかったことがわかる。しかし、グスク時代にもサンゴ礁型の遺跡が存在すること（第1表：伊礼原D遺跡等）から、2）の土壌流出の影響はサンゴ礁に決定的なダメージを与えなかったと考えている。現在のところ、この貝塚時代からグスク時代への貝類遺体組成の変化は多くの時間を農耕に従事するという社会的な制約と想定している。第1表に示したように、周辺離島でのグスク時代遺跡の良いデータを見つけられていないので、今後、より小さなシステムである小島嶼での貝類遺体組成とその出土量から、上記のサンゴ礁へのダメージに関する想定を検証できると考え

ている。また、これらの想定される要因以外にも、今帰仁 城 周辺遺跡で明
らかになったように、支配者層のグスク本体と従属者の遺跡では、後者でサ
ンゴ礁域のものの割合が高くなっており、社会階層による利用種の相違（黒
住2005）も検討課題となっている。
(2) サンゴ礁域への"適応"とサンゴ礁環境の安定性
　先に示したように、沖縄では貝塚時代の早い時期からイノー内のマガキガ
イを中心にした貝類遺体群が知られている。このような組成から、筆者は約
7000前から現在と同様なサンゴ礁の存在を主張してきた（黒住2002、2008）。
マガキガイは沖縄ではイノー内に生息する種であるが、ヤマトでもやや外海
の潮下帯に比較的高密度で生息しており、鹿児島／錦江湾内の縄文後期の柊
原貝塚でも本種は食用の優占種となっている。そのため、実はマガキガイの
出土は必ずしもサンゴ礁の存在を前提としている訳ではない。しかし、野国
貝塚群B地点の最下層からは、イノー内に生息するアンボンクロザメや干
瀬のチョウセンサザエ・ムラサキウズ、礁斜面のサラサバテイラ・ヤコウガ
イ等のヤマトに分布しない種がセットで得られている。これらは、確実に現
在のサンゴ礁と同じシステムの存在を示している。同様に約5500年前の伊
礼原遺跡でも、チョウセンサザエ・サラサバテイラ・クモガイが優占種となっ
ており、現在沖縄から絶滅した河口干潟のハイガイと共に出土しており、や
はりサンゴ礁の存在は明らかである。
　この伊礼原遺跡の曽畑式土器の一部はヤマトから搬入されたものと考えら
れている。主に内湾干潟の貝類採集を行っていた九州縄文人が、"直ぐに"
全く環境の異なるサンゴ礁の貝類を利用し始めた訳である。ただ、同遺跡の
剥ぎ取り断面では、曽畑式土器層の下部にはカンギク・オキナワイシダタミ・
タママキといった内湾域の小形種のみが見られ、上部ではハイガイ・イソハ
マグリ・サラサバテイラ・チョウセンサザエが確認できた（黒住2007a）。も
しかすると、この上下部分の種の相違はヤマトの内湾での貝類採集からサン
ゴ礁域への貝類採集場所の変化を示しているのかもしれない。ただ、第2部
河名論文で、詳述されているように、沖縄のサンゴ礁の形成は、前Ⅱ期よ
りも新しいという地理学的な結果が示されている。この両者の食い違いを、

第2部　琉球列島の景観の形成と資源利用

　筆者は今のところ、前Ⅰ〜Ⅱ期段階のサンゴ礁は必ずしも現在のように島を取り巻くように発達していなかった可能性や干瀬までの距離がより短かった場合も想定されると考えている。この考えが正しければ、沖縄における前Ⅰ〜Ⅱ期の人々はむしろサンゴ礁の存在する場所を遺跡立地として選択しており、ヤマトのシジミ・カキ・ハマグリの生息場所（や採集空間）とは全く異なるシステムに一挙に"適応した"と言えるのかもしれない。このことから、筆者は、前Ⅴ期から後期前半の"弥生併行期にサンゴ礁文化の完成"（木下、2000）は、より早い時期に求めるべきだと考えている。

　遺跡出土の貝類遺体の種組成からは、現在のサンゴ礁域の貝類相と異なる種はほとんど認められない（黒住 2008）。琉球列島から絶滅したオオジャコの年代で約4300年前という例（木村ら 1987）がある以外、遺跡出土のサンゴ礁域貝類に絶滅種を確認していない。食用貝類以外にも、微小種を含めて多くの種が確認されている前Ⅳ期（黒住 2001）や貝塚時代後期（島袋 1996）でも、現在の沖縄から知られていない種は認められていない。前Ⅰ〜Ⅲ期の貝類遺体組成が知られている遺跡は僅かではあるものの、上述してきたように沖縄では、ヤマトの縄文海進期に明瞭に認められている温暖種（現在の分布域より過去により北まで分布を広げた種）の分布拡大（松島 1984）はオオジャコ以外認められていない訳である。この変化がなかったという意味でも、沖縄のサンゴ礁環境は安定していたと筆者は考えている。これは、黒潮の変化を示した大場（1996）の研究結果とも整合的である。

(3)　奄美と宮古／八重山

　琉球列島の他地域、奄美と宮古／八重山の状況に関しても、沖縄と比較して少し触れておきたい。奄美のサンゴ礁は、沖縄と比較してイノーの発達が悪く、岸側潮間帯から干瀬的な環境が続く場合が多い。そのため、シャコガイ類の出土が比較的少なく、岸側のアマオブネ類・コウダカカラマツ・リュウキュウヒバリ等の種や干瀬のオキニシ・ハナマルユキ等、礁斜面のヤコウガイ等が優占することが多い（用見崎遺跡・用安良川遺跡・マツノト遺跡・住吉貝塚）。ただ、奄美と類似したサンゴ礁環境を持つ沖縄島北東端の宇佐浜B貝塚（貝塚時代後期前半）では、シャコガイ類が比較的多く、筆者は両者の

相違を"食用貝類に対する文化的選択性"と考えた（黒住2006）。

　宮古／八重山では、第3部島袋論文に詳述されているように、下田原期と無土器期の先史貝塚が知られている。これらの貝類遺体群は、先の第1表のようにサンゴ礁型（アラフ遺跡・下田原貝塚・大泊浜貝塚・網取遺跡・トゥグル浜貝塚等）と河口干潟型（名蔵貝塚群・神田貝塚・船越貝塚等）と沖縄と類似している。そして、下田原期には、河口干潟型は少ないようである。

　八重山で、極めて興味深いのは、波照間島北部に隣接して存在する下田原期の下田原貝塚と無土器期の大泊浜貝塚の貝類遺体組成である。両者は、時代と文化を異にしながら、チョウセンサザエ・シャコガイ類・サラサバテイラ等のサンゴ礁域の中・大形種を優占種とし、各種の割合に多少の変化は認められるもののかなり類似した組成となっている（花城1986）。この研究から、いくつかの点が指摘できる。1点目は、先のサンゴ礁形成に関する問題で、下田原貝塚は約3500年前の年代が得られており、やはり貝類遺体からは現在と同様な裾礁が形成されていたと考えられる。そして、約1500年前の大泊浜貝塚の時代まで、このサンゴ礁環境にはほとんど変化がなかった訳である。2点目は、土器を持つ下田原土器期と無土器期の間には、1000年以上の遺跡の確認できていない時間があり、両者は別な文化と考えられている。それにもかかわらず、波照間島の2遺跡の貝類遺体組成が極めて類似するということは、広い意味で食用貝類選択に"収斂"が生じていると言える。さらには、両貝塚の組成は、先述の沖縄の貝塚時代後期の組成ともほぼ同様である。沖縄と八重山の先史文化は全く異なった系譜に属することは明白であると考えられており、この両諸島の間でも、収斂が認められるのである。想像でしかないが、東アジアのサンゴ礁地域の人々には文化は異なっても、広い意味での"味覚"は類似する訳である。最後に、調理具の土器がなくとも、食用貝類の選択には変化が認められないという点が明らかになった点も重要である。また、シャコガイ製貝斧以外にほとんど石器の出土しない宮古の無土器遺跡の貝類遺体組成も波照間島と類似しており、貝類採集道具等に関して、残存しない"木器"の重要性も推測される。

第2部　琉球列島の景観の形成と資源利用

2. 交易用貝類採集とその影響

　沖縄のサンゴ礁域の貝類では、「貝交易」としてゴホウラ・ヤコウガイ等のヤマトとのと交易に用いられた貝類も存在し、その研究は大きな進展を見せている（木下1989、1996等）。ゴホウラの貝輪は沖縄の貝塚時代前IV期から知られており、主に貝塚時代後期前半以降に九州でもゴホウラ製品（貝輪・貝釧）が盛行するようになる。

(1) 潜水漁に関する問題

　このゴホウラは、礁斜面下部に生息しており、生貝の採集には10m程度の潜水を行わねばならない。このような種の出土から、貝塚時代に"潜水漁"の存在していたことが想定されている。しかし、潜水漁を行っていたとしたら、礁斜面に生息するトウカムリやテングガイ等の大形貝類が多数出土しても良いと考えられるが、これらの種は貝塚からほとんど出土していない。また、貝塚時代の魚類遺体の詳細な研究成果は、干瀬より外での魚類捕獲の極めて少なかったこと、特に潜水漁を示唆するものの欠如を、第2部樋泉論文でも如実に示されている（金子1991、2001；樋泉2002等も参照）。これらのことから、筆者は沖縄先史時代（からグスク・近世期まで）に、水深10m以深への潜水漁はほとんど存在していなかったと考えている。ここでの潜水漁とは、潜った状態で探索を行う行為を意味している。そのため、海面下にゴホウラやヤコウガイを発見した場合（実際には海面下で確認されるであろう）、数mの"潜水"は頻繁に行われてはずである。最初に示した礁斜面に生息する種の採集は、このような干瀬の外側での背丈程度の潜水により得られるものをイメージしている。

　では、ゴホウラはどのようにして採集されたのであろうか。集積を含め、遺跡から得られたゴホウラ等を詳細に観察してみると、殻口内部にヘビガイ類等の付着が認められる（第2表、写真3）。貝類の生きている時には、当然軟体（体／身）が入っている訳であり、殻口内に他生物が付着することはない。殻口内に他生物の付着が認められるということは、「死殻／貝が死んだ状態」であったことを物語る。現在でも、ゴホウラ死殻は、コモンヤドカリ等の大形ヤドカリ類に利用されている。水深10m程度の礁斜面から、ヤドカリに

第2表　伊江島の貝塚時代遺跡出土ゴホウラ等の状態

	他生物の付着有り		他生物の付着確認できず	
	個体数	%	個体数	%
ゴホウラ	32	68.09	15	31.91
アツソデ	8	100.00	0	0.00

よって、ゴホウラ死殻は浅場まで運ばれてきたと考えられる。ヤドカリ入りゴホウラ死殻は、イノー内で見られることはほとんどなく、通常、干瀬の縁溝と呼ばれる溝状構造部やさらに幅の広い水道部（方言名でクチ）で得られる。貝塚時代にも、この干瀬のクチ等へ移動してきたゴホウラ死殻が採集されたと筆者は考えている。なお、テングガイはヤドカリ類に良く利用されるが、大形のトウカムリにヤドカリの入っている例は少ない。当然、ゴホウラ生貝の密度とヤドカリの移動しやすい地形により、ゴホウラ死殻の得やすい地点が存在していたはずで、多く得られるクチ等が集団間の"テリトリー"として存在していた可能性もあろう。

(2) 大形貝類採集

このように考えると、貝塚時代のゴホウラ採集は単にチャンスによる発見となり、死殻の上がってくるクチ等を見回る頻度に依存することが考えられる。そのため、干瀬まで行く機会が多くなり、サラサバテイラやシャコガイ類等の大形貝類の採集頻度が高くなり、貝塚時代後期の多量の大形貝類遺体群の特徴を示すようになると考えている。これが木下（2000）の「中期［貝塚時代前Ｖ期］から後期［同後期］への変化は「質的」というより、むしろ「量的」変化」を示す貝類遺体の在り方と言えるであろう。アツソデもゴホウラと同様な採集様式であり、アンボンクロザメ等の大形イモガイはイノー内砂底に生息するので、干瀬への見回り時に採集することが可能である。そして、伊江島の具志原貝塚では、貝塚時代後期前半の尖底土器期の南区と同じく後期後半のくびれ平底土器期の北区では、南区で干瀬の割合が大きく、北区でイノー内が高くなっていた（第2図）。これはゴホウラ需要の時間差に伴う干瀬見回り量と関連付けて理解されるのかもしれない。また、この遺跡

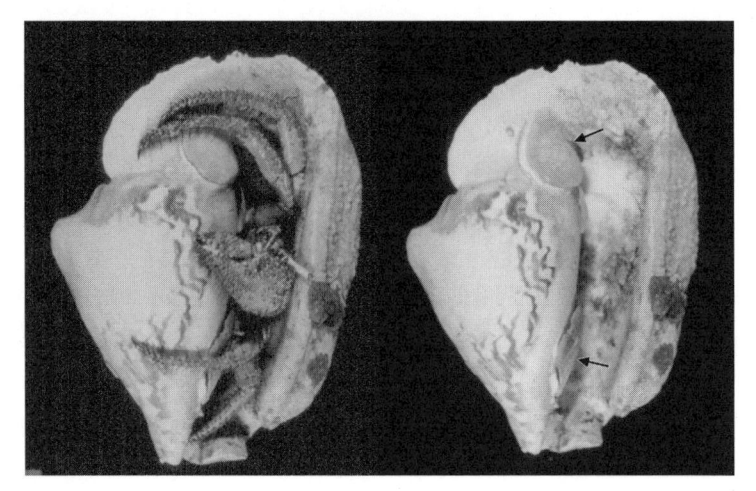

第2部　琉球列島の景観の形成と資源利用

写真3　ゴホウラ（左：ヤドカリ入り、右：殻口内に付着物あり）

ではヒメジャコでは明瞭でなかったが、他のシャコガイ類（写真4）ではくびれ平底土器（貝塚時代後期後半）の北区の方が尖底土器（貝塚時代後期前半）の南区よりも、サイズが小形化していた（第3図）。これは、2つの土器期の間での捕獲圧の増大を示していると考えられる。およそ同時期の同様なシャコガイ類の小形化は、近接したナガラ原東貝塚でも報告されている。

　遺跡数・環境収容力と貝塚出土の貝類を含む動物遺体の解析から、高宮（2005）は、貝塚時代後期前半にそれまでの海産魚類から他の脊椎動物（特にリュウキュウイノシシ）の割合が増加すること等に基づいて、フードストレス説を提出している（第3部高宮論文）。貝類遺体の内容として、貝塚時代前期に多くは利用されておらず、「核とならなかった」大形貝類は、その採集に危険が伴い、運搬にコストがかかる点を指摘している（高宮2005）。この指摘や上述の具志原貝塚のシャコガイ類サイズの小形化は、確かに同説を補強するものと考えられる。

　しかし、貝交易が下火になる貝塚時代後期最末期のフェンサ下層式土器期には遺跡が減少、あるいは顕在化しない状況があり、遺跡出土貝類遺体群を最近まで把握できていなかったが、最近、未報告のものを含め沖縄島南部のいわゆる台地上の遺跡（フェンサグスク・新原貝塚・垣花遺跡）出土遺体を検討

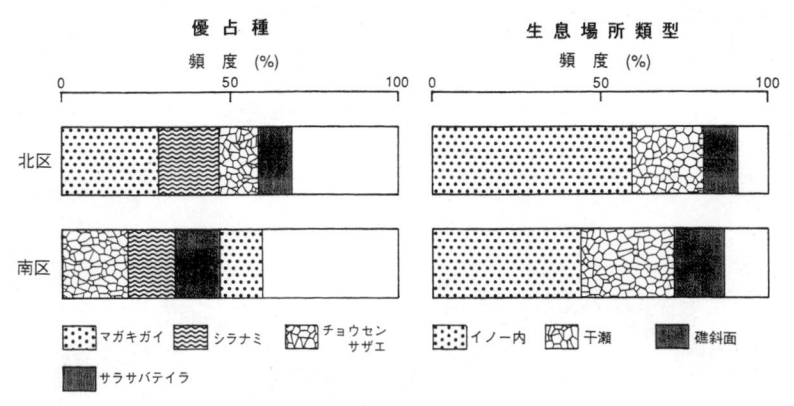

第2図　伊江島／具志原貝塚（貝塚時代後期）の食用貝類遺体組成（黒住1997）

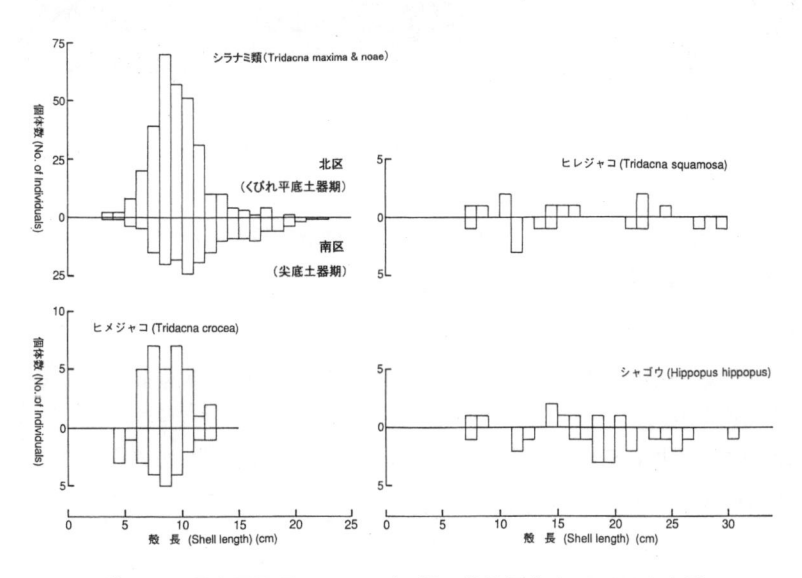

第3図　具志原貝塚のシャコガイ類の殻長組成（黒住1997を改変）

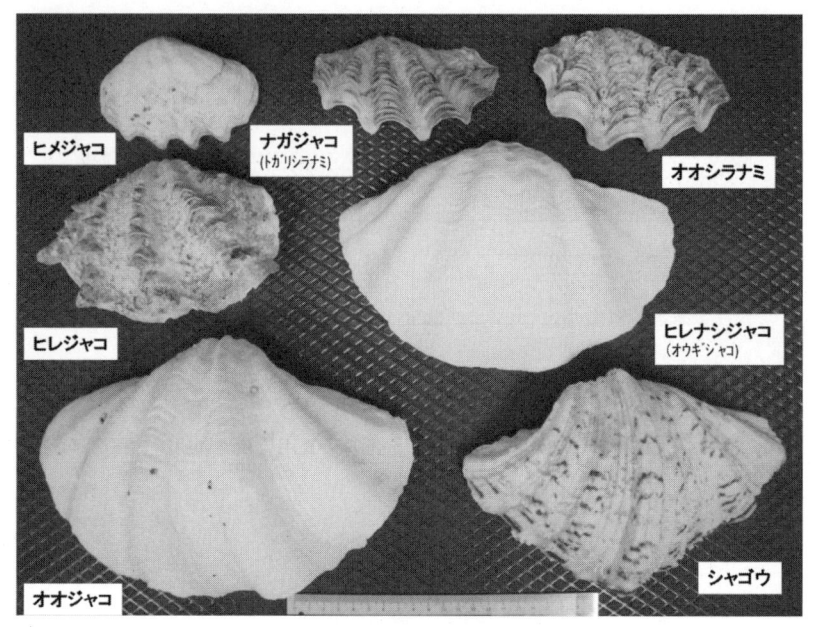

第 2 部　琉球列島の景観の形成と資源利用

写真 4　沖縄で見られるシャコガイ類

することができた。その結果は、やはり遺跡の地理的位置によって組成は異なり、イソハマグリ等の小形種も多いものの、マガキガイ・シャコガイ類も目立ち、前 IV 期的な状況に類似し、サンゴ礁域の種が優占するという貝塚時代全期間の傾向を示していた（第 1 表も参照）。ただ、明らかにサラサバテイラや大形シャコガイ類は減少していた。この内容を、筆者は貝交易用の種の採集が不活発になり、それに伴い見回り頻度も激減し、中・小形種が増加したと理解している。このように、大形貝類の目立つ遺体群は貝交易に伴う干瀬見回り頻度に基づく貝類採集方法の違いということで説明されるのではないかと考えられ、必ずしもフードストレス説に合致している訳ではないように思われる。

(3)　その他の交易貝類

　ゴホウラ・イモガイ類・ヤコウガイの他にも、ヤマトの古墳からは、沖縄からもたらされたと想定されるテングガイ・スイジガイ等も貝釧として出土しており、これらの種の集積は確認されていないものの、何種もの貝類がイ

モガイと共に運ばれたことは確実であり、ホラガイでも搬出が想定されている（木下2002）。逆に、ヤマトから沖縄へ持ち込まれた貝類はほとんどなく、可能性のあるのは具志原貝塚出土のボウシュウボラと伊礼原遺跡のツノガイ類似種程度である。奄美のマツノト遺跡では、ヤッシロガイ・ボウシュウボラの2種がヤマトからもたらされ、オオツタノハを採集しにトカラ列島へ行き、リュウテン等の美麗種をヤマトへ出した可能性もあるのではないかと考えた。このヤッシロガイ例のように貝でも、沖縄側ではヤマトの貝はほとんど受け入れられなかったことも指摘できよう。

　一方、琉球列島の遺跡では、マングローブに生息する大形のシジミ、シレナシジミがマングローブのない小島嶼を含め琉球列島の多くの遺跡から出土し（ヤマトでは未発見）、搬入の可能性が指摘されてきた。殻皮のなくなった本種は純白色で、貝刃や有孔貝製品に用いられている。しかし、これらの貝製品は他の種でも製作されており、製品としての利用のためのみに持ち込まれたとは考えにくく、筆者は、墓域に関連するものではないかと想像している。しかし、墓域からの出土は僅かな貝刃の出土例（安座間原第二遺跡）程度である。これは、シレナシジミを割って用いるために確認できていない可能性もあるのではないかと考えている。今後の発掘成果に期待したい。

　真珠は、地域と時代を問わず、宝石として珍重される。沖縄の貝塚時代遺跡からも真珠の出土例があり（伊是名貝塚・ナガラ原東貝塚等）、詳細なデータの検討は行えていないが、貝塚時代後期後半に真珠貝類（アコヤガイ・ミドリアオリ）の出土数が増加するようである（平敷屋トウバル遺跡等）。未だ、積極的な真珠採集の事例を沖縄では示せていないが、その可能性は十分あると思っており、今後貝交易とも関連させて別な見方で議論されることを望みたい。

3. 森林環境と土砂流出の影響

　海域ではサンゴ礁環境の安定性を強調した。貝塚時代の森林環境も遺跡出土陸産貝類（カタツムリ）から推測することが可能である。これまでの結果では、カツレンマイマイという殻径4cm程度の大形種が貝塚時代後期に絶

第2部　琉球列島の景観の形成と資源利用

第3表　豊見城市平良グスクから得られた陸産貝類の分布パターン（黒住・金城1988を改変）

沖縄島における現在の分布	主な種類	種数	個体数
現在の平良グスク周辺にも分布	オキナワヤマタニシ・ノミギセル・オキナワヤマタカマイマイ等	12	124
沖縄島南部の自然林にも分布	ヒラセアツブタガイ・キンチャクギセル・イトマンマイマイ等	9	33
沖縄島北部の自然林に分布	オオシマゴマガイ	1	2
沖縄島には生息しない	ナガヤマヤマツボ	1	6

滅した可能性があり、他に地中性の種で現生が確認されていない種が複数存在する程度で、貝塚時代と現在の沖縄では絶滅種はほとんど見られない。これは琉球列島において、明治期の貝類相調査後の絶滅種が極めて少ないこととも一致し、およそ同緯度に位置し、これまで陸橋で他の地域とつながったことのない海洋島の小笠原諸島では同じ調査期間の間に極めて多くの絶滅が生じた事例（黒住1988）と対照的である。大陸で多くの種や環境の中で生存しきた種と、海洋島で比較的単純な環境である種偶然に到達できた少数の祖先から派生した種では、その"生存力"に大きな差が生じることが考えられる。そのため、琉球列島が「陸橋島」として過去に台湾等とつながったことがあり、琉球列島における陸産貝類の絶滅は極めて少ないと考えられる。

　グスク時代には、穀類農耕が開始され、森林が伐採されたと考えられるが、13 - 14世紀の豊見城市／平良グスクからは、現在の沖縄島から絶滅したナガヤマヤマツボや北部の山原等にのみ残存しているオオシマゴマガイ等の種が得られ（第3表）、むしろ"聖域"としてのグスクの森林環境は保全されていた例も知られている（黒住・金城1988）。

　筆者は、早ければ前IV期に南から水生タロイモに伴ってヌノメカワニナ（写真5）が持ち込まれ、この時期から根栽農耕が存在したと想定したが（黒住2007b）、他の遺跡出土貝類組成に変化が見られず、耕作による陸域の改変は大きくはなく、この農耕の海域への影響はほとんどなかったものと考えられる。同様に、水田稲作に伴ってヤマトから持ち込まれたと考えられるマルタニシは、弥生～平安相当の貝塚時代後期からの出土はなく、グスク時代に

写真5 ヌノメカワニナ等の遺跡から出土するカワニナ類（現生標本）

なってから得られており、水田稲作の開始年代を貝類遺体から検討できる材料を提供している（黒住2002）。グスク時代には、水田稲作だけでなく、ムギ類の栽培も開始され、カツレンマイマイの例で示されるように農耕地拡大による森林伐採が行われたことは確実であろう。この伐採の影響は、陸上脊椎動物遺体では、現在はヤンバルの森林にのみ生息するケナガネズミやリュウキュウヤマガメが、沖縄島南部の遺跡において貝塚時代に確認されていながら、グスク時代になると出土しなくなるという森林伐採の影響が極めて明瞭に示されている（樋泉2002）。

この森林伐採・穀類農耕によって、現在の琉球列島で生じている赤土流出によるイノー内のサンゴ礁の環境悪化が、グスク時代の農耕による地表面の土壌流出として生じた可能性も十分想定される。しかし、同時期の遺跡出土貝類では、いくつかの遺跡（今帰仁城周辺遺跡・伊礼原D遺跡・少し時代は下るが垣花遺跡等）でサンゴ礁域の種が多く得られ、その組成は貝塚時代後期のものと激変しないことから、土壌流出のサンゴ礁域全体への影響は現在のような極めて重大なものでなかったこともまた確実であろう。現在と比較して農耕地の開発面積や耕作形態による相違も大きかったことが考えられる。また単純な想定であるが、畦部分の雑草生育が土壌流出を防いでいたことも想定される。

第2部　琉球列島の景観の形成と資源利用

しかし、内湾域やマングローブ域でも影響は少なかったかどうかは全く不明である。その例として、内湾潮下帯に生息し、現在では生きた群の確認できないムラサキヨフバイの海岸に打上げられた個体の炭素年代は、4550±25yBP (PLD-15724) と極めて古いものであった。このサンプル自体が、海底堆積物を浚渫により掘り出した後に、波に洗われて打ち上げられたものの可能性もある。また、この年代がこの種の沖縄からの絶滅年代を示している訳ではない（コア等の連続したサンプルから採集されたものではないので）ことには注意を払わねばならない。ただ、グスク時代の土砂流出はムラサキヨフバイの沖縄諸島からの絶滅や、マングローブに生息するキバウミニナ等の大形ウミニナ類の沖縄諸島における減少傾向（Ohgaki and Kurozumi 2000）等から、内湾部ではある程度の影響の存在した可能性もあろう。この変化を生き延びられたカンギクやアラスジケマンはグスク時代の中心的な食用貝類となっている訳である。

4. 遺跡出土貝類遺体研究の現代的意義

これまでに述べてきたように、琉球列島の島々はサンゴ礁に囲まれ、その環境の中の貝類を先史時代から食用を中心に利用してきた。そして、シャコガイ類・サラサバテイラ・マガキガイ・ヤコウガイ・イソハマグリ・カンギク・アラスジケマン等、約5000年前から現在まで、基本的な食用利用には変化がない。貝殻としても、先史時代等の貝錘・腕輪等から近・現代の螺鈿素材・貝ボタン等と多様な利用が認められる。先述したが、シャコガイ類・サラサバテイラ等で、いくつかの時代で捕獲サイズの減少も知られているが（黒住2002）、外洋—サンゴ礁域の貝類で捕獲圧により琉球列島から絶滅した種や成貝サイズの極端に小形化した種は知られていないのである。唯一、イノー内の砂底に"置かれたように"生息し、採集時には単に拾い上げるだけで済むシャコガイの一種、シャゴウで沖縄島における激減が認められる。このように、極めて"安定"・"伝統"・"均質化・画一化"していた琉球列島のサンゴ礁域の貝類利用は、戦後および1972年の復帰以降、生活スタイルの"ヤマト化／グローバル化"と共に、造礁サンゴを食害するオニヒトデの大発生・

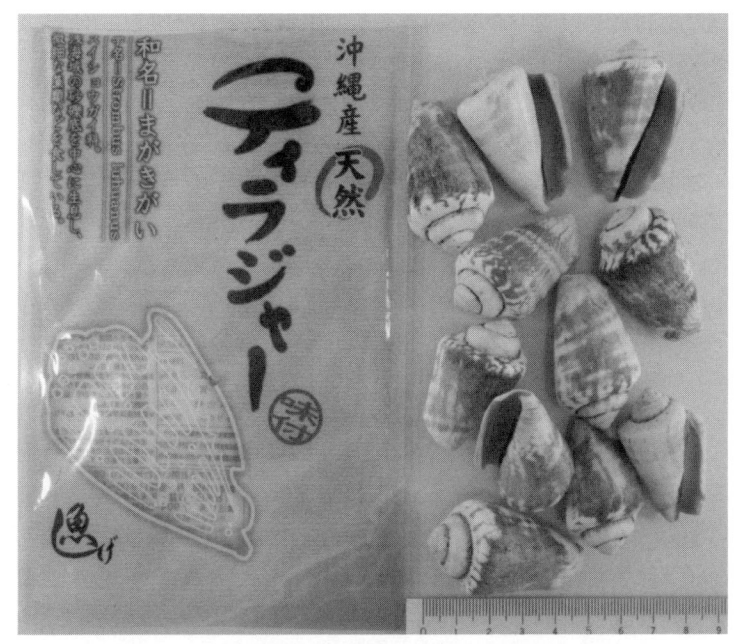

琉球先史時代人とサンゴ礁資源―貝類を中心に―

写真6　最近沖縄で販売されたマガキガイの食用パック

イノーの埋立・赤土流出を含め環境汚染等による海域環境の激変で、大きく変容してしまった。

　数千年間かなり安定していたサンゴ礁の貝類を含む資源利用は、島嶼と言うシステムをうまく使っていたことの現れと考えることもできよう。そして、グスクを中心とした森林は陸産貝類の生息場所を"避難場所（レフュージア）"として守ってきたと言える。それがごく最近の人間活動により大きく変わってしまった訳である。その変化状況を、これまでの遺跡から認められる在り方を一つの教訓として、ある種復元し、養殖等を含め、"特産品"（写真6）というような形も模索しながら、「持続可能な新たな島嶼システムの参照体系」として、遺跡での資源利用の在り方が参考になろう。

引用文献

　沖縄考古学会（編）1978『石器時代の沖縄』新星図書

第 2 部　琉球列島の景観の形成と資源利用

大場忠道 1996「日本列島周辺の海流変遷―海底コアからみた過去三万年間の海流分布」『変化する日本の海岸.　最終間氷期から現在まで』古今院
金子浩昌 1991「今帰仁城跡出土の脊椎動物遺骸」『今帰仁城跡発掘調査報告書 II、今帰仁村文化財調査報告書』第 14 集
金子浩昌 2001「伊是名貝塚の動物遺体」『伊是名貝塚』勉誠出版
木下尚子 1989「南海産貝輪交易考」『横山浩一先生退官記念論文集.　生産と流通の考古学』横山浩一先生退官記念論文集刊行会
木下尚子 1996『南島貝文化の研究　貝の道の考古学』法政大学出版会
木下尚子 2000「琉球列島の人びとの暮らしと倭人」『倭人をとりまく世界―2000 年前の多様な暮らし』山川出版社
木下尚子 2002「貝交易と国家形成―9 世紀から 13 世紀を対象に―」『先史琉球の生業と交易―奄美・沖縄の発掘調査から―』熊本大学文学部
木村政昭・白井祥平・押田　淳 1987「沖縄県西表島東海岸の礁池から発見された完新世オオジャコ化石の ^{14}C 年代」『琉球大学理学部紀要』44 号
黒住耐二 1987「遺跡出土貝類の生息場所類系化の試み」『石川市古我地原貝塚、沖縄県文化財調査報告書』第 84 集
黒住耐二 1988「小笠原諸島における陸産貝類の種組成とその絶滅に関与する要因」『小笠原研究』15 号
黒住耐二 1997「沖縄県具志原貝塚出土の貝類遺存体」『伊江島具志原貝塚発掘調査報告書、　沖縄県文化財調査報告書』第 130 集
黒住耐二 2001「伊是名貝塚の貝類分析」『伊是名貝塚』勉誠出版
黒住耐二 2002「貝類遺体からみた奄美・沖縄の自然環境と生活」『先史琉球の生業と交易―奄美・沖縄の発掘調査から―』熊本大学文学部
黒住耐二 2005「今帰仁城跡周辺遺跡の貝類遺体」『今帰仁城跡周辺遺跡、今帰仁村文化財調査報告書』第 20 集
黒住耐二 2006「貝類遺体からみた遺跡の立地環境と生活」『先史琉球の生業と交易 II―奄美・沖縄の発掘調査から―』熊本大学文学部
黒住耐二 2007a「貝類遺体からみた伊礼原遺跡」『伊礼原遺跡、北谷町文化財調査報告書』第 6 集
黒住耐二 2007b「胎生淡水産貝類からみた先史時代の沖縄諸島における根栽農耕の可能性」『南島考古』26 号
黒住耐二 2008「琉球列島の環境変化を貝類から探る」『考古学ジャーナル』577 号

黒住耐二・金城亀信 1988「豊見城村の長嶺、保栄茂および平良グスク試掘調査により出土した貝類」『豊見城村の遺跡、豊見城村文化財調査報告書』第3集

島袋春美 1996「軟体動物遺体」『平敷屋トウバル遺跡、沖縄県文化財調査報告書』第125集

島袋春美 2006「貝類遺体」『新城下原第二遺跡、沖縄県立埋蔵文化財センター調査報告書』第35集

高宮広土 2005『島の先史学. パラダイスでなかった沖縄諸島の先史時代』ボーダーインク

樋泉岳二 2002「脊椎動物遺体からみた奄美・沖縄の環境と生業」『先史琉球の生業と交易―奄美・沖縄の発掘調査から―』熊本大学文学部

花城潤子 1986「貝類遺存体」『下田原貝塚・大泊浜貝塚、沖縄県文化財調査報告書』第74集

花城潤子 1987「貝類遺存体」『石川市古我地原貝塚、沖縄県文化財調査報告書』第84集

松島義章 1984「日本列島における後氷期の浅海性貝類群集―特に環境変遷に伴うその時間・空間的変遷―」『神奈川県立博物館研究報告（自然科学）』15号

盛本　勲 1984「動物遺体」『野国. 野国貝塚群B地点発掘調査報告書原遺跡、沖縄県文化財調査報告書』第57集

Ohgaki, S. and T. Kurozumi. 2000 Historical decline of the mangrove gastrpods, *Telescopium* and *Terebralia* in the Ryukyu Islands and Taiwan: evidence from shell middens. *Asian Mar. Biol.* 17

琉球先史時代人と動物資源利用
—脊椎動物遺体を中心に—

樋 泉 岳 二

はじめに

　南西諸島の遺跡では、各時代を通じてしばしば多量の脊椎動物遺体（魚骨や鳥獣骨など）が出土する。ここでは、奄美・沖縄諸島の貝塚時代（本土の縄文時代早期後半～平安時代並行期）以降の遺跡における骨類の変遷を概観し、自然環境と動物資源利用の特徴について述べる。図1に本論で言及した遺跡の位置を示す。

　第2図～第8図は、奄美・沖縄諸島の遺跡のうち、骨類を多産し、なおかつ詳細なデータが提示されている代表的な遺跡を選び、最小個体数（MNI）によってその組成を示したものである。これらのうち第2図～第6図はピックアップ資料（発掘時に手で拾い上げられたもの）のデータで、鳥獣骨や比較的大型の魚の骨の内容を示したもの、第7図～第8図は水洗選別によって採集された魚骨の組成で、小型魚も含めた魚類の詳細を示したものである。同定・集計の方法にかかわる問題点および集計方法の詳細は樋泉（2002・2007a）を参照されたい。

　これらのデータによって奄美・沖縄の脊椎動物遺体群の変遷をみると、その様相は(1)貝塚時代早期、(2)貝塚時代前期～後期、(3)グスク時代以降の3時期に区分することができる。以下、これらのデータから推定される各時期の自然環境と動物資源利用の特色について概観する。

1. 貝塚時代早期

　貝塚時代早期は縄文時代早期後葉から後期初頭に相当する時代である。ここでは早期を前葉（前Ⅰ期：縄文早期後葉並行期？）、中葉（前Ⅱ期：縄文前期～

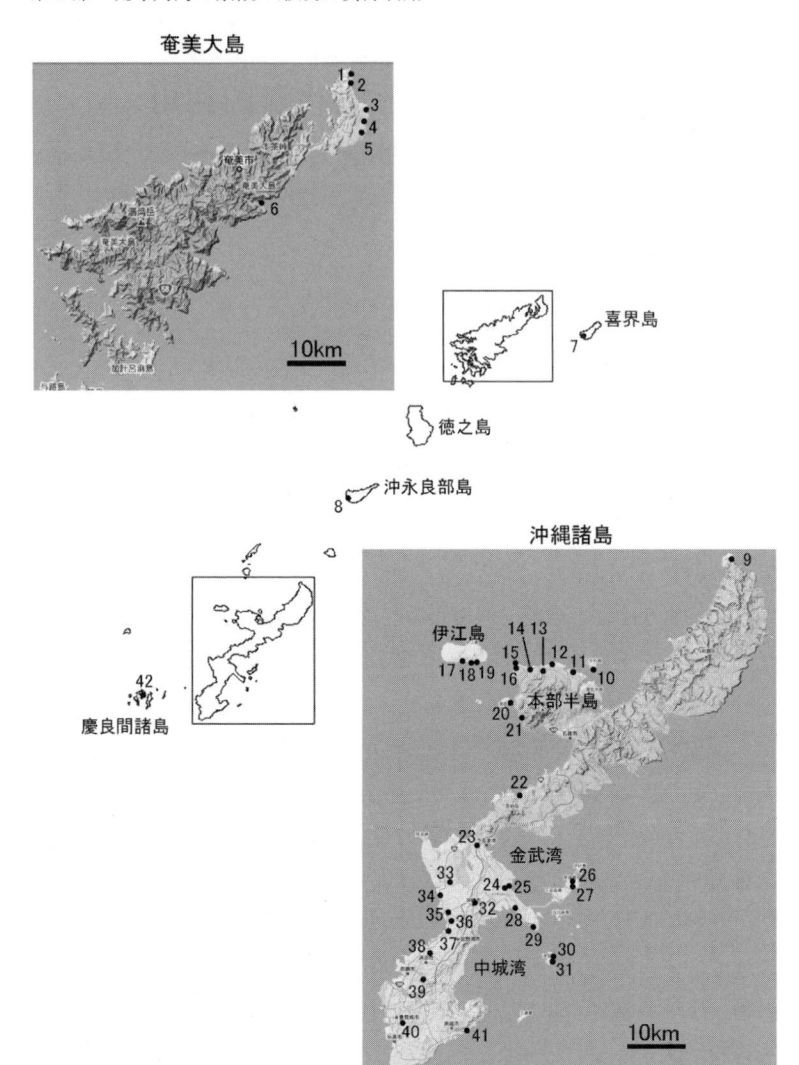

第 2 部　琉球列島の景観の形成と資源利用

1 用見崎、2 安良川、3 マツノト、4 宇宿貝塚・宇宿小学校構内、5 長浜金久、6 フワガネク、7 和早寺、8 友留・住吉、9 宇佐浜 B、10 古宇利原、11 渡喜仁浜原、12 西長浜原、13 今帰仁城、14 具志堅、15 備瀬、16 知場塚原、17 ナガラ原西・ナガラ原東、18 具志原、19 阿良、20 アンチの上、21 兼久原、22 熱田、23 古我地原、24 地荒原貝塚・地荒原遺跡、25 アカジャンガー、26 シヌグ堂、27 高嶺、28 勝連城・南風原古島、29 平敷屋トウバル、30 津堅島キガ浜、31 津堅、32 室川、33 屋良城、34 野国貝塚群 B 地点、35 伊礼原、36 北谷城、37 新城下原、38 チヂフチャー洞穴、39 首里城、40 阿波根古島、41 百名第二、42 古座間味。

第 1 図　本論で言及した遺跡の位置

中期前半並行期)、後葉（前III期：縄文中期後半〜後期初頭並行期）に区分した。各時期の暦年代についてはデータが不充分だが、ここでは暫定的に前葉・中葉・後葉の年代を、放射性炭素年代でそれぞれ約6500〜5500BP、5500〜4500BP、4500〜4000BP、較正年代でそれぞれ約7500〜6500年前、約6500〜5000年前、約5000〜4500年前ころと大まかにとらえておくことにする。

　まず早期前葉について、脊椎動物遺体全体の組成をみると（第2図）、宜野湾市・北谷町新城下原第二遺跡IX層（金子・久貝2006）や嘉手納町野国貝塚群B地点IV〜V層（盛本1984、川島・村岡1984）（いずれも炭素年で約6000BP）ではイノシシが大部分を占め、魚骨はごく少ない。わずかに出土した魚骨の内容は、野国貝塚群B地点でクロダイ属2点、アオブダイ属・ベラ科（シロクラベラ型）各1点（いずれも写真図版に基づいて原報告を訂正）、大型サメ類椎骨5点が確認されており、不明とされた椎骨の中には写真図版からみて大型アジ類椎骨と考えられるものが数点みられる。新城下原第二遺跡で採集された唯一の椎骨も、写真から大型アジ類と考えられる。以後の貝塚時代遺跡ではごく少ないサメ類や大型アジ類といった回遊魚類が目立つ点はこの時期の特徴といえるかもしれない。

　この時期になぜ魚類がほとんど利用されないのかについては、解釈がむずかしい。野国貝塚群B地点でも新城下原第二遺跡でも海生または汽水生の貝類が多数出土しており、とくに野国貝塚群B地点ではマガキガイを主体とするサンゴ礁の貝類が多数出土していることから、黒住（2002）は周辺の海岸に、すでにある程度の規模の礁池（イノー）をもったサンゴ礁環境が存在していたと推定している。残念ながら魚骨からこの時期の海岸環境・魚類相については言及できないが、上記のような貝類からの所見に加え、両遺跡ともにごく少数ではあるが魚骨が出土していることからみて、少なくとも魚類が捕獲できないような環境条件であったとは考えにくい。この時期には魚類を捕獲する技術が未発達であったか、あるいは魚類を忌避するような何らかの文化的な選択がかかっていた可能性などが考えらよう。貝塚時代初期の人びとの環境適応の実態を解明する上で、今後の重要な課題である。

　こうした早期前葉の様相に対して、貝塚時代早期中葉の北谷町伊礼原遺跡

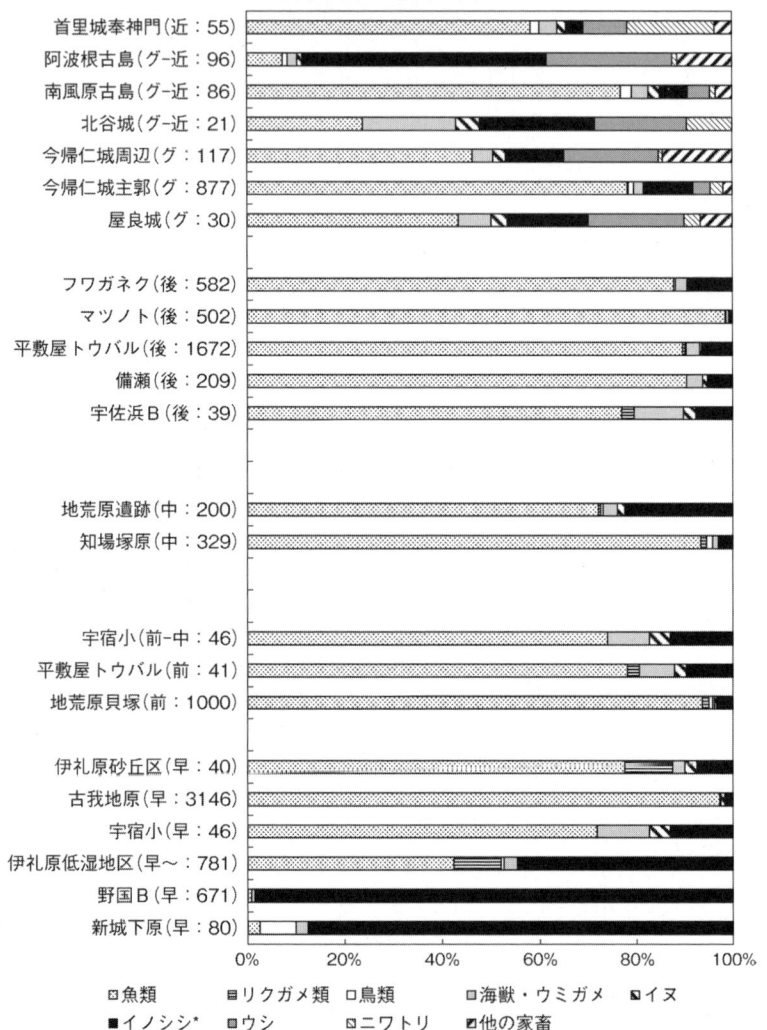

第2部　琉球列島の景観の形成と資源利用

沖縄本島・奄美大島

首里城奉神門（近：55）	
阿波根古島（グ-近：96）	
南風原古島（グ-近：86）	
北谷城（グ-近：21）	
今帰仁城周辺（グ：117）	
今帰仁城主郭（グ：877）	
屋良城（グ：30）	
フワガネク（後：582）	
マツノト（後：502）	
平敷屋トゥバル（後：1672）	
備瀬（後：209）	
宇佐浜B（後：39）	
地荒原遺跡（中：200）	
知場塚原（中：329）	
宇宿小（前-中：46）	
平敷屋トゥバル（前：41）	
地荒原貝塚（前：1000）	
伊礼原砂丘区（早：40）	
古我地原（早：3146）	
宇宿小（早：46）	
伊礼原低湿地区（早〜：781）	
野国B（早：671）	
新城下原（早：80）	

□魚類　■リクガメ類　□鳥類　□海獣・ウミガメ　■イヌ
■イノシシ*　□ウシ　■ニワトリ　■他の家畜

ピックアップ資料。最小個体数（MNI）比。イノシシは「ブタ」と記載されているものも含む。
（　）内は年代：MNI総数。早・前・中・後：それぞれ貝塚時代早期・前期・中期・後期、グ：グスク時代、近：近世

112

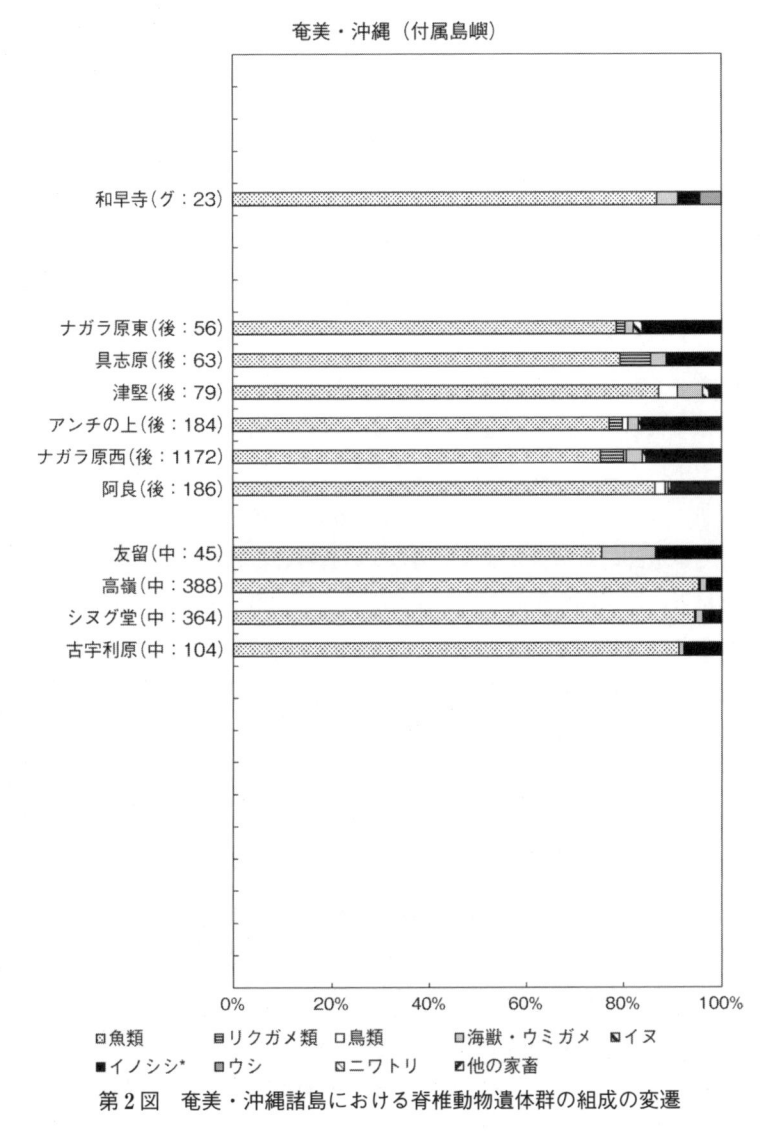

琉球先史時代人と動物資源利用—脊椎動物遺体を中心に—

奄美・沖縄（付属島嶼）

第2図　奄美・沖縄諸島における脊椎動物遺体群の組成の変遷

第 2 部　琉球列島の景観の形成と資源利用

低湿地区 14 層（5400〜5000BP；6200〜5700cal BP）では魚骨が増加し（樋泉 2007）、さらにやや後続すると思われる奄美市宇宿小学校構内遺跡第 3・4 文化層（名島 2003a）や、早期後葉の伊礼原遺跡砂丘区「貝集積土坑」（樋泉 2007）、うるま市古我地原遺跡（金子 1987）では魚骨とイノシシが大多数を占めるようになる（第 2 図）。

　貝塚時代早期中葉の伊礼原遺跡低湿地区は多数の魚類遺体が検出された遺跡としては沖縄で最古であり、魚類利用の発展開始期の様相を知るうえで重要である。魚類組成をみると、ハリセンボン科が最も多く、ハタ科、ベラ科、フエフキダイ科、ウツボ科がこれに次ぐ（第 3 図）。後述するように、沖縄諸島の貝塚時代前期〜後期の遺跡では、サンゴ礁に面した地域ではブダイ科、金武湾や中城湾といった内湾砂底域に面した地域ではフエフキダイ科・ベラ科が卓越する傾向が広く認められるが（第 1 図、第 5 図〜第 6 図）、これらと比較して本遺跡の魚類組成は他に例のない独特の様相を呈している。現在の同遺跡付近の海岸は典型的なサンゴ礁海岸だが、出土魚骨ではブダイ科に象徴されるサンゴ礁要素は貧弱であることから、この時代にはサンゴ礁がまだ発達過程にあった可能性がある。むしろフエフキダイ科やベラ科が優占する点で貝塚時代前期以降の内湾沿岸の遺跡にやや近い傾向にあり、最多種であるハリセンボン科も現在波静かな場所に多くみられることから、本遺跡の魚類相は、全体としてはやや内湾的な傾向を示しているように思われる。

　様相が大きく変化するのは貝塚時代早期後葉で、宇宿小学校構内、古我地原、伊礼原砂丘区「貝集積土坑」ではいずれもブダイ科（とくにアオブダイ属）の明確な増加が認められ、以後の時代の沖縄サンゴ礁域の遺跡と同様の様相を呈するようになる（第 3 図）。魚類遺体からサンゴ礁環境への適応の深化が示唆されるようになるのはこの時期からである。

　菅（2010）によれば、サンゴ礁（礁嶺）の海面到達時期は沖縄本島南部で約 6500 年前、沖縄本島北部と与論島では約 3500 年前とかなりの地域差がみられる。いっぽうで、上記の通り、この時期の魚骨出土遺跡はごく少なく、分布も沖縄本島中部（伊礼原・古我地原）と奄美大島北部（宇宿小学校構内）に限られている（第 1 図）。こうした現状では、サンゴ礁の発達過程とサンゴ礁

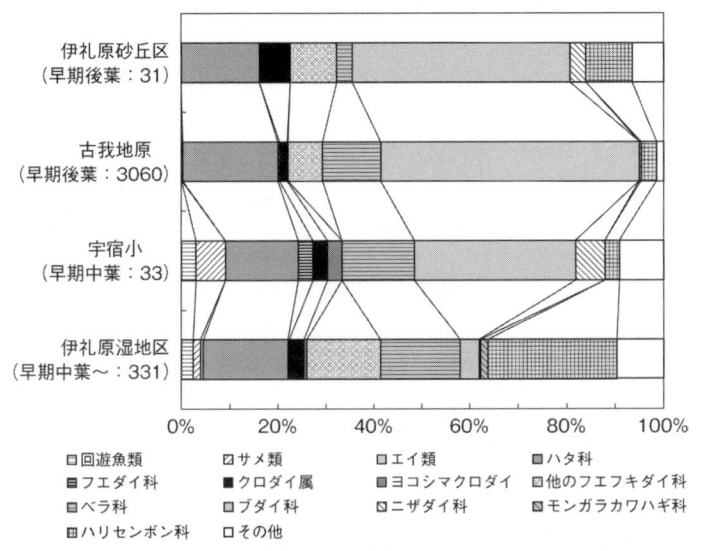

琉球先史時代人と動物資源利用—脊椎動物遺体を中心に—

第3図　貝塚時代早期における魚類組成の変遷

ピックアップ資料。最小個体数（MNI）による。回遊魚：カマス・ダツ・アジ類・サワラ・マグロ類？。

漁労の起源の関係を具体的に議論することはむずかしい。しかし、上記の通り沖縄中部では約6000年前ころから漁労が発達しはじめ、5000年前ころまでにはブダイ類を主対象としたサンゴ礁漁労が成立しており、その年代が前方礁原（ヒシ）の発達期と重なる可能性があることを考慮すれば、サンゴ礁における集約的な魚類利用の始まりはヒシ—イノーの構造をもつサンゴ礁の成立とある程度は関連している可能性も考えられる。

2. 貝塚時代前期〜後期—「ウミアッチャー世」

　貝塚時代前期〜後期（縄文時代後期〜平安時代並行期）の脊椎動物資源の利用状況は、一貫して漁撈とイノシシ猟を中心とする安定した様相が継続する（第2図）。魚骨組成をみても、遺跡付近の海岸環境に応じた地域性はみられるものの、サンゴ礁域やその周辺の内湾浅海に生息する魚類が大半を占める点では共通している（第4図〜第8図）。時代変化は明確でなく、動物資源利用は前期から後期まで大きく変化することなく継続したものと推定される。

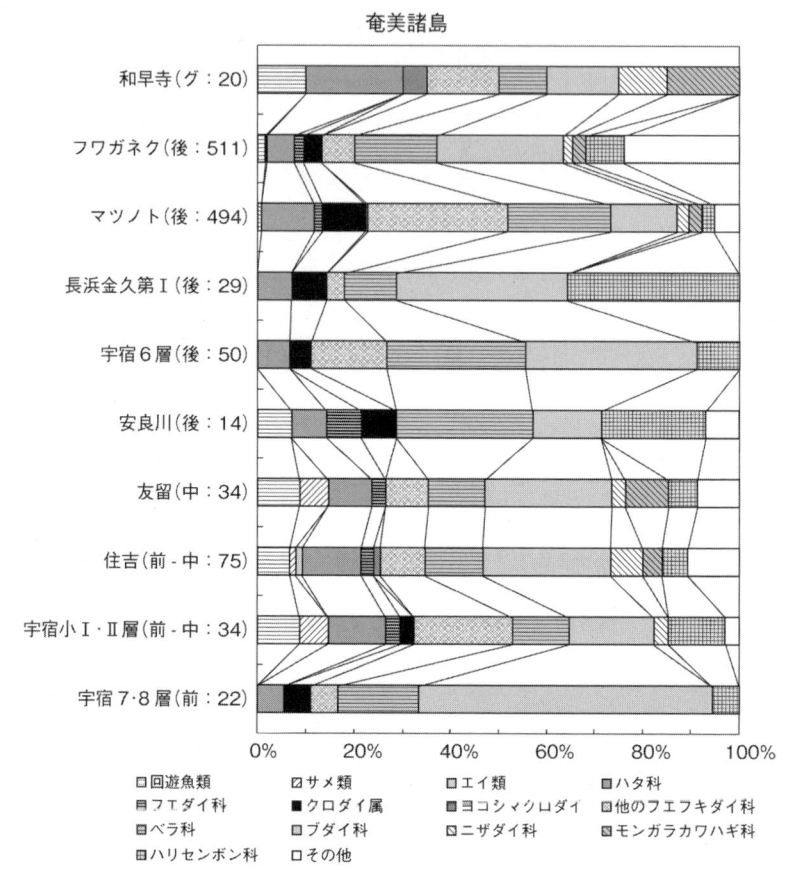

第2部　琉球列島の景観の形成と資源利用

奄美諸島

第4図　貝塚時代前期以降における魚類組成の変遷（1）：奄美諸島

ピックアップ資料。最小個体数（MNI）による。回遊魚：アジ類・スマ？・マグロ類似種。

　この時代には遺跡立地の顕著な時期的変化、貝塚時代後期における貝塚や貝錘の増加など、生業に関わると思われる変化も指摘されているが（安里1988、藤本1988など）、骨類の組成にはこれらに対応する変化は認められない。このような安定性あるいは保守性は、この時代の動物資源利用の大きな特質である（樋泉2002）。

　いっぽうで魚類組成には、ピックアップ資料においても水洗選別資料においても、周辺の沿岸環境を反映した顕著な地域性が認められる（第1図、第4

琉球先史時代人と動物資源利用—脊椎動物遺体を中心に—

沖縄諸島（サンゴ礁海岸）

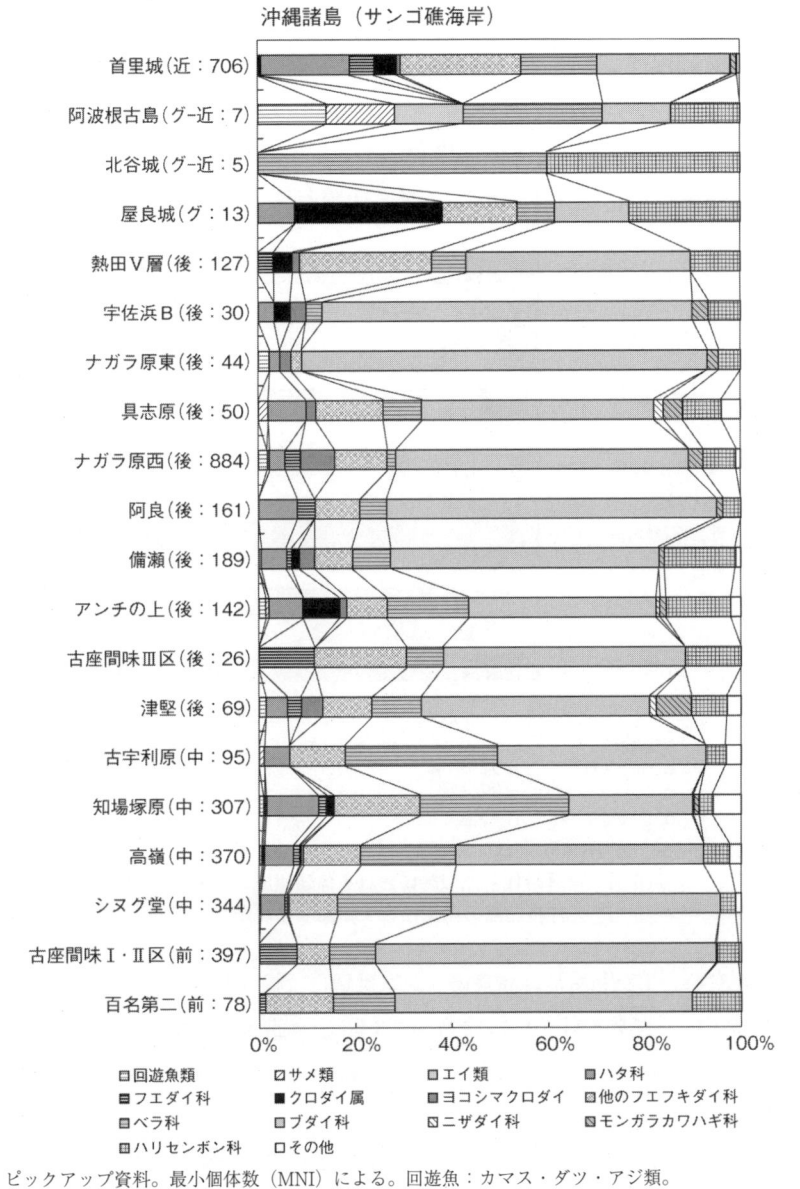

第5図　貝塚時代前期以降における魚類組成の変遷（2）：沖縄諸島のサンゴ礁海岸

ピックアップ資料。最小個体数（MNI）による。回遊魚：カマス・ダツ・アジ類。

117

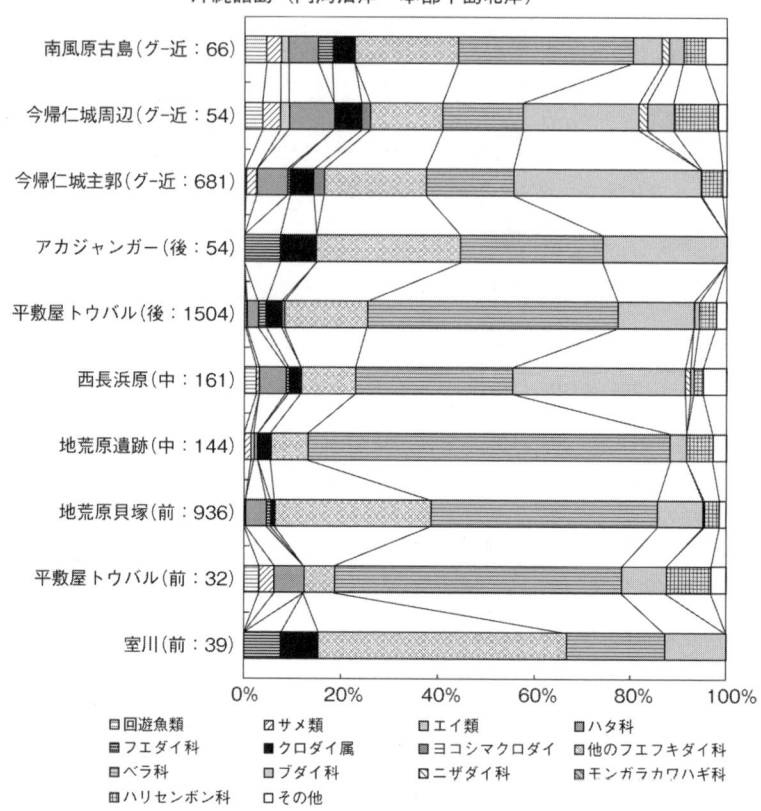

第 2 部　琉球列島の景観の形成と資源利用

沖縄諸島（内湾沿岸・本部半島北岸）

南風原古島(グ-近：66)
今帰仁城周辺(グ-近：54)
今帰仁城主郭(グ-近：681)
アカジャンガー(後：54)
平敷屋トウバル(後：1504)
西長浜原(中：161)
地荒原遺跡(中：144)
地荒原貝塚(前：936)
平敷屋トウバル(前：32)
室川(前：39)

凡例：回遊魚類／サメ類／エイ類／ハタ科／フエダイ科／クロダイ属／ヨコシマクロダイ／他のフエフキダイ科／ベラ科／ブダイ科／ニザダイ科／モンガラカワハギ科／ハリセンボン科／その他

ピックアップ資料。最小個体数（MNI）による。回遊魚：カマス・ダツ・アジ類。

第 6 図　貝塚時代前期以降における魚類組成の変遷（3）：沖縄諸島の内湾沿岸・本部半島北岸

図〜第 8 図）。すなわち沖縄諸島のサンゴ礁域に近接した遺跡ではヒシ周辺を生活域とするブダイ科（とくにアオブダイ属）、金武湾・中城湾などの内湾に面する遺跡ではフエフキダイ科（とくにハマフエフキまたはそれに類するタイプ）とベラ科（とくにシロクラベラまたはそれに類するタイプ）が優勢である（伊波1982、樋泉 2002・2006、名島 2003b）。こうした遺跡の魚類相にみられる地域性は現在の沿岸環境や魚類相におおむね対応していることから、貝塚時代前期以降の沿岸環境（少なくとも魚類相）は現在と大差ないものであったと推定さ

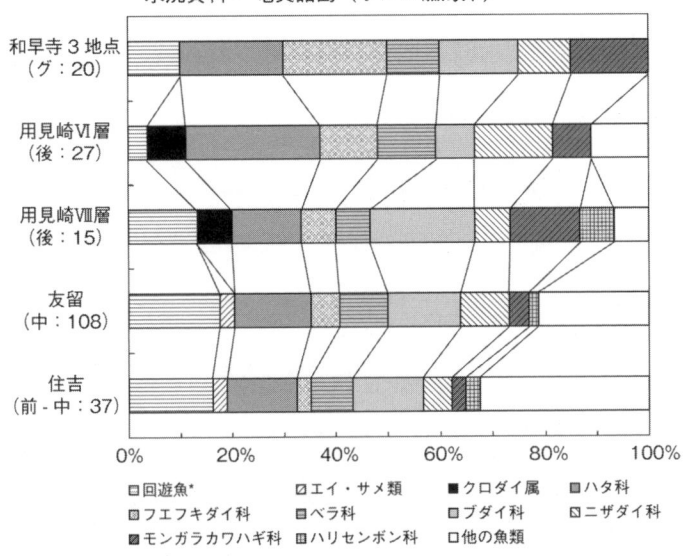

琉球先史時代人と動物資源利用—脊椎動物遺体を中心に—

水洗資料：奄美諸島（サンゴ礁海岸）

最小個体数（MNI）による。回遊魚：ミズン類・サヨリ・ダツ・トビウオ・アジ類・カマス・サバ・ソウダガツオ・カツオ／スマ。

第7図　水洗選別資料における魚類組成の変遷（1）：奄美諸島

れる。

　ただし沖縄諸島と奄美諸島では、類似したサンゴ礁域の遺跡でも魚類組成にはかなり明確な差があり、沖縄諸島ではブダイ科が卓越する傾向にあるのに対し、奄美諸島（奄美大島〜沖永良部島）では魚種の多様性が強い（第4図〜第5図、第7図〜第8図）。その原因については、サンゴ礁の発達程度の違いに応じた漁法の違いによるものとする説（名島2003b）もあるが、筆者は環境要因よりもむしろ両地域における文化的な嗜好性・選択性の違いに起因する可能性が強いと考えている（樋泉2006）。いずれにせよ、そうした地域性はあるものの、サンゴ礁や周辺内湾域の魚類が圧倒的多数を占める点は奄美・沖縄全体に共通している。

　これに対し、外洋性種やマングローブ域の生息種はきわめて少なく、こうした水域での魚類利用はごく低調であったと推定される。近年では水洗選別による小型魚骨の採集・分析の進展や同定方法の改善によって、小型回遊魚

第2部　琉球列島の景観の形成と資源利用

水洗資料：沖縄諸島（サンゴ礁海岸）

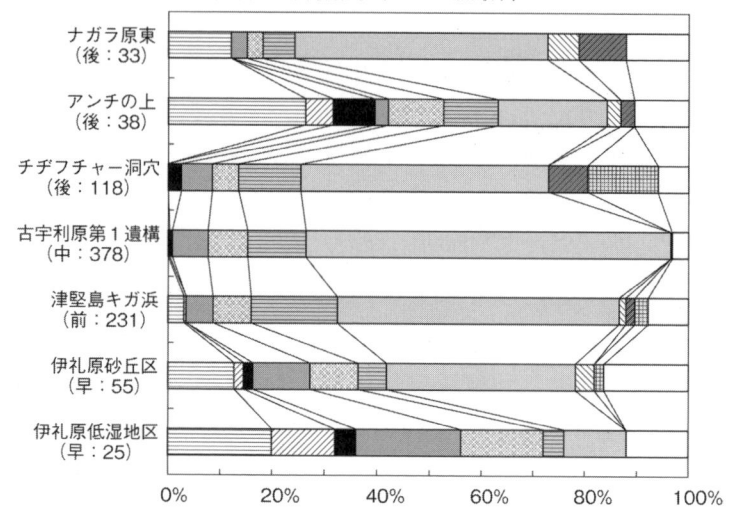

水洗資料：沖縄諸島（中城湾・本部半島北岸）

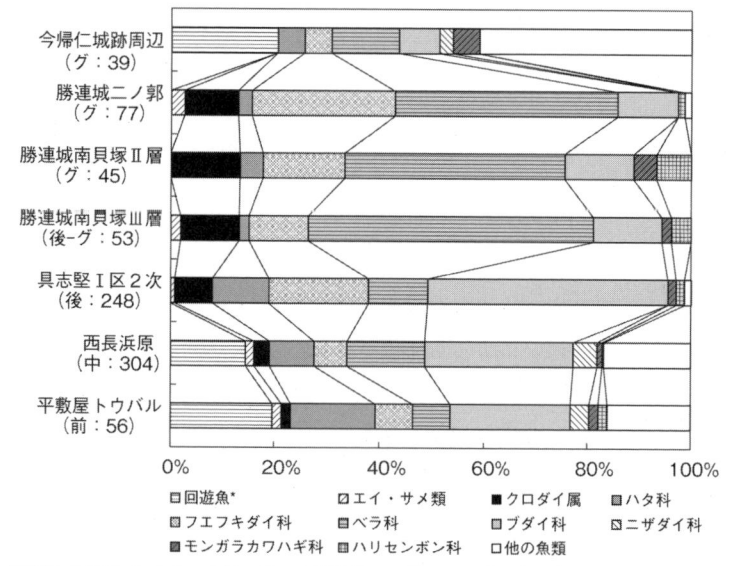

凡例：
- 回遊魚*
- エイ・サメ類
- クロダイ属
- ハタ科
- フエフキダイ科
- ベラ科
- ブダイ科
- ニザダイ科
- モンガラカワハギ科
- ハリセンボン科
- 他の魚類

最小個体数（MNI）による。上段：サンゴ礁海岸、下段：中城湾・本部半島北岸。
回遊魚：ミズン類・サヨリ・ダツ・トビウオ・アジ類・カマス・サバ。

第8図　水洗選別資料における魚類組成の変遷（2）：沖縄諸島

を対象とした網漁といった、これまで知られてこなかった漁業形態が広く行われていたことが明らかとなりつつある（第7図・第8図）。たとえば貝塚時代前期のうるま市平敷屋トウバル遺跡ではトビウオ科、貝塚時代中期の本部町西長浜原遺跡、沖永良部島住吉貝塚・友留遺跡でもトビウオ科やカツオ類（ソウダガツオ属・スマ）といった典型的な外洋性の回遊魚が検出され（樋泉2002・2006a・2006b・2008）、少なくとも沖縄本島から奄美諸島南部にかけて、貝塚時代前期以降にこれらを対象とした外海域での漁労が行われていたことが知られるようになってきた。しかしこれらの魚骨の出土量は多くはなく、外海での活動は限定的であったと推定される。

マングローブ域の魚類利用についても、河口近くに位置する遺跡ではマングローブ域を好むクロダイ属などがしばしば出土するが、その数は少ない。しかし、貝類ではマングローブ性の種も珍しくない（Ohgaki and Kurozumi 2000）ことからみて、この時代にマングローブ湿地が各地に存在したことは確実である。したがって、上記の傾向はマングローブ環境の欠如というよりも、人間の意図的選択（マングローブ性魚類に対する消極性または何らかの禁忌の存在など）によるものと考えられる（樋泉2002）。

こうした外洋やマングローブ域の魚類利用の低調さは、逆にみれば奄美・沖縄の貝塚時代人のサンゴ礁やその周辺内湾域の魚類資源に対する依存度の強さを示す。高良（2005）によれば、現在の沖縄では、船で外海に出てカツオ、トビウオ、グルクンなどの回遊魚漁をする「ウミンチュ」（「海の人」の意）に対して、潮の満ち引きに合わせイノーからヒシまでのサンゴ礁を渡り歩いて魚介類を採集する沿岸漁民を「ウミアッチャー」（「海を歩く人」の意）と呼ぶという。これに習っていえば、貝塚時代前期から後期の海と人びとの暮らしの景観は、まさにサンゴ礁とともに生きるウミアッチャーたちの世界、宮城（2008）の表現を借りれば「ウミアッチャー世」（「海を歩く人の時代」の意）として特徴付けることができるだろう。

つぎに陸生動物遺体の内容から陸域環境についてみると、今回取り扱った貝塚時代遺跡においてはリュウキュウイノシシが一貫して主体をなしており、リュウキュウヤマガメ（またはそれと考えられるリクガメ類）も沖縄諸島の貝塚

第 2 部　琉球列島の景観の形成と資源利用

第 1 表　沖縄諸島におけるリュウキュウヤマガメ（リクガメ類）の出土状況

年代	遺跡	リクガメ類の産出
近世	首里城奉神門	―
	首里城真珠道	●
	首里城書院・鎖之間	―
	首里城歓会門・久慶門	―
グスク時代～近世	南風原古島	―
	北谷城	―
	阿波根古島	―
グスク時代	今帰仁城主郭	●
	今帰仁城周辺	―
	勝連城二ノ郭	―
	勝連城三ノ郭	―
	勝連城南貝塚Ⅱ層	●
	屋良城	―
貝塚時代後期／グスク時代	勝連城南貝塚Ⅲ層	●
貝塚時代後期	宇佐浜 B	●
	阿良	―
	ナガラ原東	●
	ナガラ原西	●
	具志原	●
	アンチの上	●
	備瀬	●
	平敷屋トウバル	●
	津堅	●
貝塚時代中～後期	渡喜仁浜原	●
貝塚時代中期	古宇利原	●
	西長浜原	●
	知場塚原	●
	地荒原遺跡	●
	シヌグ堂	●
	高嶺	●
	チヂフチャー洞穴	●
貝塚時代前期	地荒原貝塚	●
	平敷屋トウバル	●
	津堅キガ浜	―
貝塚時代早期後葉	古我地原	●
	伊礼原砂丘区	●
貝塚時代早期中葉～	伊礼原湿地区	●
貝塚時代早期前葉	野国 B	―
	新城下原	―

時代早期中葉〜後期遺跡のほとんどから検出されている（第1表、なお奄美諸島にはリュウキュウヤマガメはもともと分布していない）。リュウキュウヤマガメは内陸の森林域を好むとされ（当山・平山2001）、現在は沖縄島北部・渡嘉敷島・久米島の照葉樹林に生息している。リュウキュウイノシシも、現在の生息域は奄美大島・沖縄本島北部・石垣島・西表島などいずれも照葉樹林が広域的に残された地域である。貝塚時代各期の遺跡におけるこれらの動物の普遍的な存在から見て、この時代の奄美・沖縄諸島は現在の山原地域に見られるような自然度の高い森林に広く覆われていたことが想像できる。なお、貝塚時代早期前半の遺跡ではヤマガメ類が確認されていないが、これは魚骨の少なさと同様に、文化的な選択性に起因するのではないかと思われる。

3. グスク時代以降—「ハルサー世（ゆー）」

　近年の発掘調査におけるフローテーションの普及の結果、グスク時代以降の遺跡における穀類種子（イネ、ムギ類、アワ、キビなど）の出土例が増加しており、グスク時代に本格的な農耕が急速に普及発展したことが明確になってきた（高宮2005、新里2010）。いっぽう遺跡出土骨類をみても、グスク時代に入ると家畜類の出現、魚類の減少などの明確な変化が現れ、奄美・沖縄の動物資源利用史における明確な画期をなす（第2図）。

　家畜類ではウシ・ウマ・ニワトリが広く出土するようになり、イノシシ類でもブタ（またはその可能性の強いもの）が増加する。

　グスク時代以降のブタの普及過程については、骨形態による野生イノシシとブタの判別の難しさ（樋泉2002）もあって定量的に示すことができないが、糸満市阿波根古島遺跡のイノシシ類は年齢構成からブタ（飼育されたもの）と判定されており（金子1990）、同様の例が久米島北原貝塚（金子1995）や今帰仁城周辺遺跡（樋泉2007c）などでも確認されている。また、松井らによるDNA分析（Matsui et al. 2002）でも近世の宜野湾市喜友名遺跡、那覇市涌田古窯遺跡のイノシシ類が東アジアブタ系統と判定されている。こうした状況からみて、さらに検討が必要ではあるが、グスク時代以降のイノシシ類の中にはブタ（飼育された個体）が多数含まれている可能性が高いと考えられる。

第 2 部　琉球列島の景観の形成と資源利用

　農耕との関連で重要なのはウシの普及である。ウシは出土遺跡数、資料数ともに多く（第 2 図）、この時代を代表する家畜のひとつである。出土したウシの骨には刃物で切られた痕跡や打ち割られた痕跡を伴うものが多いことから、死後に解体され食用とされる場合が多かったと推定されているが（金子 1984・1990、樋泉ほか 2009 など）、その一方で、ウシは農耕用の役畜としても重要な役割を担っていたことが指摘されている。たとえば安里 (1990) は『李朝実録』の記述をもとに、15〜16 世紀の琉球の農耕の特色として、水田をウシに踏ませて耕す「牛踏耕」がなされていたこと、また牛糞が肥料として畑作に用いられていたことを指摘している。また安里 (1985) はグスク時代における内陸域の開拓・農地化の原動力として鉄器の普及と共にウシの畜力利用を挙げている。グスク時代におけるウシの増加は、農耕が急速に普及していく中で、このようなウシ利用を伴う農耕形態が発達し、それに伴ってウシへの需要が急速に増大したためではないかと思われる。

　陸域環境の指標種として重要なリュウキュウヤマガメの動向をみると、沖縄諸島ではグスク時代以降に出土例の明確な減少傾向が認められる（表 1）。これは、グスク時代に資源利用の選択性が変化したためとも考えられるが、上記のような農耕の展開を考慮すれば、耕地開拓のためにリュウキュウヤマガメの生息地である森林の伐採と縮小が進んだことを示している可能性が高い。いっぽう、イノシシ類はグスク時代以降の遺跡でも引き続き多く出土しているが、先述のとおりグスク時代のイノシシ類の中にはブタが多数含まれている可能性が高く、これが事実であれば上記の解釈と矛盾しない。

　ただし、勝連城や今帰仁城では少数ではあるがヤマガメ類が出土しており、またイノシシ類の中にも野生イノシシと考えられるものがある程度含まれている可能性が高く（金子 1984、樋泉ほか 2009）ことから、これらの地域では森林伐採がそれほど広範囲に及んでいなかった可能性も考えられる。

　グスク時代には魚類利用の面でも変化がみられる。第一に指摘できるのは魚骨の減少傾向で、貝塚時代前期〜後期の遺跡では地域を問わず魚類が 70％以上（最小個体数比）を占めているのに対し、グスク時代以降には 50％以下の遺跡が多くなる（第 2 図）。

魚類の組成に関しても、とくに沖縄本島中南部のサンゴ礁域の遺跡では明瞭な変化が確認された（第5図）。すなわち、貝塚時代には一貫して優占していたブダイ科が減少し、様々な種類の魚が少数ずつ混在して魚類組成が多様化するという点で、いずれも共通の傾向を示している。いっぽうで、出土魚類の内容は遺跡ごとに大きく異なっており、貝塚時代のような一様性は失われ、不安定な様相を呈するようになる。これは、魚骨の出土数が減少するために最小個体数では組成の特徴が表れにくくなっているという点も一因と思われるが、少なくとも貝塚時代に一貫して圧倒的多数を占めていたブダイ科が激減することは明らかである。このことは、ブダイ漁に象徴される貝塚時代文化の精神性がグスク時代には急速に失われていく様を示しているようにみえる。

　このように、グスク時代には貝塚時代の伝統的漁撈形態が急速に変質・衰退していったと推測される。こうした「海離れ」の原因は、海洋環境の変化というよりも、むしろ農耕の本格化によって労働力が開墾や農作業・家畜飼育などに集中投下されるようになったことが主因のひとつと考えられる。

　以上のように、グスク時代における農耕の普及は単に穀類食の普及にとどまらず、ウシを主とする家畜の普及、中南部を中心とする植生改変、さらには漁労のあり方にいたるまで、環境と生業に多面的な変化をもたらしたと推測される。貝塚時代からグスク時代への転換は、農耕の導入によって連鎖的に引き起こされた人間―自然関係の全体的・複合的な変化であり、景観的には「ウミアッチャー世」から「ハルサー世」（「野良仕事をする人の時代」の意）への転換としてとらえることができるだろう。

　なお、先述の通り中城湾沿岸の勝連城や沖縄本島北部の今帰仁城では周辺地域の森林伐採がそれほど広範囲に及んでいなかった可能性が指摘されたが、魚類利用の面でもこれらの地域の遺跡では、貝塚時代との魚類組成の相違は明確ではなく、むしろ貝塚時代後期からの連続性を強く示唆している（第6図・第8図）。このことは、沖縄内部でも勝連や今帰仁といった中北部方面では、グスク時代における植生改変や漁労の衰退が南部ほど著しくなかった可能性を示している。同様の地域性の可能性は農耕作物の面からも指摘されており

第2部　琉球列島の景観の形成と資源利用

(高宮 2005)、グスク時代の自然―文化景観は沖縄内部でさえも一様なものではなかった可能性が強まってきた。この問題は今後の重要な課題である。

　以上述べてきたような貝塚時代からグスク時代への変化が、いつごろから、どのように進行したかについては、貝塚時代末期からグスク時代初期の骨類資料が乏しいため、今のところ明確でない。しかし、近年ではこうした移行期の骨類資料が増加しつつあり、今後の研究によって農耕の受容からグスク文化成立期にかけての動物資源利用の様相解明が進むものと期待される。

参考文献

安里嗣淳　1985「沖縄グスク時代の文化と動物」季刊考古学 11：68-70

安里　進　1988「琉球-沖縄の考古学的時代区分をめぐる諸問題（下）」考古学研究 136：50-67

安里　進　1990『考古学からみた琉球史　上　古琉球世界の形成』ひるぎ社、那覇市

伊波寿賀子　1982「沖縄本島先史時代から見た漁撈活動について―出土魚骨の同定をもとに―」『物質文化』38：1-13

Ohgaki, S. and Kurozumi, T. 2000 Historical decline of the mangrove gastropods, *Telescopium* and *Telebralia* in the Ryukyu islands and Taiwan: Evidence from shell middens. *Asian Marine biology* 17: 125-135

金子浩昌　1984「勝連城跡出土の脊椎動物遺体」『勝連城跡―南貝塚および二の丸北地点の発掘調査』勝連町教育委員会（編）、pp. 195-259．勝連町教育委員会、勝連町（現うるま市）

金子浩昌　1987「節足・脊椎動物遺存体」『石川市古我地原貝塚―沖縄自動車道（石川～那覇間）建設工事に伴う緊急発掘調査報告書 (6)』沖縄県教育庁文化課（編）、pp. 363-387．沖縄県教育委員会、那覇市

金子浩昌　1990「阿波根古島遺跡出土の脊椎動物」『阿波根古島遺跡―那覇・糸満線道路改良工事に伴う緊急発掘調査報告』沖縄県教育委員会（編）、pp. 130-153．沖縄県教育委員会、那覇市

金子浩昌　1995「脊椎動物」『北原貝塚発掘調査報告書』盛本勲（編）、pp. 137-151．沖縄県教育委員会、那覇市

金子浩昌・久貝弥嗣　2006「動物遺体」『新城下原第二遺跡』沖縄県立埋蔵文化財セ

ンター（編）、pp. 261-286. 沖縄県立埋蔵文化財センター、西原町
川島由次・村岡　誠 1984「野国貝塚群 B 地点出土の獣骨について」『野国―野国貝塚群 B 地点発掘調査報告』岸本義彦（編）、pp. 181-199. 沖縄県教育委員会、那覇市
黒住耐二 2002「貝類遺体からみた奄美・沖縄の自然環境と生活」『先史琉球の生業と交易―奄美・沖縄の発掘調査から―』木下尚子（編）、pp. 67-86. 熊本大学文学部、熊本市
菅　浩伸 2010「琉球列島におけるサンゴ礁の形成史」『考古学ジャーナル』597：24-26
新里亮人 2010「琉球列島の農耕をめぐる諸問題」『考古学ジャーナル』597：12-14
高宮広土 2005『島の先史学　パラダイスではなかった沖縄諸島の先史時代』ボーダーインク、那覇市
高良　勉 2005『ウチナーグチ（沖縄語）練習帖』日本放送出版協会、東京
樋泉岳二 2002「脊椎動物遺体からみた奄美・沖縄の環境と生業」『先史琉球の生業と交易―奄美・沖縄の発掘調査から―』木下尚子（編）、pp. 47-66. 熊本大学文学部、熊本市
樋泉岳二 2006a「脊椎動物遺体にみる奄美と沖縄」『先史琉球の生業と交易 2―奄美・沖縄の発掘調査から―』木下尚子（編）、pp. 101-114. 熊本大学文学部、熊本市
樋泉岳二 2006b「魚類遺体群からみた住吉貝塚の特徴と重要性」『住吉貝塚』知名町教育委員会（編）、pp. 115-131. 知名町教育委員会、知名町
樋泉岳二 2006c「西長浜原遺跡の脊椎動物遺体」、『西長浜原遺跡―範囲確認調査報告書―』沖縄県立埋蔵文化財センター（編）、pp. 190-210. 沖縄県立埋蔵文化財センター、西原町
樋泉岳二 2007a「先史琉球の漁撈活動復原に関わる魚骨分析法の諸問題―とくに資料採集法と同定部位が同定結果に及ぼす影響について―」『青柳洋治先生退職記念論文集　地域の多様性と考古学-東南アジアとその周辺-』青柳洋治先生退職記念論文集編集委員会（編）、pp. 307-320. 雄山閣出版、東京
樋泉岳二 2007b「伊礼原遺跡から出土した脊椎動物遺体群」『伊礼原遺跡―伊礼原 B 遺跡ほか発掘調査事業―』北谷町教育委員会（編）、pp480-534. 北谷町教育委員会、北谷町
樋泉岳二 2007c「今帰仁城周辺遺跡出土の脊椎動物遺体群―III 区 b・東 7 区・シニグンニ―」『今帰仁城周辺遺跡 III』今帰仁村教育委員会（編）、pp. 253-282. 今

第 2 部　琉球列島の景観の形成と資源利用

　帰仁村教育委員会、今帰仁村

樋泉岳二 2008「平敷屋トウバル遺跡で採集された脊椎動物遺体群について」『平敷屋トウバル遺跡』うるま市教育委員会・株式会社イーエーシー（編）、pp. 88-101. 株式会社イーエーシー、浦添市

樋泉岳二 2009「友留遺跡から出土した脊椎動物遺体群」『友留遺跡』知名町教育委員会（編）、pp83-106. 知名町教育委員会、知名町

樋泉岳二・名島弥生・菅原広史 2009「今帰仁城主郭東斜面から出土した脊椎動物遺体」『今帰仁城跡発掘調査報告書Ⅳ』今帰仁村教育委員会（編）、pp. 179-238. 今帰仁村教育委員会、今帰仁村

当山昌直・平山　廉 2001「ナガラ原東貝塚から出土したカメ類について」考古学研究室報告第 36 集　熊本大学文学部考古学研究室、熊本市

名島弥生 2003a「宇宿小学校構内遺跡出土の動物遺存体について」『奄美考古』5：61-72

名島弥生 2003b「琉球列島における遺跡出土魚種組成の比較」『東海史学』38：75-96

藤本　強 1988『もう二つの日本文化―北海道と南島の文化』東京大学出版会、東京

Matsui, A., Ishiguro N., Hongo H and Minagawa M. 2002 Wild Pig? Or Domesticated boar? An archaeological view on the domestication of *Sus scrofa* in Japan. In *The First Steps of Animal Domesticatuon* ed. by J.-D. Vigne,J. Peters and D. Helmer, pp.148-159, 9th ICAZ Conference, Durham

宮城弘樹 2008「ウミアッチャーとハルサー」『沖縄タイムス』2008 年 7 月 22 日掲載記事

盛本　勲 1984「動物遺体」『野国―野国貝塚群 B 地点発掘調査報告』岸本義彦（編）、pp. 23-68. 沖縄県教育委員会、那覇市

図表データの出典（上記参考文献と重複するものは省略した）

奄美市教育委員会（編）2007『小湊フワガネク遺跡群 II』奄美市教育委員会、奄美市

伊江村教育委員会（編）1979『伊江島ナガラ原西貝塚緊急発掘調査報告書　自然遺物（編）』伊江村教育委員会、伊江村

浦添市教育委員会（編）1988『チヂフチャー洞穴遺跡―範囲確認調査報告書』浦添

市教育委員会、浦添市
うるま市教育委員会（編）2008『南風原古島遺跡』うるま市教育委員会、うるま市
沖縄県教育委員会（編）1978『津堅島キガ浜貝塚発掘調査報告書』沖縄県教育委員会、那覇市
沖縄県教育庁文化課（編）1981『百名第二貝塚の試掘調査』沖縄県教育委員会、那覇市
沖縄県教育庁文化課（編）1982『古座間味貝塚』沖縄県教育委員会、那覇市
沖縄県教育庁文化課（編）1983『伊江島阿良貝塚発掘調査報告』沖縄県教育委員会、那覇市
沖縄県教育庁文化課（編）1985『シヌグ堂遺跡―第1・2・3次発掘調査報告』沖縄県教育委員会、那覇市
沖縄県教育庁文化課（編）1986『地荒原遺跡―県道10号改良工事に伴う発掘調査報告書』沖縄県教育委員会、那覇市
沖縄県教育庁文化課（編）1988『首里城跡―歓会門・久慶門内側地域の復元整備にかかる遺構調査』沖縄県教育庁文化課、那覇市
沖縄県教育庁文化課（編）1989『宮城島遺跡分布調査報告』沖縄県教育委員会、那覇市
沖縄県教育庁文化課（編）1989『宇佐浜遺跡発掘調査報告』沖縄県教育委員会、那覇市
沖縄県教育庁文化課（編）1995『首里城跡―御庭跡・奉神門跡の遺構発掘調査報告』沖縄県教育委員会、那覇市
沖縄県教育庁文化課（編）1996『平敷屋トウバル遺跡』沖縄県教育委員会、那覇市
沖縄県教育庁文化課（編）1997『伊江島具志原貝塚発掘調査報告』沖縄県教育委員会、那覇市
沖縄県立埋蔵文化財センター（編）2005『首里城跡―書院・鎖之間地区発掘調査報告書』沖縄県立埋蔵文化財センター、西原町
沖縄県立埋蔵文化財センター（編）2006『真珠道跡―首里城跡真珠道地区発掘調査報告書（I）』沖縄県立埋蔵文化財センター、西原町
鹿児島県教育委員会（編）1985『長浜金久遺跡―新奄美空港建設に伴う埋蔵文化財報告書』鹿児島県教育委員会、鹿児島市
鹿児島県立埋蔵文化財センター（編）2008『荒木貝塚・和早寺遺跡』鹿児島県立埋蔵文化財センター、霧島市

第 2 部　琉球列島の景観の形成と資源利用

笠利町教育委員会（編）1979『宇宿貝塚』笠利町教育委員会、笠利町（現奄美市）
笠利町教育委員会（編）2005『安良川遺跡』笠利町教育委員会、笠利町（現奄美市）
笠利町教育委員会（編）2006『マツノト遺跡』笠利町教育委員会、笠利町（現奄美市）
勝連町教育委員会（編）1990『勝連城跡―北貝塚、二の郭および三の郭の遺構調査』勝連町教育委員会、勝連町（現うるま市）
勝連町教育委員会（編）2005『津堅貝塚』勝連町教育委員会、勝連町（現うるま市）
嘉手納町教育委員会（編）1994『屋良グスク―屋良城跡公園整備計画に伴う範囲確認調査―』嘉手納町教育委員会、嘉手納町
具志川市教育委員会（編）1986『地荒原貝塚―個人住宅建築工事に係る発掘調査報告』具志川市教育委員会、具志川市（現うるま市）
熊本大学文学部考古学研究室（編）1997「用見崎遺跡III」『研究室活動報告32』熊本大学文学部考古学研究室、熊本市
熊本大学文学部考古学研究室（編）1998「用見崎遺跡IV」『考古学研究室報告第33集』熊本大学文学部考古学研究室、熊本市
熊本大学文学部考古学研究室（編）1999「ナガラ原東貝塚」考古学研究室報告第34集　熊本大学文学部考古学研究室、熊本市
熊本大学文学部考古学研究室（編）2000「ナガラ原東貝塚2」考古学研究室報告第35集　熊本大学文学部考古学研究室、熊本市
熊本大学文学部考古学研究室（編）2001「ナガラ原東貝塚3」考古学研究室報告第36集　熊本大学文学部考古学研究室、熊本市
熊本大学文学部考古学研究室（編）2002「ナガラ原東貝塚4」考古学研究室報告第37集　熊本大学文学部考古学研究室、熊本市
熊本大学文学部考古学研究室（編）2003「ナガラ原東貝塚5」考古学研究室報告第38集　熊本大学文学部考古学研究室、熊本市
菅原広史 2008「津堅キガ浜貝塚出土脊椎動物遺体の再分析」『南島考古』27：57-67
北谷町教育委員会（編）2010『北谷城―伊礼原B遺跡ほか発掘調査事業―』北谷町教育委員会、北谷町
渡喜仁浜原貝塚調査団（編）1977『渡喜仁浜原貝塚調査報告書I』今帰仁教育委員会、今帰仁村
今帰仁村文化財保存調査委員会（編）1983『古宇利原遺跡発掘調査報告書』今帰仁村教育委員会、今帰仁村

今帰仁村教育委員会（編）1991『今帰仁城発掘調査報告 II』今帰仁村教育委員会、今帰仁村

今帰仁村教育委員会（編）2005『今帰仁城跡周辺遺跡 II』今帰仁村教育委員会、今帰仁村

本部町教育委員会（編）1986『具志堅貝塚発掘調査報告』本部町教育委員会、本部町

本部町教育委員会（編）1986『備瀬貝塚―下水道工事に伴う緊急発掘調査報告―』本部町教育委員会、本部町

本部町教育委員会（編）1988『知場塚原遺跡発掘調査報告』本部町教育委員会、本部町

本部町教育委員会（編）2005『瀬底島・アンチの上貝塚発掘調査報告書』本部町教育委員会、本部町

本部町教育委員会（編）2009『瀬底島・アンチの上貝塚―個人住宅建設に伴う緊急発掘調査報告―』本部町教育委員会、本部町

グスク時代の窯業生産と農業生産

新 里 亮 人

I. 本稿の目的

　琉球列島の10世紀前後は、農耕の本格化、窯業生産の開始、海外交易の活発化に支えられた「生産経済時代」と定義されている（安里1987）[1]。徳之島でカムィヤキと呼ばれる陶器の生産が始まり、各地の遺跡から炭化した穀物類や畑、水田跡が検出されるのはその顕著な証拠で、奄美大島発見の籾圧痕を留めるカムィヤキは（白木原1973）、琉球列島における窯業と

第1図　関連遺跡の位置図（筆者作成）

農業の深い関係を知る上で極めて示唆に富んでいる。ここでは、徳之島で始まった窯業、琉球列島における食器類の流通、農耕の痕跡を紹介しながら、当時の生産業のあり方を垣間見ていきたい。

第 2 部　琉球列島の景観の形成と資源利用

II. 琉球列島における窯業のはじまり

1. カムィヤキとは

　窯業とは粘土、砂、岩石などの非金属を高温度で加工して焼き物、レンガ、瓦などを製造する産業のことを指す。琉球列島で最も古い窯業の痕跡は徳之島カムィヤキ陶器窯跡で確認されていて、その年代は 11 世紀後半から 14 世紀代と推定されている（新里 2003a）。本遺跡で生産されていた陶器は「カムィヤキ」と呼ばれ、窯跡の最初の発見地である伊仙町大字阿三字亀焼（カムィヤキ）にちなんで名付けられた（新東・青崎編 1985a・b）[2]。

　カムィヤキは戦前には考古資料として認識されており（広瀬 1933）、戦後、その存在が広く知られるようになった（多和田 1956・1960）。その産地は沖縄本島や朝鮮半島などと考えられていたが（友寄 1964、三島 1966）、1983 年、窯跡が徳之島で発見され（義・四本 1984）、1984 年に遺跡の確認調査と開発に伴う緊急調査が行なわれた（新東・青崎編 1985a・b）。翌年、近隣の文化財調査によって別の窯跡も発見された（牛ノ浜・井ノ上編 1986）。その後も調査が進み、1996 年度から 2004 年度には、阿三、伊仙、検福国有林内の惣皆的な分布調査と磁気探査による確認調査が行なわれ、複数の支群が新たに発見された（青崎・伊藤編 2001、新里編 2005、池田 2005）。これらを含めると、現在までに計 7 支群 20 地区で生産跡が確認されているが、1 地区あたり 10 基前後の窯が発見されているので、総数 200 基前後の窯が存在していたと推定される。

第 2 図　窯跡から発見されたカムィヤキ
（高宮廣衞・知念勇編 2004『考古資料大観　第 12 巻　貝塚後期文化』小学館より転載）

第 3 図　窯跡の検出状況
（伊仙町教育委員会提供）

グスク時代の窯業生産と農業生産

出土遺跡の集成によると、カムィヤキは南九州と琉球列島全域において検出されており、距離にして約1200kmの範囲に広がっていたことが明らかとなってきた（池田2003、新里2003b）。これらは沖縄県域に多いグスク[3]や琉球列島各地の集落跡、洞穴遺跡、生産遺跡[4]などで見つかり、各遺跡からは包含層、住居跡、墓から出土することから、生活用品や副葬品として利用されていたと考えられる。特定の遺跡や遺構から見つかるわけではないので、カムィヤキは当時のごく一般的な日用品であったと言える。琉球列島の遺跡からはカムィヤキ、長崎産滑石製石鍋、中国産陶磁器がセットで発見されるので、琉球列島の島々はグスク時代における食器類の交易によって同じ文化にまとめられたと考える専門家も多い[5]。

2. 窯の立地と周辺環境

窯跡群は、伊仙町大字阿三、伊仙、検福にかけて東西に延びる標高約200mの丘陵地にあり、火山性の花崗岩台地と隆起珊瑚礁に由来する琉球石灰岩の近接地帯に位置する。徳之島南部の伊仙町は琉球石灰岩の緩やかな段丘が発達する地域であり、窯跡は町内では比較的高所に立地する。台地から海に向かって八手状に延びた丘陵間の谷底は自然と水が集まる湿地帯となっており、水資源豊富な自然環境が残されている。窯跡群は、ヒラスク山（標高211m）から放射状に延びた大きな丘陵を単位として群をなして分布し、7つの支群で構成される。支群の中でも個々の生産跡は、大きな丘陵に入り込む谷地の傾斜地や谷底に立地する。これらの谷地の中には平坦地、凹地が形成され、窯跡や灰原などの遺構は、このような地形の中に並列または重複するように発見される。窯跡群が点在する丘陵の尾根上には細く延びた里道があり、これらを通じて支群内、支群間の往来が可能である。この点からすると、それぞれの生産地区、支群は各々が有機的に連結しながら窯業が営まれていた可能性が考慮される。

窯跡が分布する森は国有林となっており、現在ではリュウキュウマツの群落が確認できる。しかし、窯跡や灰原からはオキナワジイ、コナラ属アカガシ亜属、モチノキ属、ヤブツバキ、サカキ、アワブキ属、タイミンタチバナ、

エゴノキ、環孔材の炭化木材が検出されているので（株式会社古環境研究所 2005）、当時はこうした植生の元で生産が行なわれていたことがわかる。これらは亜熱帯または温帯から亜熱帯に分布する樹種で、遺跡周辺から容易に得られるという。また陶片の胎土分析では、火山岩に由来する Fe と石灰岩に含まれる Ca が多く、陶土の含有元素は遺跡が位置する徳之島南部の土壌の化学的特性と一致することが指摘されている（三辻 2005）。このことからカムィヤキの原料には遺跡付近の粘土が利用されていたことは明らかである。樹種同定や胎土分析の結果は、カムィヤキの生産には遺跡周辺から得られる材料や燃料が用いられていたことを示しており、陶器生産そのものは徳之島で完結していた可能性が高い。グスク時代における徳之島では亜熱帯地域特有の資源を活かした陶器生産が行なわれていたと考えられる。

3. カムィヤキの製作方法と窯構造

(1) カムィヤキの特徴

過去におけるカムィヤキの研究では、型式学的検討（佐藤 1970、吉岡 2002a、b）、技術の系譜に関する検討（白木原 1975、西谷 1981、大西 1996、赤司 1999、2002）、窯業史的検討（吉岡 1994）に主眼が置かれてきたが、当時の交流史を復元する目的から技術に関する研究はとりわけ盛んに行なわれてきた。その技術系譜は焼き物自体の特徴から朝鮮半島に出自を求める見解（白木原 1975、西谷 1981、赤司 2002）と器種組成や窯体構造から九州との関連を認める見解が並立している（新東・青﨑 1985a・b、大西 1996）。

さて、カムィヤキの特徴を整理すると次のようになる。器は還元焔によって比較的硬質に仕上げられ、その種類は壺を主に、鉢、碗、甕、水注があり、日本の中世陶器と類似する。しかし、焼き仕上がりの色調、器に描かれた波状沈線文、綾杉状の叩き文様などの特徴は、朝鮮半島産の無釉陶器にも似ている。カムィヤキは、日本の中世須恵器と比べて器壁が薄く、その焼き上がりは硬質である。器壁の断面を見ると、表面が青灰色、芯部が赤褐色を呈し、器体の内外面に格子目の当て具痕と綾杉状の叩打痕を明瞭に残す資料が多い。また、内器面に、凹線調整（新東・青﨑編 1985a）、「器面凹条調整技法」（吉岡

2002a)と呼ばれる棒状工具を用いた回転調整が施されることが特徴として挙げられる。これらの特徴から日本、朝鮮半島双方の系譜を受け継いだ「南島の中世須恵器」と呼ぶ専門家もいる(吉岡2002a)。以下では器の製作技法と窯の形態を確認しながら、カムィヤキの技術系譜について検討してみたい。

(2) カムィヤキの製作技法

　カムィヤキの壷は、口頸部を成形する際に粘土帯が内器面側から巻きつけられ(口頸内継ぎ)、口頸部は叩打によって成形される(第4図左-1、2)。頸部には口頸部屈曲させる際の絞り痕が確認できる(第4図右-①)。内器面には格子目当て具痕が残り、板状工具による回転調整が施される(第4図右-②)。体部、口頸部は、器体を回しながら打圧を加える「叩き回し」によって形作られている(第4図右-②)。

　こうした特徴は高麗陶器にも認められる。北部九州の出土品に、口縁部に叩打痕を留める資料があり(第5図左-5、7)、韓国舞将里窯製品に口頸内継ぎが確認された(第5図左-3)。頸部には屈曲成形の際の絞り痕が認められる(第5図左-7)。当て具痕が粘土継ぎ目に沿って確認できるため(第5図右-①)、叩き回しによって胴部が成形されたと推定できる。内器面に格子目当て具痕が残り(第5図右-①)、内器面に板状工具による回転調整が施される資料もある(第5図右-②)。なお、下り山窯の製品は、叩き回しによって胴部が成形されるが、口頸部の成形方法が両者とは異なる[6]。

　以上のことからカムィヤキと高麗陶器は共通した特徴をもっているとみることができる。この点については各研究者も指摘しているが(赤司2002、大庭2010)、高麗陶器には外器面に磨き調整が施される資料もあり(赤司1991)、相違点も認められる。また、波状文の施文位置もカムィヤキと異なる場合があり、高麗陶器の特徴である胴部張り付け突帯は、カムィヤキでは類例が非常に少ない。しかし、焼き上がりの雰囲気と製作技法の両面において類似するのはカムィヤキと高麗陶器であり、両者は技術的に緊密な関係にあると考えられる。ただし、碗や小鉢などの小型品にも叩打成形が施されるなど、カムィヤキ独特の特徴も認められ、導入された技術が在地的にアレンジされた様相も見受けられる。

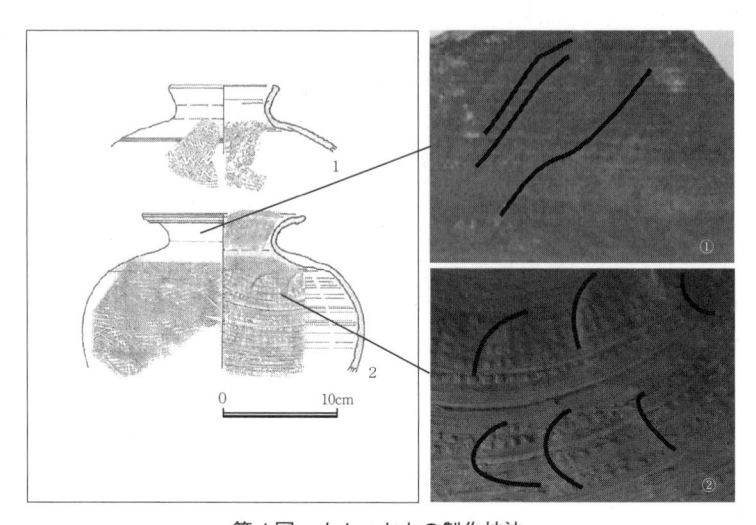

第 2 部　琉球列島の景観の形成と資源利用

第 4 図　カムィヤキの製作技法
1：伊佐前原第一遺跡　2：カムィヤキ古窯跡群（阿三柳田（北）支群）

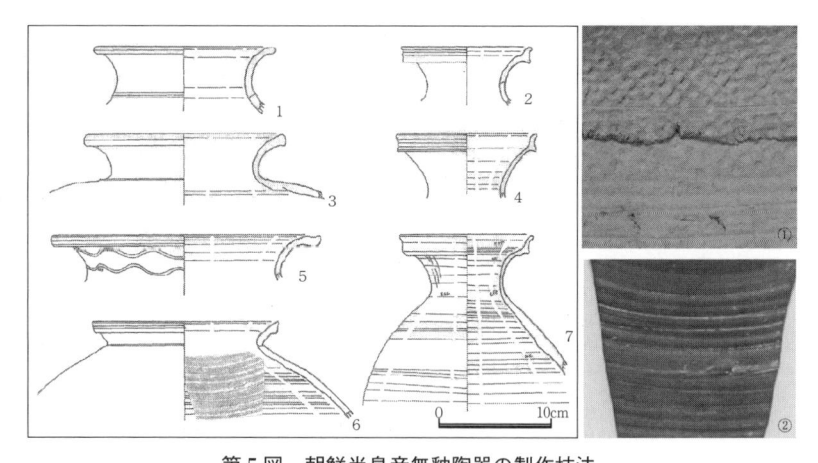

第 5 図　朝鮮半島産無釉陶器の製作技法
1～4：舞将里窯跡　5、6：大宰府史跡　7：博多遺跡群

（4）窯跡の形状

　続いて、窯跡の形態から技術系譜を考えてみたい。日本列島と朝鮮半島において カムィヤキの窯跡と同じ地下式構造の窯跡は熊本県の下り山窯と朝鮮半島の舞将里窯で確認されている。これらは窯跡の形状も共通しており、焚

138

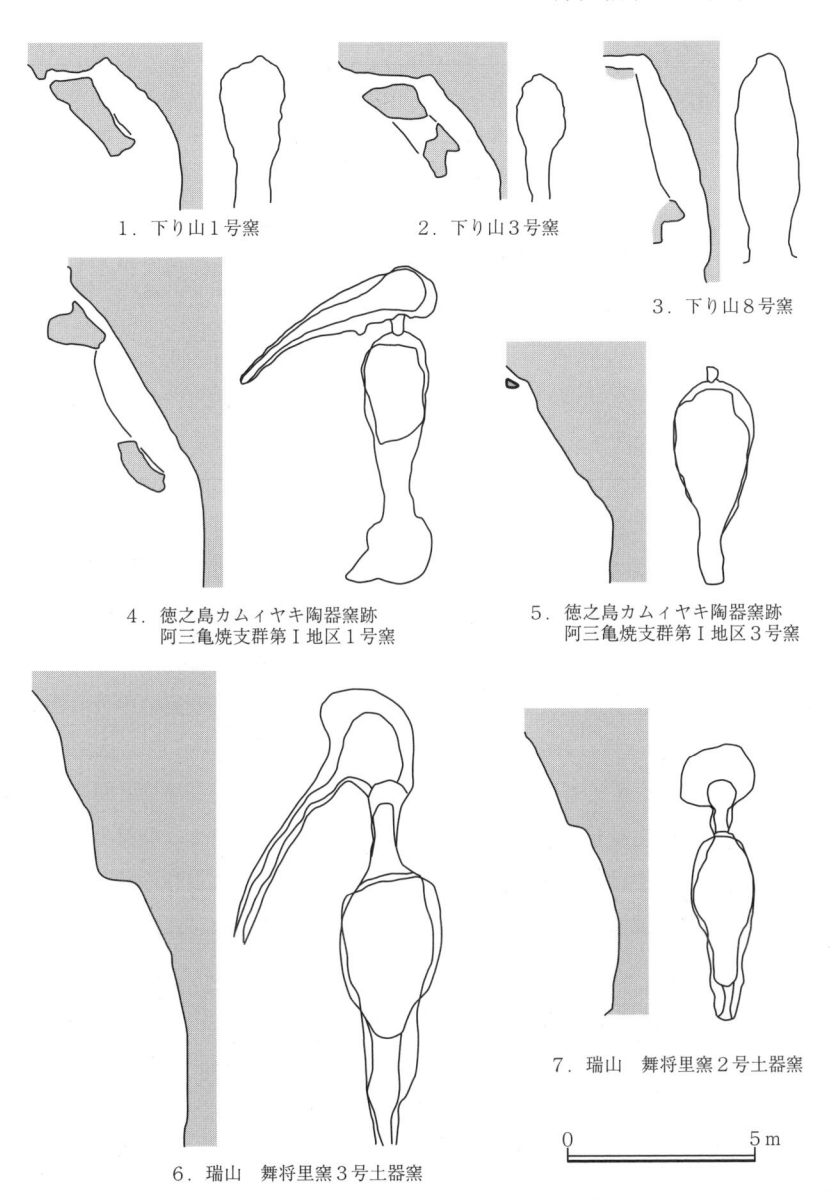

グスク時代の窯業生産と農業生産

1．下り山1号窯
2．下り山3号窯
3．下り山8号窯
4．徳之島カムィヤキ陶器窯跡 阿三亀焼支群第Ⅰ地区1号窯
5．徳之島カムィヤキ陶器窯跡 阿三亀焼支群第Ⅰ地区3号窯
6．瑞山　舞将里窯3号土器窯
7．瑞山　舞将里窯2号土器窯

0　　　　　5 m

第6図　下り山窯、徳之島カムィヤキ陶器窯跡、舞将里窯の窯体構造
（新里2004より転載）

139

口が極端に窄まるイチジク形の平面形となっている(第6図)。平面形態は類似するものの、下り山窯は窯尻に向かって垂直に煙道が掘り込まれているのに対して、徳之島カムィヤキ陶器窯跡、舞将里窯は窯尻に斜行して煙道が設置される。また、焼成部の傾斜角度は下り山窯が40度から42度、カムィヤキの窯跡では31度から42度と急傾斜であるのに対し、舞将里窯は18度から25度と比較的緩やかである。煙道の設け方や床面の傾斜角度が若干異なるが、三者はかなり類似していると言える。

(5) 小結

カムィヤキの焼成には、亜熱帯地域に分布する樹種が燃料として利用され、その原料となる粘土も遺跡周辺で採取できるものであった。このことからカムィヤキの生産自体は徳之島島内で完結できるものであったと想定される。製作技法、窯跡の形態からは、カムィヤキは朝鮮半島からの技術的影響を強く受けた陶器であると判断された。特に、製作技法のみならずそれらを焼成する窯の構造までも類似することは、焼き物作りが単なる模倣ではなく、朝鮮半島の技術をもった集団の移動があったことを想定させる。ただし、朝鮮半島からの窯業技術は、瓦や須恵器系陶器の生産など日本列島の中世窯業にも影響を与えたと言われているので(上原1980、吉岡2002a)、下り山窯の窯構造がカムィヤキや朝鮮半島の窯と類似することもこうした事情と関係する可能性がある。生産様相と技術系譜の両面から、カムィヤキは朝鮮半島の技術を母体とし、中世日本に朝鮮半島の窯業技術が取り入れられる動向の中で成立した亜熱帯地域の陶器と評価しておきたい。

III. 食器流通からみた交易の様子

1. 滑石製石鍋の流通

滑石製石鍋とは、滑石と呼ばれる軟質の石材をくりぬいて製作された鍋のことである。長崎県の西彼杵半島にその製作地が集中していて、その規模は全国で最も大きい(正林・下川編1980、東2003)。滑石製石鍋は、北は青森県から南は沖縄県の波照間島に分布し、九州以南の地域に限ってもこれらを出土する遺跡は約900存在する(新里2002)。これらは琉球列島におけるグス

ク土器の祖形になったとも言われている（金武編 1978）。

　これらは口縁に 2 対の方形把手が付くもの（11 世紀代）、口縁外面に鍔がめぐるもの（12 世紀後半代）、底径が狭く、鍔が退化したもの（13～14 世紀代）の順に編年されている（森田 1983、鈴木編 1998）。時期別の分布状況によると、方形把手をもつ石鍋は九州地方に多く、鍔がめぐるものは瀬戸内地域以東へと広がることが分かる。九州地方の分布状況をみると、把手付石鍋は港湾都市博多、官都大宰府を中心として北部九州に集中的に分布するのに対し、12 世紀後半以降に至り鍔付石鍋は九州全域へと広がる傾向にある（新里 2002）。

　琉球列島は把手付石鍋が頻繁に発見される地域であるが、鍔がめぐるものはさほど多くは出土しない。こうした状況は時期が古い把手付石鍋は北部九州を中心に南下して分布するのに対し、新しい鍔付石鍋は九州全域を含め北へと広がることを示している（第 7 図）。このことから把手付石鍋は博多を中心とした北部九州と関連して琉球列島へと流入した可能性が高く、当該期における九州と琉球列島の交流は博多を中心とした地域との関係によって成立していたと言われている（新里 2003b、大庭 2010）[7]。国内外の豊富な食器が検出された喜界島の城久遺跡群は、交易の拠点的な遺跡として注目を集めているが、この遺跡からは把手付石鍋が類を見ないほど多く出土している（澄田・野崎 2007）。こうした遺跡の存在から古代、中世並行期の琉球列島と日本列島との交易は、喜界島主導で進められていたという意見もある（高梨 2008）。

2. 中国産陶磁器の流通

　琉球列島のグスクや集落遺跡からは多くの貿易陶磁器が出土し、これらの研究では器種、形態による分類とそれらの年代的な位置付けを中心に進められている（金武 1989、1990）。琉球列島における陶磁器の流通は、グスク時代への胎動（I 期：11 世紀末～12 世紀前半）、グスク時代前夜（II 期：12 世紀後半～13 世紀）、グスク時代（III 期：14 世紀～16 世紀）の 3 期に区分される（金武 1998）。城塞的建造物であるグスクの成立、発展に伴い中国との経済関係が強化され、それらの種類と量が増加していくことが想定される。

　九州と琉球列島における中国陶磁器の出土遺跡数の検討によると（新里

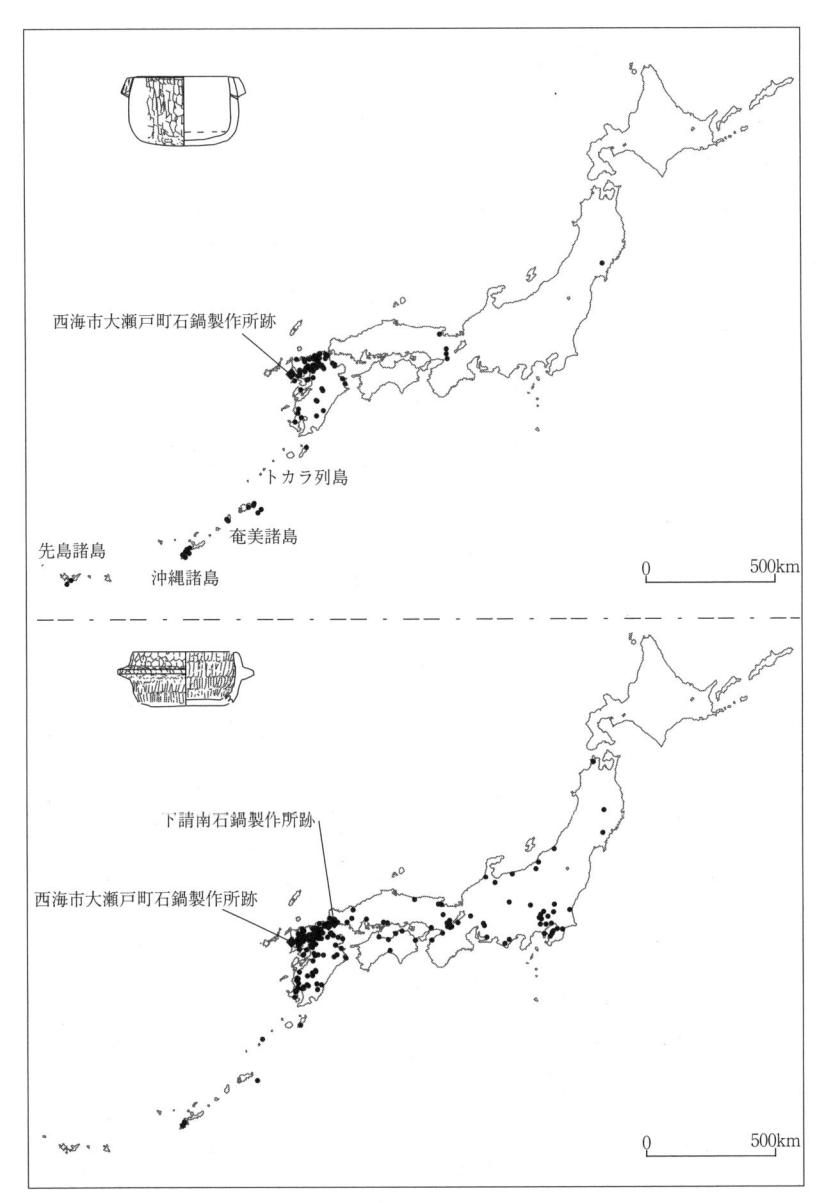

第 2 部　琉球列島の景観の形成と資源利用

第 7 図　把手付石鍋と鍔付石鍋の分布と製作跡の位置 （新里 2008 より転載）

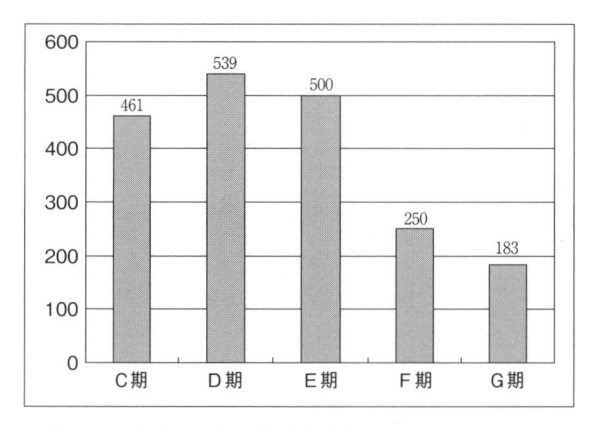

グスク時代の窯業生産と農業生産

第8図　中国陶磁器の消費動向①（新里 2009 より転載）

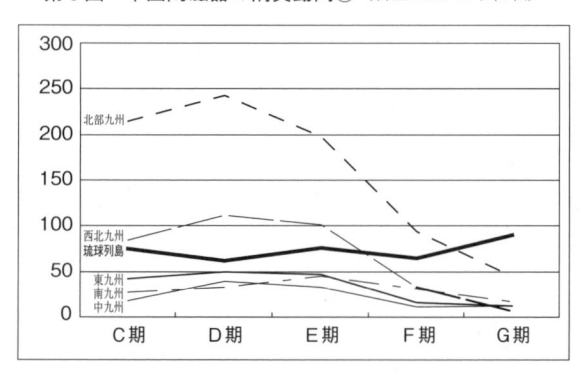

第9図　中国陶磁器の消費動向②（新里 2009 より転載）

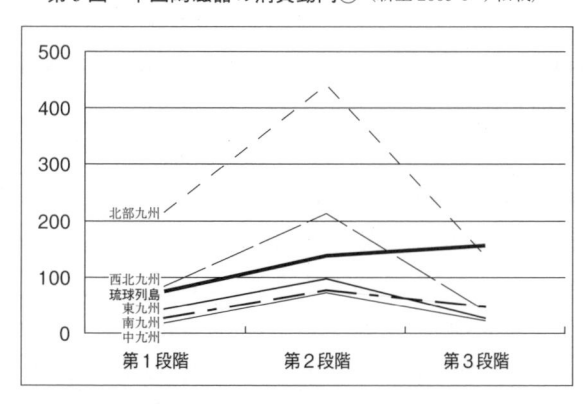

第10図　中国陶磁器の消費動向③（新里 2009 より転載）

143

2009)、中国陶磁器は11世紀後半代から12世紀前半期（C期）には相当量消費され、12世紀中頃から後半（D期）で最大となり、13世紀初頭から前半（E期）まで同様の状況が継続する（第8図）。ところが13世紀中頃から14世紀初頭（F期）に至ると出土遺跡数は突如半減し、14世紀初頭から15世紀前半（G期）で最小となる。これらを地域別に検討しても、九州各地とも12世紀後半から13世紀前半にピークを迎え、13世紀後半以降は下降線を辿る様子が窺える（第9図）。この傾向は、北部九州において特に顕著であるが、他の地域も似たような傾きの折れ線を描くため、北部九州における中国陶磁器出土遺跡数の減少は九州全域と琉球列島の中国陶磁器消費量の減少と対応していると見てよい。このことから、琉球列島における11世紀後半から13世紀中頃の中国陶磁器は北部九州との経済関係によって持ち込まれていたと推定することができる。

　一方、13世紀後半以降では九州各地の中国陶磁器出土遺跡が減少するが、琉球列島ではその数を増加させていく傾向にある。便宜的に、11世紀後半代から12世紀前半代（第1段階）、12世紀中頃から13世紀前半（第2段階）、13世紀中頃から14世紀代（第3段階）の3つの段階に区切って中国陶磁器の消費状況を検討してみると（第10図）、九州各地の中国陶磁器出土遺跡数は第2段階でピークとなって、それ以降に減少する様子が窺える。これに対して、琉球列島では段階を追うごとに増加傾向を示し第3段階でピークに達する。このことは、琉球列島と九州との経済関係が変化し始め、第3段階（13世紀後半〜14世紀代）に新たな展開を迎えることを示している。第3段階は琉球列島と中国との経済関係が次第に強化された時代であったと想定される。

3. 朝鮮半島産無釉陶器、初期高麗陶器の出土状況

　カムィヤキと技術的な関係が深いと想定される朝鮮半島産無釉陶器は、北部九州において出土例が知られていたが（赤司1991、山本2003）、近年では奄美諸島においてもその存在が知られはじめてきた（大庭2010、澄田・野崎編2008、2009、具志堅編2010、新里編2010）。また、北部九州での出土例が多いと言われる初期高麗青磁も（降矢2002）、カムィヤキや朝鮮半島産無釉陶器に

伴って出土している。こうした陶器類は日麗貿易に由来するとも考えられており、博多に帰着する朝鮮半島からの舶来品が何らかの要因で琉球列島にもたらされていた可能性が想定される。これらの存在は、朝鮮半島からの窯業技術が食器類を伴って琉球列島へと伝えられたことを示すと同時に、窯業技術の導入が北部九州との関連によって達成されたことを傍証している。

4. カムィヤキの流通

　九州と琉球列島においてカムィヤキが出土した遺跡は約 300 遺跡ほど確認されている（池田 2003、新里 2003b）。これらは九州南部から先島諸島にかけて分布するが、型式ごとにそれぞれの分布状況とそれらの出土遺跡数を検討してみた（第 11 図）[8]。古手の A 群（11 世紀後半～13 世紀前半代）は九州から先島諸島に至る広い範囲で消費されていた。出土遺跡数は調査件数の多い沖縄諸島が最も多いが、奄美諸島でも多く検出されている。生産跡のある徳之島を中心とすると、A 群は奄美、沖縄諸島を主要な消費地として同心円状に分布する。カムィヤキ A 群は南九州まで分布するので、これらの流通には南九州も関与していた可能性がある。

　一方、新出の B 群（13 世紀後半代～14 世紀代）はトカラ列島以北へは分布せず、九州での出土は確認されない。奄美諸島では出土遺跡が極端に減少する。A 群が鹿児島から先島諸島へと南北の広い範囲に拡散するのとは対照的に、分布域が狭まり南下拡散の傾向が顕著となる。このことは B 群の出現後、消費の中心地が南へと移り、その中でも沖縄諸島へと集約されていくことを示している。カムィヤキ B 群は九州ではほとんど出土しないので、九州における経済状況とは関連せず独自の状況で流通していたと考えられる。

5. 小結

　滑石製石鍋、中国陶磁器、朝鮮半島産陶器類の出土状況から、カムィヤキが生産され始めた 11 世紀中頃の琉球列島は、博多を中心とする北部九州との経済関係が深かったと推定された。また、カムィヤキ A 群の分布状況は、南九州との関連性も示唆させる。こうした状況は博多において展開していた

第2部　琉球列島の景観の形成と資源利用

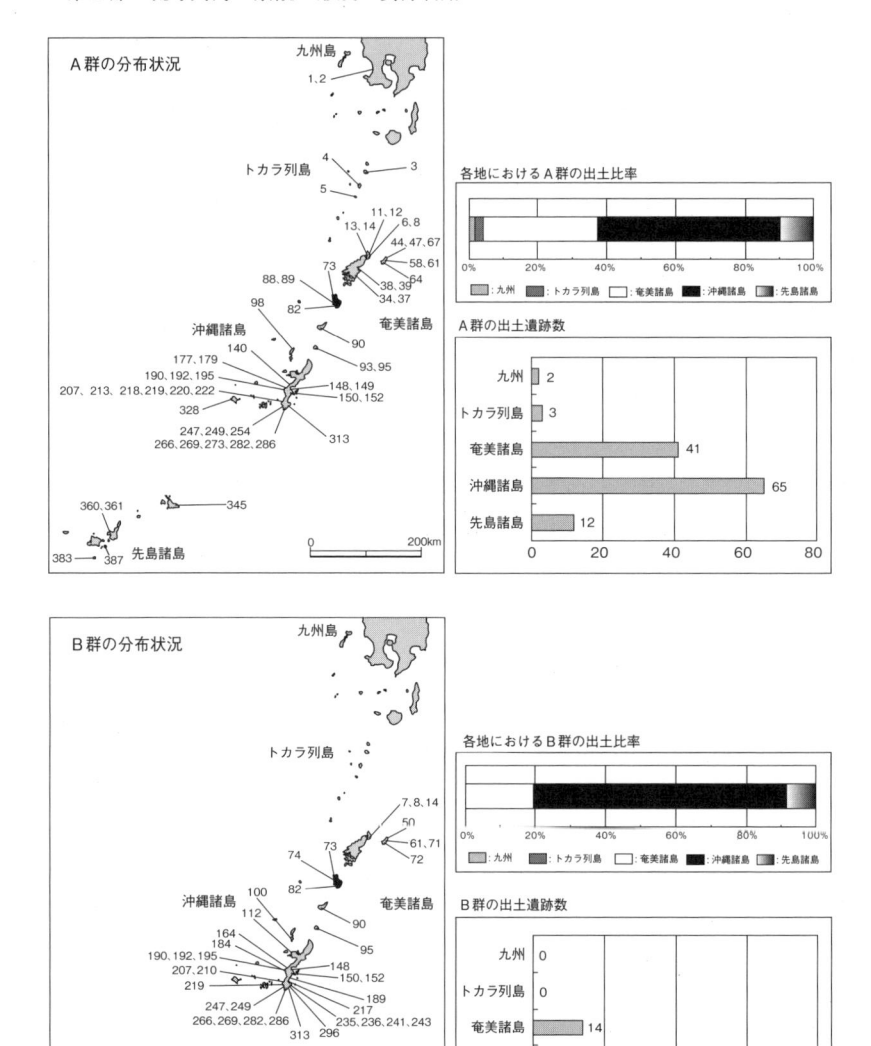

第11図　カムィヤキの分布状況と各諸島における出土遺跡数（筆者作成）
（遺跡の番号は新里2003bのカムィヤキ出土遺跡の集成と一致する）

日宋貿易や日麗貿易と関連すると想定され（新里 2004）、グスク時代の食器流通は、中世的な海外交易の延長線上に位置付けられる可能性も考えられる。こうした動向に注目すると、徳之島における窯業生産の成立も北部九州との関係で達成された可能性が高い。琉球列島が狩猟採集から生産経済の時代へと移行する経済的背景には北部九州との関連性を軽視することはできないであろう。

IV. グスク時代の農耕
1. 琉球列島における農耕の考古学的証拠

琉球列島における農耕の痕跡はグスク時代から顕著になると言われている（安里 1987、高宮 2007）。その考古学的証拠として、グスクや集落跡から採集された籾圧痕土器（多和田 1960、白木原 1973、宮城 1983）、炭化したイネやムギ（安里 1969）、家畜用の牛馬、鉄製農具が出土し、食器類の形態が劇的に変化する点が挙げられる（安里 1975）。こうした状況から、グスク時代は琉球列島最初の「農耕の時代」と評価されている（安里 1990）。

近年、大規模な発掘調査によって沖縄諸島における穀物生産遺構の調査例が増加し、またフローテーションの導入によって当該期に相当する炭化穀物の検出例が数多く報告されるようになった（高宮 2007）。2010 年における関連遺跡の集成によると、穀物およびそれらの生産遺構はおよそ 78 遺跡（薩南諸島 1 遺跡、奄美諸島 5 遺跡、沖縄諸島 59 遺跡、先島諸島 13 遺跡）で確認されていて（新里 2010）、今後も事例が増加することが大いに予想される。その大半はグスク時代に帰属するが、グスク時代を遡る穀物資料も一部で確認されており（高宮 1996、呉屋 2000）、先史時代にはすでに畑作栽培が行われていた可能性も指摘されている（甲元 2002）。

奄美諸島や沖縄諸島の遺跡からは土坑やピットから炭化穀物が検出されていて（中山編 2002、澄田ほか編 2008、2009、宮城編 2005）、これらの共伴遺物や放射性炭素年代の分析によって、穀物類の構成や年代的な推移が明らかになりつつある。確実な年代が把握できる穀物類は 11 世紀後半頃まで遡ると想定されており、その頃にはイネ、オオムギ、コムギ、アワ、キビが栽培され

第2部 琉球列島の景観の形成と資源利用

第12図 琉球列島発見の水田跡と畑跡

ていたことが判明している（新里2010）。このことからグスク時代の琉球列島では水稲耕作と雑穀栽培が行なわれていたと評価されている（高宮2007）。穀物類の構成比と出土状況の検討によると、沖縄本島中南部は雑穀栽培を主体とする一方、沖縄本島北部および奄美諸島は稲作が主流となり（高宮2007）、城郭と城下町では栽培植物の構成比が異なるという（宮城編2005、宮城2006）。近年の研究では島嶼環境や階層差によって農業形態や食性が異なる見通しが示されている。

2. 琉球列島における水田跡と畑痕

ここ数年、遺跡の調査に理科学的分析が積極的に導入され、穀物資料や植物珪酸体を伴った水田跡や畑跡の検出例も多く報告されるようになった。沖縄本島の漢那福地川水田遺跡（知名1993）、新城下原第二遺跡（片桐編2006）では区画水田が発見され（第12図-1）、徳之島では谷地を利用した迫田が検出されている（新里編2010）。水田の形態や立地に注目すると、水田は海岸線から比較的近い低湿地や石灰岩段丘上の小規模な谷底に営まれる例が多い。低湿地に営まれた新城下原第二遺跡の水田跡（木杭の放射性炭素年代はAD1030－AD1160）は畦畔によって方形に区画されており、杭列や足跡を伴っていた（片桐編2006）。一方、徳之島川嶺辻遺跡の水田は石灰岩段丘上の谷底に立地していたが、谷地を分断するように畔が設けられており、自然地形を利用

した水田が構築されていた（新里編 2010）。このことは水田の立地によってその構造が異なる可能性を示している。

　沖縄諸島で類例の多い小穴群（小穴は直径 20 から 30cm 前後、深さ 15cm 程度、第 12 - 2）は、『朝鮮王朝実録』に記されたムギやアワの堀棒耕作の痕跡と解釈されている（安里 1998、呉屋 2000）。これらの性格を把握するため、年代、含有物、土壌特性の理化学的分析も進められている（城間・上田 2007）。栽培品種などは明らかとされていないものの、こうした遺構はグスク時代における普遍的な生産跡と認識されている。沖縄本島浦添市の浦添原遺跡で検出された小穴群は、古いもので 11 世紀中頃から 12 世紀前半の放射性炭素年代が得られており（ピット群 5、仁王編 2005）、伊佐前原第一遺跡では 8 層上面で検出された小穴群は 11 世紀末から 14 世紀（當銘編 2001）、宇茂佐古島遺跡の小ピット列群は 14 世紀から 16 世紀と報告されている（安里 1998）。こうした年代観は琉球列島から検出された炭化穀物の年代と齟齬なく理解できる。

3. 文献に記された琉球列島の農耕

　琉球列島の農耕に関する最古の記述で、確実性が高いと考えられているのは『日本書紀』「天武紀」にある「粳稲常豊。一殖両収。」と言われている（三島 1971、甲元 2002）[9]。これには種子島で収穫後にヒコバエが再収穫される様子が記されていて、温暖な地域における珍しい農業として認識されていたようである。時代は新しくなるが、琉球列島の農耕の様子を具体的に記した書物としてよく言及されているのが『朝鮮王朝実録（成宋大王実録）』（1477 年）である。これによると沖縄本島中南部では、典型的な二期作が行なわれており、当地域における農業の発展性を説明する資料としてよく引用されている（佐々木 1984、安里 1998）。同様の記録は『海東諸国記』（1471 年）や『明実録』（1546 年）でも確認できるらしい（佐々木 1984）。一方、奄美諸島の農耕の様子を伝えるものに、名越佐源太の『南島雑話』（名越左源太、国分、恵良校注 1984a、b）がある。これには 19 世紀代の奄美大島の習俗や自然環境が克明に記録されているが、イネ、ムギ、アワの栽培方法や農耕儀礼の様子が詳細に記されている（第 1 表、暦は旧暦）。これらの資料群を分析した農業技術の検

第2部　琉球列島の景観の形成と資源利用

討によると、イネのヒコバエが再収穫され、干ばつ、高温障害、台風被害を避けるために穀物類の冬作が行なわれることは琉球列島における穀物生産の普遍的特徴とされている（佐々木1984、仲地・仲間1995）。

『朝鮮王朝実録』の記録に基づいた沖縄諸島の栽培暦の検討に（佐々木1984、安里1990）、『明実録』、『南島雑話』にある栽培暦を加えたものが第2表である（新里2010、暦は旧暦）。

文献によるとグスク時代から近世の琉球列島ではイネの収穫後にヒコバエを再び刈り取る再収穫が行なわれていたことが確認できる。イネの栽培暦は島嶼ごとやや違いが見られる。先島諸島の稲作の暦は冬の12月に種を蒔き、1月に田植え、初夏となる4、5月に収穫し、晩夏、初秋にあたる7、8月にヒコバエを収穫するものであった。沖縄諸島では10月に種蒔き、1月田植え、5月収穫、7、8月再収穫のサイクルとなる。19世紀中頃における奄美大島では10月種蒔き、12、1月田植え、6、7月収穫、8、9月にヒコバエ収穫の順となる。稲の育成期間に注目すると、先島諸島では5、6ヶ月、沖縄諸島では7ヶ月、奄美諸島では8、9ヶ月となり、琉球列島では南へ行くほど栽培期間が短くなることが分かる。このことは琉球列島の栽培暦が島嶼ごとに異なることを示し、平均気温、降雨量などの環境的要因よってイネの育成期間に差が生じていると想定される。これと同様に畑作作物であるムギ、アワも栽培暦の地域差が認められる。ただし、こうした差異が認められるにも関わらず、琉球列島全域において穀物類は原則冬に育成されるので、冬作は亜熱帯地域の気候条件に適した普遍的農法と言ってよい。

4. 民俗例に見られる琉球列島の農耕

琉球列島の民俗文化財の調査によって確認された穀物の栽培暦は第3表の通りである（鹿児島県教育委員会1981、1982、佐々木1984）。奄美諸島ではイネの種蒔きが9、10月と12、1月の両者があることがわかる。これについては、改良種の導入によって2月種蒔きが普及したことが指摘されているため（松山2004a・b）、本来は9、10月の種蒔きが伝統的な栽培法だった可能性が高い。イネの育成期間も先島諸島で9ヶ月、沖縄諸島で10ヶ月、奄美諸島で11ヶ

グスク時代の窯業生産と農業生産

第1表 文献に記載された琉球列島の農耕（新里2010より転載）

番号	資料名	年代	諸島名	島名	記述	栽培種	農法	備考	文献
1	『隋書流求国伝』	656年	琉球？	台湾か？	その田は良沃	イネ、アワ、キビ、マメ		火耕水耨	①
2	『日本書紀』『天武紀』	682年	多禰国	種子島	一たび殖えて両び収む	イネ	ヒコバエ育成		②
3	『漂到流球国伝』	1243年	琉球	沖縄本島？奄美諸島？	米を流球の紫苔、芋を交換す				②
4	『朝鮮王朝実録 世祖恵荘大王実録』『巻二十七』	1456年	沖縄諸島	久米島？沖縄本島？	其のヒコバエまた盛りて再びこれ収む	イネ	ヒコバエ育成		③
5	『海東諸国記』	1471年	沖縄諸島	沖縄本島	水田は1年再収	イネ	二期作		③
6	『朝鮮王朝実録成宋大王実録』	1477年	八重山諸島	与那国島	専ら稲、粟あるも喜ばず	イネ、アワ	ヒコバエ育成	牛踏耕	③
				西表島	粟、稲の3分の1	イネ、アワ、ヤムイモ			
				波照間島	稲なし	キビ、アワ、ムギ			
				新城島		イネ、キビ、アワ、オオムギ			
				黒島	稲なし	キビ、アワ、オオムギ			
			宮古諸島	多良間島	稲なし	キビ、アワ、オオムギ			
				伊良部島	稲は麦の10分の1	イネ、キビ、アワ、オオムギ			
				宮古島		イネ、アワ、キビ、オオムギ	ヒコバエ育成	牛踏耕	
			沖縄諸島	沖縄本島	陸田と水田相半ば、陸田やや多し	イネ、アワ、タイモ	二期作	牛踏耕	
7	『南島雑話』	1852年	奄美諸島	奄美大島	芽出て再熟す	イネ	ヒコバエ育成	稀に牛耕、馬耕あり	④
					夏粟を島中作る	アワ	畑作	焼畑	
					九月末より植始	ムギ	畑作	人糞、馬牛糞を施肥	

文献
①三島格1971「南西諸島における古代稲作資料」『南島考古』第2号
②山里純一1999『古代日本と南島の交流』吉川弘文館
③佐々木高明1983「南島の伝統的稲作農耕技術」渡辺忠世／生田滋（編）『南島の稲作文化』法政大学出版局
④名越左源太 国分直一・恵良宏校註1984『南島雑話1、2』東洋文庫

第2表 記録に残された琉球列島の栽培暦（新里2010より転載）

イネ

島嶼	農法	9月	10月	11月	12月	1月	2月	3月	4月	5月	6月	7月	8月	文献
奄美大島	再収穫	再収穫	種蒔			田植（早稲）		田植（晩稲）			収穫		再収穫	④
沖縄本島	二期作			収穫	種蒔			田植			収穫 種蒔	田植		①
沖縄本島	二期作				種蒔		収穫	田植			収穫 種蒔	田植		②
沖縄本島	二期作		収穫			田植				収穫	種蒔			③
沖縄本島？久米島？	再収穫		種蒔			田植				収穫		再収穫		①
与那国島	再収穫			種蒔	田植			収穫				再収穫		①

ムギ

島嶼	農法	9月	10月	11月	12月	1月	2月	3月	4月	5月	6月	7月	8月	文献
奄美大島	一期作	種蒔						収穫						④
波照間島	一期作	種蒔				収穫								①

アワ

島嶼	農法	9月	10月	11月	12月	1月	2月	3月	4月	5月	6月	7月	8月	文献
奄美大島	一期作					種蒔					収穫			④
沖縄本島	二期作					種蒔					種蒔		収穫	①

文献
①朝鮮王朝実録（1477年）：佐々木高明1984「南島の伝統的稲作農耕技術」渡辺忠世／生田滋（編）『南島の稲作文化』法政大学出版局
②海東諸国記（1471年）：佐々木高明1984「南島の伝統的稲作農耕技術」渡辺忠世／生田滋（編）『南島の稲作文化』法政大学出版局
③明実録（1546年）：佐々木高明1984「南島の伝統的稲作農耕技術」渡辺忠世／生田滋（編）『南島の稲作文化』法政大学出版局
④南島雑話：名越佐源太 国分直一・恵良宏校註1984『南島雑話1・2』より　※暦は旧暦

第2部 琉球列島の景観の形成と資源利用

第3表　民俗例にみる琉球列島の栽培暦（新里2010より転載）

イネ

島嶼名		行政区	集落	9月	10月	11月	12月	1月	2月	3月	4月	5月	6月	7月	8月	文献
奄美諸島		喜界島	喜界町	上嘉鉄	再収穫				種蒔		田植			収穫			
	奄美大島	瀬戸内町	芝					種蒔			田植				収穫		
			与路		種蒔						田植			収穫			①
	徳之島	徳之島町	井之川						種蒔		田植			収穫			
			徳和瀬		種蒔				種蒔		田植			収穫	再収穫		④
		天城町	松原				種蒔				田植			収穫			
		伊仙町	喜念	再収穫	種蒔					田植				収穫			③
	沖永良部島	和泊町	国頭						種蒔		田植			収穫			
		知名町	上平川						種蒔		田植			収穫			
	与論島	与論町	城	種蒔				田植					収穫				②
沖縄諸島	沖縄本島	大宜味村	謝名城			種蒔		田植				収穫					
		読谷村	座喜味			種蒔				田植			収穫				
		勝連町	平安名	種蒔									収穫				③
		中城村	伊舎堂	種蒔				田植				収穫					
	久米島	具志川村	兼城		種蒔				田植				収穫				
先島諸島	宮古島	平良市	島尻			種蒔			田植				収穫				
	石垣島	石垣市	川平			種蒔			田植			収穫					③
	西表島	竹富町	南風見			種蒔						収穫					
	与那国島	与那国町				種蒔	田植					収穫					

ムギ

島嶼名		行政区	集落	9月	10月	11月	12月	1月	2月	3月	4月	5月	6月	7月	8月	文献
奄美諸島		喜界島	喜界町	上嘉鉄				種蒔		収穫							②
	奄美大島	瀬戸内町	芝		種蒔					収穫							
	徳之島	徳之島町	井之川				種蒔			収穫							
		天城町	松原			種蒔				収穫							①
		伊仙町	喜念		種蒔					収穫							
	沖永良部島	和泊町	国頭		種蒔						収穫						
		知名町	上平川				種蒔			収穫							
沖縄諸島	沖縄本島	大宜味村	謝名城				種蒔			収穫							
		読谷村	座喜味				種蒔			収穫							
		勝連町	平安名	種蒔						収穫							③
		中城村	伊舎堂	種蒔								収穫					
	久米島	具志川村	兼城			種蒔			収穫								
先島諸島	宮古島	平良市	久貝	種蒔					収穫								
	池間島	平良市	前里添			種蒔			収穫								③
	石垣島	石垣市	川平	種蒔						収穫							

アワ

島嶼名		行政区	集落	9月	10月	11月	12月	1月	2月	3月	4月	5月	6月	7月	8月	文献
奄美諸島		喜界島	喜界町	上嘉鉄							種蒔				収穫		②
	徳之島	天城町	松原			種蒔							収穫				
		伊仙町	喜念						種蒔				収穫				①
	沖永良部島	和泊町	国頭					種蒔				収穫					
		知名町	上平川	収穫							種蒔				収穫		
	与論島	与論町	城						種蒔					収穫			②
沖縄諸島	沖縄本島	大宜味村	謝名城						種蒔				収穫				
		中城村	伊謝堂				種蒔					収穫					
		読谷村	座喜味			種蒔							収穫				③
		勝連町	平安名				種蒔					収穫					
	久米島	具志川村	兼城				種蒔				収穫						
先島諸島	宮古島	平良市	久貝		種蒔							収穫					
		平良市	島尻		種蒔							収穫					
	池間島	平良市	前里添	種蒔								収穫					③
	石垣島	石垣市	川平									収穫					
	与那国島	与那国町						種蒔					収穫				

文献
①鹿児島県教育委員会1981『奄美群島の民俗1』奄美地区文化財緊急調査報告書1
②鹿児島県教育委員会1982『奄美群島の民俗2』奄美地区文化財緊急調査報告書2
③佐々木高明1984「南島の伝統的稲作農耕技術」渡辺忠世／生田滋（編）1984『南島の稲作文化』法政大学出版局所収
④松山光秀2004『徳之島の民俗（2）』ニュー・フォークロア双書30　未来社　※暦は旧暦

月と温暖な先島諸島ほど栽培期間が短い。栽培暦の地域差は近年の民俗例にも認められるのである。また、文献に認められたヒコバエの再収穫も各地で確認されている。

　ムギ、アワについても差が認められる（第3表）。ムギの種蒔きの時期は多様であるが、先島諸島で9月種蒔き、沖縄諸島で9月から11月種蒔き、奄美諸島で10月から12月と島嶼ごとにわずかながら時間差が見られる。これと関連して収穫時期も少しずつ横滑りし、先島諸島で1月から3月、沖縄諸島で2月から4月、奄美諸島で3月から4月が収穫期となる。アワも種蒔きの時期はまとまっているとは言えないが、先島諸島では10、11月、沖縄諸島では11月、12月、奄美諸島では2月から4月と地域によって時期差が認められる。それと対応して収穫時期も先島諸島で5、6月、沖縄諸島で5月から7月、奄美諸島で6月から8月がそれぞれの主体となる。雑穀類にも栽培暦に地域差が認められた。文献で確認された栽培サイクルの時間差は近年の農業にも認めることができるのである。さらに、冬場に作物を育成する冬作を基本としている点も文献に見られる農法と変わりがない。

　奄美諸島、沖縄諸島、先島諸島で記録された近年の栽培暦にも、イネの再収穫と穀物類の冬作が確認でき、文献と類似した農耕がごく最近まで行なわれていたことがわかる[10]。このことから琉球列島の農耕はグスク時代以来の伝統を引き継いだもので、亜熱帯地域に適した特徴的な農耕であったと考えることができる。

5. グスク時代の栽培暦（第4表）

　文献と民俗例の検討により、ヒコバエ再収穫、穀物類の冬作、栽培暦の地域差を琉球列島における農耕の特質と考えたが、これらを念頭にグスク時代の栽培暦を検討してみたい。

　文献と民俗例ではイネの種蒔きの時期に違いが認められた（第2,3表）。『朝鮮王朝実録』では先島諸島、沖縄諸島において11月、12月種蒔きが行なわれていたことが記されているが、民俗例では9、10月と記録に現れた栽培暦と少々異なる。この変化については15世紀以降、首里王府主導の勧農政策

第2部　琉球列島の景観の形成と資源利用

第4表　グスク時代における栽培暦（新里2010より転載）

イネ
島嶼名	9月	10月	11月	12月	1月	2月	3月	4月	5月	6月	7月	8月
奄美諸島	再収穫	種蒔			田植え					収穫		再収穫
沖縄諸島		種蒔			田植え				収穫		再収穫	
先島諸島				種蒔	田植え			収穫			再収穫	

ムギ
島嶼名	9月	10月	11月	12月	1月	2月	3月	4月	5月	6月	7月	8月
奄美諸島	種蒔						収穫					
沖縄諸島	種蒔					収穫						
先島諸島	種蒔				収穫							

アワ
島嶼名	9月	10月	11月	12月	1月	2月	3月	4月	5月	6月	7月	8月
奄美諸島			種蒔							収穫		
沖縄諸島			種蒔						収穫			
先島諸島		種蒔					収穫					

や農耕儀礼によって種蒔きが重視されることによって、栽培の開始期が早められたと解釈されている（佐々木1984）。また奄美諸島では改良種の登場によって種蒔きの時期が変化したと言われているので（松山2004a、b）、こうした検討によると、民俗例に認められる栽培暦は政策や品種改良などによって暦が変化したと想定され、文献に記された栽培暦がグスク時代の栽培事情により近かったと考えられる。

　イネのヒコバエ再収穫は近年の琉球列島でも行なわれており（第3表）、『日本書紀』、『朝鮮王朝実録』、『南島雑話』で記載された農法はごく最近まで一般的であったことがわかる。15世紀後半に沖縄本島で行なわれていた二期作はヒコバエ再収穫の栽培暦が共通することから、二期作はヒコバエ再収穫から発展した農法であった可能性が高い。二期作開始以前のイネの伝統的な栽培方法はヒコバエ再収穫であったと想定される。

　イネのヒコバエ再収穫が行なわれ、雑穀類も含めた穀物栽培は亜熱帯地域に適した冬作を主体とし、栽培暦に地域差が認められる点に注目しながら、グスク時代の栽培暦を第4表のように復元した。これは、『朝鮮王朝実録』と『南島雑話』にある記載におおよそ準拠しているが、琉球列島ではグスク時代以降島々の自然環境に適した独自の農耕が行なわれていたことを念頭に置いて作成したものである。

6. 小結

　遺跡から発見される穀物関連資料によると、琉球列島ではイネと雑穀類の栽培が11世紀中ごろにはすでに始まっており、グスク時代が本格的農耕の時代であったことは明らかである。こうした考古資料に文献や民俗例の分析を加えた結果、グスク時代はイネのヒコバエの再収穫が一般的であり、亜熱帯地域に適した穀物の冬作が盛んに行なわれながらも、島嶼ごとに栽培暦（育成期間）の地域差が認められる点が琉球列島における農耕の普遍的特徴と考えられた。このことは、グスク時代において各島嶼環境に適した農業が営まれていたことを意味し、亜熱帯地域に属する琉球列島では日本列島とは区別される独自の農耕が行なわれていたと結論付けられる。

V. グスク時代における生産業の特質

　グスク時代の生産業、特に窯業、食器流通、農業に注目してその特徴を検討してみた。徳之島におけるカムィヤキの生産技術は朝鮮半島から導入されたものと考えられたが、当時の食器類の流通状況から琉球列島の経済関係は博多を中心とする北部九州との結び付きが強かったと想定された。こうした動向を重視するのであれば、朝鮮半島からの窯業技術も博多を経由して琉球列島へともたらされたと考えられる。朝鮮半島の窯業技術と九州や国外産の食器類は総じて北部九州を経由して琉球列島へと持ち込まれ、生活必需品の生産と流通は九州との関わりによって成立していたことが想定される。

　一方、グスク時代から本格化する農耕に目を向けると、イネのヒコバエ再収穫と穀物の冬作が行なわれており、日本列島とは区別される亜熱帯的な農耕が行なわれていた。ただし、栽培暦は島嶼ごとに地域差が認められたので、それぞれの島嶼環境に根差した農耕が行なわれていた可能性は高い。このことから穀物の生産は琉球列島の環境に適した独自の栽培によって成立していたと考えておきたい。

　以上のことから、グスク時代における琉球列島の生産業は、朝鮮半島の技術による窯業生産、博多を中心とする流通経済、亜熱帯地域に適合した食糧生産によって成立していたと結論付けることができる。グスク時代の琉球列

第 2 部　琉球列島の景観の形成と資源利用

島では、地域資源を利用した窯業生産と亜熱帯地域特有の食料生産が営まれながらも、生活用品の取得に日本列島との経済関係が保持される複合性に当時の生産業の特質を見出すことができる。上述してきたグスク時代の窯業、食器流通、農業は生産経済の発展と交易の展開を表象する考古学的証拠と見なし得るが、琉球列島社会の復元に当たってはこうした複合性を総合的に理解することが重要なのではないだろうか。

本稿は 2010 年 2 月 6 日（土）、沖縄県立埋蔵文化財センターで行なわれた第 37 回文化講座『どこまでが琉球か、どこまでが日本か～奄美考古学からみた新たなる視点～』で発表した内容を文章化したものである。発表の機会を下さった、山本正昭氏にお礼申し上げたい。なお、本研究の一部は、文科省科研費（課題番号 21101005）の助成を受けて行われた。

注
1) 生産経済時代とは城塞的遺跡であるグスクの出現に先立つ経済転換の時代を指し、グスク時代とは区別された時代区分名称である。ここでは、時代区分の表現を簡潔にするため、生産経済時代に含まれる 11 世紀後半から琉球王朝の成立以前までをグスク時代と呼んでおく。なお、グスク時代は奄美諸島では中世相当期、先島諸島ではスク時代と呼ばれているが、これらの地域も包括してグスク時代と表記する。
2) 1983 年に発見された阿三亀焼支群第 I 地区では遺跡確認調査が行なわれ、7 基の窯跡とそれに伴う灰原（うち 1、2、7 号窯は灰原のみの確認）が発見された。6 号窯灰原出土木炭と 3 号窯出土木炭の分析からは、11 世紀から 13 世紀の年代が得られている。同年発見されたため池整備事業区内の阿三亀焼支群第 II 地区では、開発に伴う緊急調査が行なわれ、窯跡 7 基と付随する灰原、ピット及び帰属窯不明の灰原が 5 枚検出された。1 号窯炊口出土木炭の C14 年代では 1050 ± 45Y. AD、2 号窯、3 号窯の熱残留磁器測定により 12 世紀中頃から 13 世紀前半の年代が得られ、両者を参考に、11 世紀から 13 世紀の創業年代が推定された。
3) 琉球列島で見つかる城塞的遺跡のことを指す。
4) 窯業、塩業、農業などを行なっていた遺跡のこと。
5) 先史時代において、南島中部圏（トカラ列島、奄美諸島、沖縄諸島）と南島南部圏（先島諸島）は互いの交渉が存在しなかった。約 200 キロに及ぶ宮古海峡を

越える滑石製石鍋、カムィヤキ、中国陶磁器の流通によって、南島中部圏と南部圏は初めて文化的、経済的にまとめられた。
6) カムィヤキの製作技法の詳細については吉岡 2002a、新里 2004 を参照。
7) 把手付石鍋が博多、大宰府、喜界島を中心とした琉球列島で頻繁に出土し、破片の状態で拡散していく状況から、把手付石鍋は商品として流通していたのではなく、博多綱首と呼ばれる商人の生活用具として琉球列島へと広がっていたと指摘されている（鈴木 2006）。
8) カムィヤキの型式分類については、新里 2003a、新里 2005、新里編 2005 を参照。
9) 『隋書流求国伝』(656年) には稲、梁、黍、豆、赤豆、胡豆、黒豆の栽培や焼畑の様子が描かれているが、『流求』が琉球列島を指すかどうかについては否定的な見解が示されている（三島 1971）。
10) こうした作物の冬作がグスク時代から前近代にかけて各地で行われていたことは安里進も指摘している（安里 1998）。

参考文献

青崎和憲・伊藤勝徳（編）2001『カムィヤキ古窯跡群 III』 伊仙町埋蔵文化財調査報告書 11　伊仙町教育委員会

赤司善彦 1991「研究ノート　朝鮮産無釉陶器の流入」『九州歴史資料館研究論集』16　九州歴史資料館

赤司善彦 1999「徳之島カムィヤキ古窯跡採集の南島陶質土器について」『九州歴史資料館研究論集』24　九州歴史資料館

赤司善彦 2002「カムィヤキと高麗陶器」『カムィヤキ古窯支群シンポジウム』奄美群島交流推進事業文化交流推進事業文化交流部会

安里　進 1969「沖縄における炭化米・炭化大麦出土遺跡―糸数城跡調査報告―」『考古学ジャーナル』32　ニューサイエンス社

安里　進 1975「グスク時代開始期の若干の問題について―久米島ヤジャーガマ遺跡の調査から」『沖縄県立博物館紀要』第1号　沖縄県立博物館

安里　進 1987「琉球―沖縄の考古学的時期区分をめぐる諸問題（上）」『考古学研究』第34巻第3号　考古学研究会

安里　進 1990『考古学から見た琉球史（上）』ひるぎ社

安里　進 1998『グスク・共同体・村』榕樹書林

池田榮史 2003「増補・類須恵器出土地名表」『琉球大学法文学部人間科学科紀要

第 2 部　琉球列島の景観の形成と資源利用

　人間科学』12　琉球大学法文学部

池田榮史 2005「南島出土須恵器の出自と分布に関する研究」平成 14 年度～平成 16 年度科学研究費補助金基盤研究（B）—（2）　研究成果報告書

上原真人 1980「11・12 世紀の瓦当文様の源流　上・下」『古代文化』32-5・6

牛ノ浜修・井ノ上秀文（編）　1986『ヨヲキ洞穴』伊仙町埋蔵文化財調査報告書 6　伊仙町教育委員会

大西和智 1996「南島須恵器の問題点」『南日本文化』29　鹿児島短期大学附属南日本文化研究所

大庭康時 2010「モデルとコピー—範型の選択意図—」『中世東アジアにおける技術の交流と移転—モデル、人、技術』　平成 18 年度～21 年度科学研究費補助金（基盤研究（A））研究成果報告書　研究代表者　小野正敏　国立歴史民俗学博物館

鹿児島県教育委員会 1981『奄美群島の民俗 1（徳之島・沖永良部島）』奄美地区民俗文化財緊急調査報告書 1

鹿児島県教育委員会 1982『奄美群島の民俗 2（加計呂間島・喜界島・与論島）』奄美地区民俗文化財緊急調査報告書 2

片桐千亜紀（編）2006『新城下原第二遺跡』沖縄県立埋蔵文化財センター調査報告書第 35 集　沖縄県立埋蔵文化財センター

株式会社古環境研究所 2005「カムィヤキ古窯群における樹種同定」『カムィヤキ古窯跡群Ⅳ』伊仙町埋蔵文化財調査報告書 12　伊仙町教育委員会

義憲和・四本延宏 1984「亀焼古窯跡」『鹿児島考古』18　鹿児島県考古学会

木戸雅寿 1982｜草戸千軒遺跡出土の石鍋」『草戸千軒』112

木戸雅寿 1993「石鍋の生産と流通について」『中近世土器の基礎的研究』Ⅸ

金武正紀（編）1978『恩納村熱田貝塚発掘調査ニュース』　沖縄県教育委員会

金武正紀 1989「沖縄における 12・13 世紀の中国陶磁器」『沖縄県立博物館紀要』15　沖縄県立博物館

金武正紀 1990「沖縄の中国陶磁器」『考古学ジャーナル』320　ニューサイエンス社

金武正紀 1998「沖縄における貿易陶磁」『日本考古学協会 1998 年度大会　研究発表要旨』　日本考古学協会

具志堅亮（編）2010『中里遺跡』天城町埋蔵文化財発掘調査報告書（4）　天城町教育委員会

甲元眞之 2002「琉球列島の農耕のはじまり」『先史琉球の生業と交易』平成 11～13

年度科学研究費補助基盤研究（B）研究成果報告書　熊本大学文学部

呉屋義勝 2000「沖縄諸島の「はたけ」の検討にむけて」『はたけの考古学』日本考古学協会2000年度鹿児島大会実行委員会

佐々木高明 1984「南島の伝統的稲作農耕技術」渡辺忠世／生田滋（編）『南島の稲作文化』法政大学出版局

佐藤伸二 1970「南島の須恵器」『東洋文化』48・49　東京大学東洋文化得研究所

正林　護・下川達彌（編）1980『大瀬戸町石鍋製作所遺跡』　大瀬戸町文化財調査報告書1　大瀬戸町教育委員会

白木原和美 1973「類須恵器集成」『南日本文化』第6号　鹿児島短期大学南日本付属南日本文化研究所

白木原和美 1975「類須恵器の出自について」『法文論叢』36　熊本大学法文学部

城間肇・上田圭一 2007「いわゆる植栽痕についての一考察」『南島考古』No.26　沖縄県考古学会

新里亮人 2002「滑石製石鍋の基礎的研究」木下尚子（編）『先史琉球の生業と交易―奄美・沖縄の発掘調査から―』平成11～13年度科学研究費補助金基盤研究（B）（2）研究成果報告書　熊本大学文学部

新里亮人 2003a「琉球列島における窯業生産の成立と展開」『考古学研究』第49巻第4号（通巻196号）考古学研究会

新里亮人 2003b「徳之島カムィヤキ古窯産製品の流通とその特質」『先史学・考古学論究』Ⅳ　龍田考古会

新里亮人 2004「カムィヤキ古窯の技術系譜と成立背景」『グスク文化を考える』今帰仁村教育委員会

新里亮人 2005「徳之島カムィヤキ古窯跡群」『中世窯業の諸相～生産技術の展開と編年～資料編』全国シンポジウム中世窯業の諸相～生産技術の展開と編年～実行委員会

新里亮人 2008「琉球列島出土の滑石製石鍋とその意義」谷川健一（編）『日流交易の黎明』叢書文化学の越境17　森話社

新里亮人 2009「九州・琉球列島における14世紀前後の中国陶磁と福建産白磁」『13～14世紀の琉球と福建』平成17～20年度科学研究費補助金基盤研究（A）（2）研究成果報告書　研究代表者　木下尚子　熊本大学文学部

新里亮人 2010「琉球列島穀物生産小考」『先史学・考古学論究Ⅴ』甲元眞之先生退官記念論集　龍田考古会

第 2 部　琉球列島の景観の形成と資源利用

新里亮人（編）2005『カムィヤキ古窯跡群 IV』伊仙町埋蔵文化財調査報告書 12　伊仙町教育委員会
新里亮人（編）2010『川嶺辻遺跡』伊仙町埋蔵文化財調査報告書 13　伊仙町教育委員会
新東晃一・青崎和憲（編）1985a『カムィヤキ古窯跡群 I』伊仙町埋蔵文化財調査報告書 4　伊仙町教育委員会
新東晃一・青崎和憲（編）1985b『カムィヤキ古窯跡群 II』伊仙町埋蔵文化財調査報告書 5　伊仙町教育委員会
鈴木康之 2006「滑石製石鍋の流通と消費」『鎌倉時代の考古学』高志書院
鈴木康之編 1998『草戸千軒町遺跡出土の滑石製石鍋』草戸千軒町遺跡調査研究報告 2　広島県立博物館
澄田直敏・野﨑拓司 2007「喜界島城久遺跡群の調査」『東アジアの古代文化』130　大和書房
澄田直敏・野﨑拓司（編）2008『城久遺跡群　山田中西遺跡 II』喜界町埋蔵文化財調査報告書（9）
澄田直敏・野﨑拓司・後藤芳宣（編）2009『城久遺跡群　山田半田遺跡』喜界町埋蔵文化財調査報告書（10）
高梨　修 2008「城久遺跡群とキカイガシマ」谷川健一（編）『日流交易の黎明』叢書文化学の越境 17　森話社
高宮広土 1996「古代民族学的アプローチによる那崎原遺跡の生業」『那﨑原遺跡発掘調査報告書』那覇市文化財調査報告書 30　那覇市教育委員会
高宮広土 2007「南島中部圏における農耕のはじまり」『日本考古学協会 2007 年度熊本大会研究発表資料』日本考古学協会 2007 年度熊本大会実行委員会
多和田真淳 1956「琉球列島の貝塚分布と編年の概念」『琉球政府文化財要覧』　那覇出版社
多和田眞淳 1960「琉球列島の貝塚分布と編年の概念補遺」『文化財要覧』琉球政府文化財保護審議委員会
知名定順（編）1993『漢那福地川水田遺跡発掘調査報告書』宜野座村乃文化財 10、11 集　宜野座村教育委員会
當銘清乃（編）2001『伊佐前原第一遺跡』沖縄県立埋蔵文化財センター調査報告書第 4 集　沖縄県立埋蔵文化財センター
友寄英一郎 1964「沖縄考古学の諸問題」『考古学研究』11-1　考古学研究会

仲地宗俊・仲間淳一 1995「近世期沖縄における畑作農耕技術の構造」『農業史研究』第 28 号　農業史研究会
中山清美（編）2003『赤木名グスク遺跡』笠利町文化財報告第 26 集
名越左源太　国分直一・恵良宏校註 1984a『南島雑話 1』東洋文庫
名越左源太　国分直一・恵良宏校註 1984b『南島雑話 2』東洋文庫
仁王浩司（編）2005『浦添原遺跡』浦添市文化財調査研究報告書
西谷　正 1981「高麗・朝鮮両王朝と琉球の交流―その考古学的研究序説―」『九州文化史研究所紀要』26　九州大学九州文化史研究施設
東　貴之 2003「滑石製石鍋製作所について」『西海考古』5　西海考古同人会
広瀬祐良 1933『郷土史研究　昭和 8 年調査徳之島ノ部』鹿児島県立図書館蔵
降矢哲男 2002「韓半島産陶磁器の流通―高麗時代の青磁を中心に―」『貿易陶磁研究』22　日本貿易陶磁研究会
松山光秀 2004a『徳之島の民俗 [1]』ニューフォークロア双書 29　未來社
松山光秀 2004b『徳之島の民俗 [2]』ニューフォークロア双書 30　未來社
三島　格 1966「南西諸島土器文化の諸問題」『考古学研究』13-2　考古学研究会
三島　格 1971「南西諸島における古代稲作資料」『南島考古』第 2 号　沖縄考古学会
三辻利一 2005「徳之島カムィヤキ古窯跡群出土陶器の科学的特性」『カムィヤキ古窯跡群 IV』伊仙町埋蔵文化財調査報告書 12　伊仙町教育委員会
宮城長信 1983「植物食料と炭化穀物」『沖縄歴史地図』柏書房
宮城弘樹（編）2005『今帰仁城跡周辺遺跡 II』今帰仁村文化財調査報告書第 20 集
宮城弘樹 2006「グスクと集落の関係について（覚書）―今帰仁城跡を中心として―」『南島考古』第 25 号
森田　勉 1983「滑石製容器―特に石鍋を中心として―」『佛教藝術』148
山本信夫 2003「東南アジア海域における無釉陶器」『貿易陶磁研究』23　日本貿易陶磁研究会
吉岡康暢 1994『中世須恵器の研究』吉川弘文館
吉岡康暢 2002a「南島の中世須恵器」『国立歴史民俗博物館』94　国立歴史民俗博物館
吉岡康暢 2002b「カムィ焼きの型式分類・編年と歴史性」『カムィヤキ古窯跡群シンポジウム』奄美群島交流推進事業文化交流推進事業文化交流部会

第 3 部

先史・原史時代の琉球の人々と文化景観

狩猟採集民のいた島、沖縄[1]

高 宮 広 土

はじめに

「人類の歴史の99％以上は狩猟採集であった」。今から約30年前学部学生一年の頃、人類学という学問を履修した際たまたま担当教員であったRichard Leeの発言であった。ヒトの遠い祖先が地球上に出現したのは約400万年前、そして約1万年前に肥沃な三日月地帯で農耕が始まる。その夜、早速大学図書館で計算してみた。399 ÷ 400 × 100 =。その答えは99.75％であった。最近ではヒトの起源は約700万年前にさかのぼるという（海部2005）。ヒトが自然資源に依存していた時代は、限りなく100％に近い事になる。この講義を通して、Richard Leeという研究者が狩猟採集民研究の世界的権威である事を知り、私は狩猟採集民に関して多くの「事実」を学ぶ事となった。そのすべては、人類学を初めて履修した私にとって大変衝撃的なことであった。

その数年後、私はTimothy Earleという著名な考古学者の講義を受講していた。テーマは「オセアニア先史学の諸問題」であった。この講義ではオセアニアのみではなく、カリブ海や地中海の島々の先史時代について紹介された。ただ単に、どの島で、いつ、何があったかという文化史的な講義ではなく、ヒトと島嶼環境に関する講義であった。この講義により、私はヒトと島嶼環境に関してまた衝撃的な「事実」を理解する事になった。例えば、第1部高宮論文で述べた「更新世にヒト（*Homo sapiens*）がいた島」などである。Timothy Earleの影響により私は琉球列島に興味を抱くようになった。

理論的に刺激を受けたもう2人の研究者がいる。2人ともその道の第一人者で、一方はGary Crawfordであり、もう一方はJeanne Arnoldである。

第3部　先史・原史時代の琉球の人々と文化景観

　Gary Crawford は 1974 年に初めてフローテーション法とよばれる方法を北海道考古学に導入し、縄文時代から擦文時代にかけての植物食利用を復元した研究者である。北海道から始まり、今では韓国や中国の先史時代における植物利用や農耕の始まりを解明しつつある。Gary Crawford により、フローテーション法という植物遺体を回収する方法を学んだのみではなく、狩猟採集から農耕へという人類学や先史学・考古学で最も重要なテーマの一つを学ぶ機会を得た。また、Jeanne Arnold は、Richard Lee とは異なる狩猟採集民像について注意を向けさせてくれた。簡単に述べると、狩猟採集という自然資源を利用している集団でも複雑な社会（首長社会）を形成する可能性があるという事である。例えば、Jeanne Arnold（2001）自身が研究の対象としていたカリフォルニアの先史 Chumash の狩猟採集民は階層社会を形成していた。Richard Lee らの研究した simple hunter-gatherers に加えて、complex hunter-gatherers の人類学への登場であった。

　このような理論および方法論をバックグラウンドとして、私は 1992 年沖縄諸島を中心とする琉球列島の先史時代についての研究を開始した。その後この地域における研究成果は驚きの連続であった。それらはまず個人的なレベルであったが、時間の経過とともに、すなわち新たなるデータの蓄積とともに、世界的なレベルへと進展していった。そのうちの一つが、本章のタイトルである「狩猟採集民のいた島、沖縄」である。グスク時代以前に狩猟採集を生活の糧とした人々が存在した事は一般的に受け入れられており、琉球列島あるいは日本列島のコンテクストの中では何ら真新しい事ではない。この地域ではいつごろ狩猟採集から農耕への生業経済の変遷があったのかは、長い間論争の的となっていたが、先史時代の生業は主に狩猟採集と信じられていたのである。この「信念」は世界的レベルでみると十分に検証の価値がある。本章では、なぜこのテーマが世界的にみて大変貴重なデータとなりうるかを論じる。つぎに「信念」が事実であるかどうかを最新のデータをもとに検証する。さらに、先史時代における食料獲得や社会組織のダイナミズムについて考察する。しかし、その前に 1960 年以降の狩猟採集民族の研究によって明らかにされた彼らの実態について話を進めていきたい。

1. 狩猟採集の民

　狩猟採集民に関する多くの方々の印象は「野蛮、遅れている、食料を探すために一日中原野を歩き回っている」というものではないであろうか。このような狩猟採集民に関する印象は1960年代前半に人類学者が狩猟採集民の文化を本格的に研究するまでは、「定説」として受け入れられていた。この定説を大きく覆した研究が Richard Lee（eg. 1968）による、アフリカ・カラハリ砂漠の狩猟採集民 Ju/'hoansi の研究調査である。

　Ju/'hoansi の研究を通して、Richard Lee は狩猟採集民の何を明らかにしたのか。彼の狩猟採集民研究の数ある貢献の中から、本章に関係するテーマを簡単に述べたい。まず、狩猟採集民は一日中の大半を食料探しに費やさない、という事である。それどころか Ju/'hoansi の場合、食料探しの時間は1日3時間程度であった。これは、狩猟採集民が「1日中食料探しをする」と信じていた人々には衝撃的な成果であった。さらに、彼らが食料探しを行うのは週7日ではなく、週に2〜3日程度だという。つまり、彼らが狩猟採集に費やす時間は週に6時間から9時間程度であった。さらに驚くべき事は、狩猟採集民の栄養状態である。Ju/'hoansi に関する栄養摂取量の研究では、最も年間降水量の少ない季節に、彼らのカロリーおよびタンパク質摂取量がそれぞれ約 2300cal および 93g もあったことを明らかにした。これは国際的に奨励されている一日の必要量以上の摂取量であるという。また、彼らの食料はミネラルやビタミンからいっても大変バランスがとれていた（Lee 1968）。このような食生活を可能としたのは、彼らがそれだけ自然環境を熟知していたからである。一日数時間の食料探しで、十分な食料を得る事ができたので、あとの時間は会話や昼寝などの余暇に費やされた。

　また、彼らの社会は平等社会であった。すなわち、今日ほとんどの人間社会あるいは人間集団では、上下関係が確立している事が常識である。このような社会では「上」がいる事、「下」が存在する事は当然のこととして受け入れられている。しかしながら、Ju/'hoansi の社会ではそのような常識は通用しない。彼らは社会的に平等で、「上」になる個人も「下」になる個人も存在しない。さらに、彼らの社会は、経済的にも平等社会である。つまり、

第3部　先史・原史時代の琉球の人々と文化景観

日本的に表現すれば、「富裕者」と「貧困者」の格差がない社会だったのである。彼らは貨幣経済ではなかったので、上記の表現は「物持ち」に変換すべきであるが。この平等社会を維持する重要な文化要素が、分配と互酬性である。分配とは狩猟などで得た獲物は独り占めするのではなく、集団のメンバーにほぼ同量全員に分けるという事である。また、受け取った者は半年から一年以内にほぼ同量を相手に返さなければならない。これを互酬性と呼ぶ。つまり、このシステムにより、誰も上に行く事はできないし、下になることもないのである。また、彼らの生活の中心である遊動生活は余分なものをもつことを厭わしくした。

このように、Lee（1968）の研究は、それまでの狩猟採集民に対するステレオタイプを否定する事となった。ヒトの歴史の長期間において自然資源を利用していた生業が維持された要因は、私たちの祖先が「遅れていた」からではなく、この生業がヒトにとって最も安定的かつ効率的であったため、変える必要がなかったからである。

2. 狩猟採集民と島

さて、このようにヒトに最も安定的・効率的であった狩猟採集という生業であるが、この生業に依存した現世人類（Homo sapiens）と島嶼環境の歴史は第1部でふれたように意外と浅い。更新世にヒトの存在が確認された島はほんの一握りであり、現時点において1〜4万年前である。約1万年前には南極大陸以外の地にヒトは彼らが生存可能な環境にほとんど拡散していた。1万年前までに熱帯から極地などさまざまな環境に適応した現世人類であるが、彼らをもってしても島嶼環境に適応する事は困難な事であった。その要因に関しては第1部で述べたが、簡単に繰り返すと「渡海」「食料」「人口維持」「環境の劣悪化と食料」等であった。

これらの要因に加えて、島の面積も狩猟採集という生業で生存することを困難にした。狩猟採集民にとって、自然環境のなかで必要な食料を得るためには、遊動生活が必要不可欠なファクターである。Lee（1968）らの研究によると、Ju/'hoansiはキャンプ地を選ぶと彼らはキャンプ地を中心に食料採

集を行う。キャンプ地から半径約 10km あるいは徒歩で2時間半程の距離までキャンプ地をかえないが、それ以上になると新たなキャンプ地を探すという。Ju/'hoansi は年5～6回、Guayaki は年に 50 回程キャンプ地をかえたらしい（Binford 1972）。遊動するという事は、それなりの面積が必要である。Keegan and Diamond（1987）は 1700km^2 のグアデロープ島（カリブ海）を狩猟採集民が生存するには面積が不十分であると想定している。地中海の島々におけるヒトの適応過程を研究した Cherry（2004）によると、ヒトの集団が同地域の島々を植民したのは、キプロス島を除き1万年以降であった。Cherry（1981）は、地中海の島々は狩猟採集で生存するには（遊動生活で生存するためには）面積が不十分で、そのためこれらの島々で生活するためには農耕が必要であった、と結論づけている。

　Cherry（1981）の仮説は多くの島々に当てはまる。完新世のオセアニアの島々は農耕民によって植民されているし、カリブ海の多くの島々も農耕民によって植民されている。カリブ海において狩猟採集民が定住した島は、ヒスパニョーラ島（約 73000km^2）など、面積の大きな島々であった。琉球列島最大の島、沖縄本島の面積は約 1200km^2 である。島の面積に加えて、第1部で述べたように「大陸／大きな島の近距離に所在する島」や「大型海獣などの海産資源が豊富」な島には先史時代に狩猟採集民が存在した島が知られている。しかしながら、沖縄の島々はこのような特徴を有しない。また、マヌス島などでは、狩猟採集民がニューギニアから動物や植物を持ち込んでいる（White 2004; Spriggs 1997）。沖縄の先史時代においてはイヌ以外明確な持ち込みは知られていない（樋泉 2002）。つまり、沖縄の島々に狩猟採集民が存在したことを示す事ができれば、世界的に大変まれな現象を提供することとなる。以下、最新のデータにより、先史時代に南島中部圏を中心にこれらの島々で生きた人々の生業を検証する。

3. 先史時代の生業；フローテーション以前

　「沖縄の遺跡から植物遺体を回収する事は難しい」。沖縄における「狩猟採集から農耕へ」を研究テーマの1つと考え、沖縄在住のある研究者に「植物

第3部　先史・原史時代の琉球の人々と文化景観

遺体回収の可能性」を打診したときのコメントだった。実際、1992年頃まで多種・多量の動物遺体は回収されていたが、植物遺体はほとんど検出されていなかった。その頃報告されていた植物遺体は、例えば以下の遺跡などである。貝塚時代の遺跡である屋比久原遺跡、古我知原貝塚、西長浜原遺跡、高嶺遺跡、苦増原遺跡、渡喜仁浜原貝塚、前原貝塚B地点、およびヌバタキ遺跡等から、イタジイ、タブノキ、オキナワウラジロガシなどが報告されていた。一方、グスク時代初期の遺跡であるヤジャーガマ遺跡からはイネやオオムギが検出されていた（高宮2007a）。これらの植物遺体は、偶然に検出された植物遺体であるが、この偶然に検出された植物遺体から、グスク時代には農耕、それ以前の時代は野生植物を利用した狩猟採集という解釈が漠然と定説となっていたようである。しかし、偶然に検出されたデータであったため、先史時代における生業を明確に理解することはできなかった。そのためであろう、約20年前までは、沖縄諸島における農耕の始まりに関して少なくとも7仮説が提唱されていた。さらに21世紀に入るともう2つの仮説が加わることになった（高宮1985、新田1969、伊藤1993、高宮1993、柳田2005、佐藤1991、佐々木2004、黒住2007）。これらの仮説によると、沖縄諸島における農耕の始まりは、貝塚時代の早い時期からグスク時代まで、いつの時期に起こっても不思議ではない状況であった。しかしながら、1990年頃までに偶然によって回収された植物遺体から、先史・グスク時代の生業を復元するにはあまりにもデータが乏しかったのである。そのため約40年の間に刺激的な仮説が次々と提唱されたと思われる。

　先史時代における生業を理解するためには、土器や石器などの間接的なデータではなく、動物遺体や植物遺体などのような直接的なデータが必要となる。動物利用に関しては、第2部黒住および樋泉の論考を参照されたい。ここでは、主に奄美・沖縄より出土した植物遺体について概略するが、動物遺体と比べて極小で脆い植物遺体をシステマティックに回収するにはどうすればよいのであろう。

　1992年以降、琉球列島における発掘調査ではしばしばフローテーション法として知られる方法が援用されるようになった（詳細は高宮2009；椿坂1992

狩猟採集民のいた島、沖縄

写真1 フローテーション装置（左側のふるいで炭化種子等を回収する）

参照）。フローテーション法とは、過去の植物利用を理解するために、炭化種子を回収することを目的として開発された方法である。フローテーション法と聞くと壮大な装置を思い浮かべる方もいるかもしれないが、フローテーションとは「浮かべる／浮かす」という意味であり、原理は至って簡単である。遺跡から土壌をサンプルし、それをある程度乾燥させた後、容器に入れそれに水を加え、土壌サンプルから炭化種子を浮かせて回収するのである。近年一般的に利用されているフローテーション装置が写真1である。

　フローテーション法を導入する事によって肉眼あるいは発掘現場では認めることのできない炭化種子が回収されるようになった。Patty・Jo・Watson (1976) という有名なアメリカの人類学者は、フローテーション法の始まりを「フローテーション革命」と断言している。アメリカ (Munson et al. 1971)、カナダ (Crawford et al. 1997)、あるいは韓国 (Crawford and Lee 2003) など、フローテーション法を導入した国々では、実際革命的な成果があがっている。日本においてもフローテーション法がいち早く導入された北海道で新事実が続々得られている（吉崎 1992）。そして沖縄でもその革命は起こりつつある。

第3部　先史・原史時代の琉球の人々と文化景観

4. 先史時代の生業；フローテーション法導入以後

　上述したように、南島中部圏においては農耕の始まりの可能性に関しては、いつの時代にもその可能性はあった。そこで「沖縄で植物遺体を回収する事は難しい」という地域において植物遺体を回収するために、1992年本格的にフローテーション法を導入した。さらに、フローテーション法の導入は「沖縄で植物遺体を回収する事は難しい」という「信念」へのチャレンジでもあった。その第1号となった遺跡が沖縄県読谷村に所在する高知口原貝塚（3〜5世紀）であった。最初にフローテーション法の対象となった遺跡であり、同時に「信念」を覆したいという願いがあったため、大量の土壌をサンプリングした（Takamiya 1997）。土嚢袋で280袋ほどのサンプルであった。まず第1番目のサンプルに含まれているであろう植物遺体を検出するために顕微鏡をのぞいてみた。しかし、結果は全く期待はずれであった。次のサンプルも同様であった。これを10日ほど繰り返したであろうか。約100サンプルまでは目的とした植物遺体を回収する事はできなかった。50サンプルを超えたあたりから、沖縄考古学における「信念」を覆そうと考えたこちらの「信念」が萎えてきた事を覚えている。しかし、100サンプルを超えたあたりから多少植物遺体が検出され始めてきた。すべてのサンプルを分析した結果、判明した事は高知口原貝塚の人々は、イタジイやタブノキなどの野生植物を利用していた事であった（Takamiya 1997，高宮 1998）。

　1992年の後半には、那覇市に所在する那崎原遺跡（9〜10世紀）においてフローテーション法のための土壌のサンプリングおよびフローテーションを実施した。ここでは、フローテーションによって土壌サンプルを処理している際から、栽培植物の存在を知った。ある小雨の降る日の夕方の事であった。辺りはもう暗くなっていた。土壌サンプルをフローテーション装置に移し、その水を撹拌した。小雨の音とフローテーションから流れる水の音のみ聞こえてきた。その数分後、浮遊物を回収する地質学用フルイから、突然「コトン」という音が聞こえた。普段は、水の音にかき消され、フルイからは流れる水の音以外何も聞こえない。ましてや、小雨の中である。「何だろう」と疑問に思いのぞいてみると、3mmほどの炭化物がフルイの壁側の縁に引っ

狩猟採集民のいた島、沖縄

かかっていた。私はまず自分の目を疑った。そう、それはまぎれもなくイネだったのである。沖縄諸島のみならず、琉球列島最古のイネとなった。

　那崎原遺跡からは植物遺体はあまり検出されなかった。しかし、少量のイネ、オオムギ、コムギ、およびアワが確認された。これらの栽培植物は、開けた土地に生息する草本類の種子を伴っていた。また、高知口原貝塚で多く回収された堅果類は1片の破片も検出されなかった。これらの情報は、那崎原遺跡出土の栽培植物は少量であるが、この遺跡の人々は栽培植物を主に食していたと思われた（高宮1996）。さらに、那崎原遺跡では、250基以上のクワ跡や農耕に関連すると解釈された溝も2本確認されている（那覇市教育委員会1996）。これらのデータは、那崎原遺跡の頃に沖縄諸島では農耕を営む人々が存在した事を示すものである。この2遺跡からの分析によって、農耕は高知口原貝塚と那崎原遺跡の間の時期に始まったことが予測された。

　その後、5世紀から10世紀に属するまさに高知口原貝塚と那崎原遺跡の間の時期の遺跡である鹿児島県奄美市笠利町に所在する用見崎遺跡、安良川遺跡、マツノト遺跡および沖縄県伊江村に所在するナガラ原東貝塚の土壌をサンプルし、植物遺体を回収する機会を得た（高宮1997；2002）。これらの遺跡は、熊本大学文学部木下尚子教授の研究の一環として発掘調査が実施された。この中で最初に研究の対象となった遺跡は用見崎遺跡であった。時間的な余裕がなく、そのため50lの土壌しかサンプルする事ができなかった。高知口原貝塚や那崎原遺跡と比較すると不十分なサンプル量と思え、植物遺体回収に不安があった。しかし、フローテーションにより回収された浮遊物を分析するとタブノキと堅果皮が少量含まれていた。今から思うと、この少量の植物遺体はこの時期の生業を示唆する成果であったが、土壌サンプル量が少ない事から、生業については結論を述べる事はできなかった。ただし、50lという少量の土壌サンプルから植物遺体を回収する事ができたので、沖縄考古学における「沖縄から植物遺体は回収しにくい」という「信念」は、私の中では崩れ去り、用見崎遺跡は「フローテーション法を利用すれば琉球列島の先史遺跡からでも植物遺体の回収は可能」という確信を抱かせてくれた遺跡となった。

第 3 部　先史・原史時代の琉球の人々と文化景観

　ナガラ原東貝塚は 1998 年から 2002 年（その後 2009 年および 2010 年）まで調査された（高宮 2002）。そして、その第一次調査からショッキングな発見があった。それはイネが回収されたのである。つまり、那崎原遺跡より古い、琉球列島最古のイネが回収された事となった。第一次調査直後はコンタミネーションの可能性を考えたが、その後の調査でもイネが回収された事、人工遺物や他の自然遺物（脊椎動物および貝類）ではコンタミネーションの可能性がない事が示されたことをもとに、この遺跡の人々はイネを食していたという結論に至った。その後の議論の焦点は、彼らが農耕によりイネを生産していたのか（甲元 2002）、あるいは交易によりイネを得ていたのかであった（高宮 2002）。このイネへのアクセスに関する議論が琉球列島における農耕起源に関して新しいページとなると信じられていた第五次調査後に、また愕然とするニュースが入ってきたのである。すなわち、炭素十四年代測定法によりイネ自体の年代を計測した結果、Modern（現代）という結果が得られたのである（木下 2003）。この結果は私を始め共同研究者全員の過去 5 年間の議論を無あるいはそれ以下にした。ナガラ原東貝塚出土の植物遺体からイネを除くと 1 粒のコムギとその他はやはり野生植物であった。これまで蓄積されたデータから、コムギも流れ込みの可能性があるのかもしれない。このコムギも今後の検討が必要である。その後に調査の対象となった安良川遺跡（高宮 2005）およびマツノト遺跡（高宮 2006a）においても栽培植物は検出されなかった。

　では、高知口原貝塚の時期以前の植物利用はどのようなものであったであろうか。貝塚時代前 IV 期の遺跡において、最初にフローテーションの試みが行われたのは、宜野座村に所在する前原遺跡であった（大松・辻 1999；高宮 1999）。出土植物遺体を分析した結果、50 種以上の植物遺体が回収されたが、栽培植物は含まれていなかった。2000 年代になって、ようやく貝塚時代前 V 期の遺跡から植物遺体を得る機会を得る事ができた。沖永良部島に所在する住吉貝塚である（高宮 2006b）。この遺跡からは発掘期間中 14 棟の住居跡が検出され、遺跡全体ではその数が 50 棟程になると推定されている。住吉貝塚から得られた植物遺体は、イタジイなどの堅果類やタブノキであった。

狩猟採集民のいた島、沖縄

これらの分析により貝塚時代前IV期から数千年間、狩猟採集の時代が存在した可能性があることが示された。では、さらに古い時代はどうであろうか。今日において、フローテーション法により植物遺体回収を試みた最古の遺跡は、貝塚時代前Iに相当する新城下原第二遺跡である（高宮2006c）。このような古い時期に果たして栽培植物は利用されていたのであろうか。この遺跡からは、少なくとも34種の植物遺体が確認されたが、それらはヤマモモなどの野生種のみで、栽培植物は含まれていなかった。

これら一連の研究により、先史時代のほとんどが狩猟採集の時代であった事が判明しつつある。ここで1つ疑問がわいてくる。それは果たして那崎原遺跡の農耕がグスク時代の農耕の土台となったのであろうか。那崎原遺跡出土の植物遺体報告をまとめていた頃は、那崎原遺跡の農耕がその後発展してグスク時代の農耕へと変遷していったと解釈していたが（高宮1996）、釈然としない点があった。それは、農耕が生業の中心となった場合、その後急激な人口増が起こる事が予測されている。しかしながら、南島中部圏においては那崎原遺跡直後に人口の急増が確認できない。詳細は、本章のテーマから逸脱するので述べないが、すべての解釈が正しいとすると那崎原遺跡の農耕は、一時的な農耕であったと考えている[2]。そして、この地域で農耕が始まったのはグスク時代直前であろう。すなわち、動物遺体分析に加え植物遺体の分析結果により、これらの島々では10～12世紀頃まで、世界的に希有な「狩猟採集民のいた島」であったことが明らかになりつつある（cf. 第1部伊藤論文；第2部黒住論文）。

5. 島嶼環境における先史狩猟採集民：生業について

なぜ、彼らは狩猟採集という生業で島の環境に適応する事ができたのであろうか。本論文集第1部でみてきたように、ヒトの集団が南島中部圏に植民したタイミングは、論争の的となっている。ここでは、第1部高宮論文で紹介した仮説をもとに議論を進めたい。貝塚時代前IV期の脊椎動物食利用については、第1部高宮の論考第7図に示したようにNISPで平均約80％の脊椎動物がサンゴ礁魚類で占められていた。すなわち、サンゴ礁環境の資源

175

第3部　先史・原史時代の琉球の人々と文化景観

を利用する事が可能となった事が、その大きな要因であったと思われる。おそらく、彼らの生業の中心は、サンゴ礁より得られるタンパク源と堅果類であったのであろう。チャネル諸島（Rick 2007）やコディアック島（Fitzhugh 2003）など、先史時代に狩猟採集民のいた島は知られているが、サンゴ礁資源を利用して島嶼環境に適応した狩猟採集民は先史時代においては世界的に大変珍しいケースではないであろうか。

　また、他の島々では、ヒトの集団の植民後環境の劣悪化が報告されており、島嶼環境とヒトに関する1つの定説となっている（Kirch 2000; Steadman 2005）。例えば印東は次のように紹介している。「オセアニアのように周囲を海に囲まれた島嶼環境においては、（人類集団の入植後による）環境破壊がそこに暮らす動物、ひいては人間居住に与える影響は計り知れない。（中略）それまでその島に生息していた鳥の90％までもが、数100年以内に絶滅したりその島にはみられなくなった例が多くの島で報告されている（印東2010：24）」。南島中部圏ではこのような現象は起こっているのであろうか。

　これも特記すべき点と思われるが、『貝塚時代前IV期』以降、あるいはさらに遡って爪形文の頃（貝塚時代前I期）以降、絶滅動物は知られていない。ただし、リュウキュウイノシシやケナガネズミなどは、その分布が現在北部地域や奄美諸島のみとローカルな絶滅種はあったようだ（第2部樋泉論文）。絶滅種が存在しなかった事は、島の環境に適応した人々の島嶼環境への影響がなかった、あるいは少なかったのであろうか。果たして彼らは島の環境に影響を与えなかったのであろうか。この疑問に関しては2つの仮説が提唱されている。一方は樋泉（2002）による脊椎動物のMNI（最小個体数）による詳細な分析である。その結果、脊椎動物資源は先史時代を通して安定していたという結論に樋泉（2002；第2部論文）は達した。

　樋泉（2002）の分析の契機となったのが、高宮（2000）による脊椎動物のNISP（同定標本数）による分析であった。この結果によると、上述したように貝塚時代前IV期にはサンゴ礁に棲息する魚類が平均で約80％であり、第2位にランクされた綱（ほ乳綱あるいは鳥綱）とは平均約40％の開きがあった。この開きは、貝塚時代前IV期には、サンゴ礁の魚類が最も重要なタンパク

狩猟採集民のいた島、沖縄

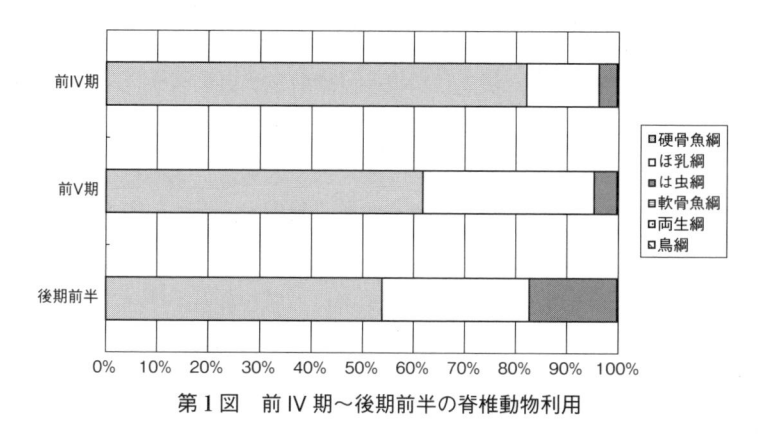

第1図　前Ⅳ期～後期前半の脊椎動物利用

源であった事を示唆するものである。この点に関しては、樋泉（2002；第2部）も同意見である。

　MNIの分析結果に対して、NISPでは第1図の結果が得られた。第1図では、貝塚時代前Ⅴ期になると硬骨魚綱の占める割合が平均で約60％に減少し、貝塚時代後期前半になると平均約50％となる。さらに、貝塚時代前Ⅳ期には硬骨魚綱と第2位にランクされた綱と40～80％の開きがあったが、貝塚時代後期前半になると、硬骨魚綱と第2位の綱との差が僅少か、あるいは硬骨魚綱が第1位の座を奪われた遺跡も存在した。すなわち、硬骨魚綱はこの時期になると最早断トツではなくなってしまったのである。と同時に、他の綱の割合が増加している。

　特に注目したいのはほ乳綱である（高宮2004）。まず、貝塚時代前Ⅳ期と比較すると、後続する貝塚時代前期Ⅴ期および貝塚時代後期前半にはその割合が2倍以上になっている（第1図）。さらに興味深い事に、貝塚時代前Ⅳ期から貝塚時代後期前半にかけて、ほ乳綱のなかではリュウキュウイノシシが80％から90％を占めていた。すなわち、ほ乳綱の中ではリュウキュウイノシシが主な狩猟の対象となっていたようである。リュウキュウイノシシはほ乳綱の中では高い割合を占めるが、脊椎動物全体でみると、貝塚時代前Ⅳ期は約7％のみであった。それが貝塚時代前Ⅴ期および貝塚時代後期前半になるとその割合がそれぞれ24％から28％程へと急増する。一方では、

第3部　先史・原史時代の琉球の人々と文化景観

硬骨魚綱が減少し、その代わりにリュウキュウイノシシが増加した事になる。この NISP による分析が、過去における脊椎動物利用を反映しているとすると、この変遷はどう解釈できるのであろうか。

　サンゴ礁から得られる魚類は、最低のコストである程度の利益が期待できる資源であると思われる。サンゴ礁の魚類を捕獲するために海へ行けばおそらく高い確率で捕獲できたであろう。他方、リュウキュウイノシシ[3]は、沖縄諸島で最も効率の悪いタンパク源であると思われる。リュウキュウイノシシを狙って狩猟にいったとしても、おそらくこの獲物をキャンプに持ち帰る事は月に数回もなかったであろう。

　この変遷を狩猟採集民の狩猟行動から、上位にランクされていた資源で十分でなくなったため、下位にランクされた資源がタンパク源の対象に組み込まれたと理解した（Winterhalder and Smith 1981）。この下位のランクが食料の対象となった事等のデータをフード・ストレスと解釈した（高宮 2000；2004）。つまり、狩猟採集という生業方法で島の環境に適応したが、その後の人口増加およびおそらく環境破壊により、より非効率的なタンパク源へとシフトする事を余儀なくされたのであろう。

　貝類利用においても効率の良いあるいは楽な採捕戦略から効率の悪い、あるいは面倒くさい戦略へと変遷していた事が報告されている。貝塚時代前IV期においては、アマオブネ、カンギクおよびアラスジケマンガイが好んで採捕されていた。これらの貝種は、今日でも誰でも簡単に回収する事ができる。つまり、貝類利用システムの中では最も楽な採捕対象種であった。これの貝類採捕システムも理想的なシステムであるので、維持する方が望ましかったであろう。しかし、このシステムも維持されなかった。上記3種は貝塚時代前V期にはアラスジケマンガイ以外は、チョウセンハマグリ、シレナシジミ、およびリュウキュウマスオガイに取って代わられる。さらに、これらの貝種は、貝塚時代後期前半になるとシラナミ、ヒメジャコ、およびサラサバテイラに取って代わられる（高宮 2000）。

　貝塚時代前V期の貝類利用に関しては、適切な解釈を有していないが、貝塚時代後期前半の貝類利用はおそらく最もコストのかかる貝類利用法と思

われる。まず、サラサバテイラは礁斜面に棲息し、採捕するには危険性を伴う。黒住（1988）は、サラサバテイラ採捕には男女の分業があったのではないか、と述べているくらいである。シラナミおよびヒメジャコは礁池で採捕する事ができるが、シャコガイ類は貝殻をサンゴなどに穿孔・付着させているため（黒住 2010、私信による）、採捕のためにはかなりのコストが必要となる。黒住（1995、私信による）から、鉄器を利用しないでこれらの貝を採捕した事は驚嘆に値すると聞いた事がある。さらに、その重量である。貝塚時代前IV期の3種は平均4.4g（貝殻のみ）であったのに対し、貝塚時代後期前半の3種は平均232g（貝殻のみ）であった。すなわち、同じ距離を運搬するにあたり、貝塚時代後期前半の貝類の運搬には、貝塚時代前IV期と比較して少なくとも30倍の運搬コストがかかる事になる。かつて、この時代の遺跡が砂丘上に立地する要因は「貝の道」などの交易と貝類の運搬コストを下げるためと提案した事がある（Takamiya 1997）。このように、貝類採捕システムにおいても、フード・ストレス[4]を支持すると思われる結果を得た。

6. 島嶼環境における先史狩猟採集民：社会組織の進化について

　NISPでは、狩猟採集民の食料生業システムに変遷があった事が示唆された。その変遷の傾向は他の島々における先史時代のデータから予測できた事であった。この予測をもとに、仮にフード・ストレスがあったのであれば、社会組織にも影響があったのではないかと考えた。それはフード・ストレスなどのリスクが、社会の複雑化を引き起こす事があるといわれていたからである（Johnson and Earle 2000; Price and Brown 1985）。一方、南島中部圏先史時代の生業は狩猟採集という解釈が受け入れられていたため、グスク時代以前の社会組織は平等なバンド社会と信じられていたように思う。しかしながら、1980年代後半の欧米の人類学的研究により、狩猟採集民の中にも複雑な社会を形成した集団もいた事が明らかになった。Ju/'hoansi などのいわゆる simple hunter-gatherers と異なり、自然資源が豊富な環境で生活する狩猟採集民では、複雑な社会を形成する可能性があるといわれている（Arnold 2001; Price and Brown 1985）。フード・ストレスがあったと考えられる沖縄諸島の

第3部　先史・原史時代の琉球の人々と文化景観

先史時代の社会組織は、グスク時代までバンド社会だったのであろうか。以下簡単に先史時代における社会組織について私見を述べる（詳細は高宮2007b参照）。

　まず、私の仮説である初めてヒトが島の環境に適応した『貝塚時代前Ⅳ期』から始めよう。この時期に属する遺跡は100か所以上知られているが、住居跡の確認された遺跡は数遺跡であり、より遊動的な生活をしていたと思われる。この点については、貝塚時代前Ⅰ・Ⅱ期においても伊藤（2010；第1部）が同様な解釈を述べている。これらの遺跡では、住居跡の検出数は1～7棟で、そのサイズは伊是名貝塚をのぞき画一的で約2.5 × 3.2m（±1m）程である。住居跡のサイズから、この時期は遊動的な平等な社会組織であったと思われる。

　しかし、貝塚時代前Ⅴ期になると、高嶺遺跡（21軒ほど）、ヌバタキ遺跡（17軒）、シヌグ堂遺跡（61軒）などにみられるように住居跡を伴う遺跡が急増する。住居跡数が急増するのみならず、シヌグ堂遺跡などでは、石囲竪穴住居や礫敷住居などが増加する。すなわち、前時期と比較すると住居建設に時間とエネルギーをかけており、遊動性が失われているように思える。さらに、前時期の住居のサイズが画一的であったのに対し、この時期になると、住居のサイズにバリエーションがみられるようになる。例えば、ヌバタキ遺跡では1.8 × 1.7mの小型の住居跡から8.9 × 6mと大型の住居跡まで確認されている（杉井2002）。また、この時期の遺跡は丘陵上や台地上に立地する特徴がある。なぜ台地上や丘陵上に居を構えなければならなかったのであろうか。その要因は防御であったのではないであろうか(cf.河名第2部)。これらのデータは、この時期の社会組織が前時期と比較してやや複雑な社会が形成されている事を示唆するものであると思われる。

　その後、この社会組織が維持されたか崩壊したかは不明であるが、少なくともより複雑な首長社会へとは進化しなかった。しかし、貝塚時代後Ⅱ期頃になると、再びやや複雑な社会が存在したことを示すデータがある。まずは、著名な長距離交易である「貝の道」の存在である。一般的に長距離交易を円滑に実施するためにはリーダーの存在が必要であると考えられている

(Johnson and Earle 2000)。さらに、下地（2001）や新里（2001）はこの時期セットルメント・ハイアラキー（Settlement Hierarchy）が存在したことを明らかにした。Settlement Hierarchy の存在は、複雑な社会の証左といわれている（Flannery 1998）。それゆえ、この時期にもやや複雑な社会が存在したと思われる。しかしながら、その後首長社会が形成される事はなかった。

　なぜ、先史時代において、やや複雑な社会が形成されたのであろうか。さらに、なぜより複雑な首長社会が形成されなかったのであろうか。『貝塚時代Ⅳ期』に初めて島の環境に適応した後、人口は急増した。これは、おそらく環境の劣悪化と資源を巡る競争を引き起こした。そのため、貝塚時代前Ⅴ期には、リーダー的な個人あるいは小集団の存在を必要としたのではないであろうか。また貝塚時代後Ⅱ期の頃にはフード・ストレスが体験された可能性があり、さらに「貝の道」という長距離交易も存在した。これらの文化現象は、リーダーシップを得る絶好のチャンスであり、この頃リーダーシップを得た個人あるいは小集団が存在していたのではないだろうか。それゆえ、やや複雑な社会が形成されたのではないであろうか。しかしながら、先史時代において首長社会は形成されなかった。その要因もいくつか考えられるが、そのうちの1つは、狩猟採集という生業によって首長社会が形成された北米西海岸等と比較すると、自然資源の豊かさにリミットがあったのではないであろうか。沖縄諸島の自然資源はやや複雑な社会組織を支持するには十分であったが、首長社会を形成する程豊かではなかったかもしれない。

おわりに

　先史時代に狩猟採集民が存在した島は数少ない。そして、これらの島々は、面積がある、大陸から近距離に位置する、大型海獣に依存できる、あるいは狩猟採集民が生存のために動植物を持ち込んだ島であった。沖縄の島々においては、今の所これらの特徴は認められない。しかしながら、近年の動物考古および植物考古学的データにより、この地域の先史時代に狩猟採集民が存在した可能性が高い事が示されつつある（cf. 第1部伊藤論文；第2部黒住論文）。先史時代において、沖縄のような島嶼環境に狩猟採集民が存在したという

第3部　先史・原史時代の琉球の人々と文化景観

データはおそらく世界的にはあまり知られていない。それゆえ、沖縄先史学のデータは、世界的に大変貴重なものであると考えられる。さらに、近年の動物考古学的および地理学的データからは、サンゴ礁環境の形成およびその資源利用が狩猟採集民の島嶼環境への適応を可能とした事を示唆している。狩猟採集民のサンゴ礁環資源利用（とおそらく堅果類）による島嶼環境への適応という戦略も世界的に新知見を提供するものであると思われる。

　世界の他の多くの島々からの報告に反して、「狩猟採集民のいた島、沖縄」では、ヒトの集団の植民後に絶滅動物は知られていない。しかし、脊椎動物のNISP分析および貝類分析によって以下のことが示唆された。まず、彼らが島嶼環境に適応したと思われる時期には生業的および社会的に最も効率の良いあるいは楽なシステムをもっていた。しかし、この理想的な生業システムおよび社会組織はその後維持されなかった。生業システムは、少なくともNISPからは、より非効率的な方向へと変遷していった事が示された。さらに、社会組織も最も理想的なバンド社会からやや複雑な社会が形成されつつあった事が示唆された。この事実は、島嶼環境という与えられた環境の中で生存するために、狩猟採集民が試行錯誤を繰り返していたようにみえる。その結果、生業システムも社会組織もより高コストな方向へと進んでいった。さらに興味深い点は、狩猟採集という生業でやや複雑な社会組織が形成されつつあったにもかかわらず、さらに複雑な社会である首長社会は形成されなかった。複雑な社会の進化についても沖縄の島々は大変貴重なデータを提供する可能性がある。さらに、樋泉（2002；第2部）が指摘するようにNISPにはいくつかの問題点がありこの方法による先史時代の動物食利用の解釈が誤りで、MNIによる結論である脊椎動物資源が数千年間安定していたとすると、この事実もまた島の先史学への大きな貢献になると思われる。

　「どうして沖縄の歴史は遅れたのでしょうね」と、ある大学生に尋ねられた事がある。とっさに私は「"遅れていた"ってどういう意味？」と聞き返した。彼はちょっと考えて答えた。「本土と比較して、狩猟採集の時代が長く、農耕が入ったのが遅いじゃないですか」と。本章は、このような考えを抱く

若い人たちに捧げたいと思った。沖縄の先史時代が決して遅れていた訳ではなく、彼らは狩猟採集で生存が可能であったため、「貝の道」などを通して農耕文化との接触があったにもかかわらず農耕を受け入れなかったのである。さらにグスク時代のような社会組織も必要としなかったのである。人類学的にみると狩猟採集あるいは首長社会以前の社会が「遅れている」という認識の方が間違いなのである。

謝辞

　本論文も沖縄・奄美諸島を含む琉球列島の多くの発掘担当者や分析に携わった研究者の忍耐強いご努力なしには書き上げることはできなかったであろう。まずはこれらの関係者に感謝の意を表したい。また、熊本大学木下尚子教授、国立民族学博物館印東道子教授および前琉球大学准教授土肥直美氏には資料収集等で大変お世話になった。心より感謝申し上げたい。また、本研究の一部は文科省科研費（課題番号21101005）の助成を受けて行われた。

注

1) ここでいう「沖縄」は主に奄美・沖縄諸島を含む南島中部圏である。
2) 宮城（第3部）も指摘しているように出土栽培植物遺体のC14年代測定がいずれ必要となろう。
3) 第2章で述べた貝塚時代前Ⅰ期等の無警戒なリュウキュウイノシシではない段階のリュウキュウイノシシ
4) ここでいうフード・ストレスとは飢餓状態ではなく、「以前より捕獲・採補しにくくなった」という程度の状態である。

参考文献

伊藤慎二　1993「琉球縄文文化の枠組」『南島考古』13：pp.19-34
伊藤慎二　2010「ヒトはいつどのように琉球列島に定着したのか？：琉球縄文文化の継続問題」『考古学ジャーナル』597：pp.6-8
印東道子　2010「先史人類の移動を追う」『民博通信』126：pp.24-25
大松しのぶ・辻誠一郎　1999「前原遺跡から産出した大型植物遺体群」『前原遺跡』

第3部　先史・原史時代の琉球の人々と文化景観

宜野座村教育委員会（編）pp.223-241. 宜野座村教育委員会：宜野座村
海部陽介 2005『人類がたどってきた道』NHK books：東京
木下尚子 2003「遺物包含層における現代イネ混入の検討」『先史琉球の生業と交易』木下尚子（編）pp.229-236. 熊本大学文学部木下研究室：熊本市
黒住耐二 1988「軟体動物遺存体」『知場塚原貝塚』本部町教育委員会（編）pp.95-109. 本部町教育委員会：本部町
黒住耐二 2007「胎生淡水産貝類からみた先史時代の沖縄諸島における根栽農耕の可能性」『南島考古』26：pp.121-132.
甲元眞之 2002「琉球列島の農耕の始まり」『先史琉球の生業と交易』木下尚子（編）pp.25-34. 熊本大学文学部木下研究室：熊本市
佐々木高明 2004『南からの日本文化』NHK books：東京
佐藤洋一郎 1991『稲のきた道』裳華堂：東京
下地安広 2001「沖縄諸島における弥生相当期の交流—沖縄出土の弥生土器を中心として」『南島考古』20：pp.29-47
新里貴之 2001「物流ネットワークの一側面—南西諸島の弥生系遺物を素材として」『南島考古』20：pp.49-66
杉井健 2002「沖縄諸島における居住形態の変遷とその特質」『先史琉球の生業と交易』木下尚子（編）pp.87-113. 熊本大学文学部木下研究室：熊本市
高宮廣衞 1985「沖縄のいわゆる後期遺跡について—弥生文化との関連において」『日本史の黎明　八幡一郎先生頌寿祈年考古学論集』八幡一郎（著）、pp.311-333. 六興出版：東京
高宮広土 1993「先史時代の沖縄本島におけるヒトの適応過程」『古文化談叢』30：pp.1089-1107
高宮広土 1996「古代民族植物学的アプローチによる那崎原遺跡の生業」『那崎原遺跡』那覇市教育委員会（編）、pp.83-100. 那覇市教育委員会：那覇市
高宮広土 1997「用見崎遺跡（奄美大島大島郡笠利町）におけるフローテーション法の導入とその成果について」『考古学研究室報告書第33集』熊本大学文学部考古学研究室（編）pp.46-47. 熊本大学文学部考古学研究室：熊本市
高宮広土 1998「植物遺体からみた柳田国男『海上の道』説」『民族学研究』63(3)：pp.283-301
高宮広土 1999「栽培植物の探索」『前原遺跡』宜野座村教育委員会（編）、pp.259-275. 宜野座村教育委員会：宜野座村

高宮広土 2000「ヒトの適応からみた沖縄の先史時代と編年」『東アジアの人と文化―高宮廣衞先生古希記念論集 上』高宮廣衞先生古希記念論集刊行会（編）、pp.403-426. 尚成堂：浦添市

高宮広土 2002「植物遺体からみた奄美・沖縄の農耕のはじまり」『先史琉球の生業と交易』木下尚子（編）pp.35-46. 熊本大学文学部木下研究室：熊本市

高宮広土 2004「沖縄諸島先史時代におけるフードストレスについて」『南島考古』23：pp.51-57

高宮広土 2005「安良川遺跡出土の植物遺体」『安良川遺跡』笠利町教育委員会（編）pp.69-72. 笠利町教育委員会：笠利町

高宮広土 2006a「南島中部圏における植物利用の復元の意義」『先史琉球の生業と交易2―奄美・沖縄の発掘調査から』木下尚子（編）pp.89-100. 熊本大学文学部木下研究室：熊本市

高宮広土 2006b「住吉貝塚出土の植物遺体」『住吉貝塚』知名町教育委員会（編）、pp.100-107. 知名町教育委員会：知名町

高宮広土 2006c「植物遺体」『新城下原第二遺跡』沖縄県立埋蔵文化財センター（編）、pp.287-294. 沖縄県立埋蔵文化財センター：西原町

高宮広土 2007a「南島中部圏における農耕のはじまり」『日本考古学協会2007年度熊本大会研究発表資料集』日本考古学協会2007年度熊本大会実行委員会（編）、pp.420-431. 日本考古学協会2007年度熊本大会実行委員会：熊本市

高宮広土 2007b「沖縄諸島先史時代からのメッセージ」『生態資源と象徴化』印東道子（編）、pp.27-63. 弘文堂：東京

高宮広土 2009「南の農耕」『ユーラシアの農耕史4』木村栄美（編）、pp.25-47;76-72 臨川書店：京都

椿坂恭代 1992「フローテーション法の実際と装置」『考古学ジャーナル』355：pp.32-36

樋泉岳二 2002「脊椎動物からみた奄美・沖縄の環境と生業」『先史琉球の生業と交易』木下尚子（編）pp.47-66. 熊本大学文学部木下研究室：熊本市

那覇市教育委員会 1996『那崎原遺跡』那覇市教育委員会：那覇市

新田重清 1969「最近の沖縄における考古学会の動向」『琉球史学』創刊号：pp.61-70

柳田國男 2005『海上の道』岩波文庫：東京

吉崎昌一 1992「古代雑穀の検出」『考古学ジャーナル』355：pp.2-14

第3部　先史・原史時代の琉球の人々と文化景観

Arnold, Jeanne E. (ed.) 2001 *The Origins of a Pacific Coast Chiefdom: the Chumash of the Channel Islands*. The University of Utah Press: Salt Lake City.

Binfrod, Lewis R. 1980 Willow Smoke and Dog's Tails: hunter-gatherer settlement systems and archaeological site formation. *American Antiquity* 45: 4-20.

Cherry, John F. 1981 Pattern and Process in the Earliest Colonization of the Mediterranean Islands. *Proceedings of the Prehistoric Society* 47: 41-68.

Cherry, John F. 2004 Mediterranean Island Prehistory: what's different and what's new? In *Voyages of Discovery*. ed, by S. M. Fitzpatrick, pp.233-248. Praeger: Connecticut.

Crawford, Gary W. and Gyoung-Ah Lee 2003 Agricultural Origins in the Korean Peninsula. *Antiquity* 77:87-95.

Crawford, G. W. et al. 1997 Dating the Entry of Corn (*Zea mays*) to the Lower Great Lakes Region. *American Antiquity* 62 (1): 112-119.

Fitzhugh, Ben 2003 *The Evolution of Complex Hunter-Gatherers: archaeological evidence from the Northern Pacific*. Kluwer Academic/Plenum Publishers: New York.

Flannery, Kent V. 1998 The Ground Plans of Archaic States. In *Archaic States*, eds. by Gary M. Feinman and Joyce Marcus, pp.15-57. School of American Research Press: New Mexico.

Johnson, Allen W. and Timothy Earle 2000 *The Evolution of Human Societies*. Stanford University Press: Stanford.

Keegan, William F. and Jared Diamond 1987 Colonization of Islands by Humans: a biogeographical perspective. In *Advances in Archaeological Method and Theory, vol.10*, ed. by M. Schiffer, pp.49-92. Academic Press: New York.

Kirch, Patrick V. 2000 *On the Road of the Winds*. University of California Press: Berkeley.

Lee, Richard B. 1968 What Hunters Do for a Living, or How to Make out on Scarce Resources. In *Man the Hunter*, eds. by R. B. Lee and I.Devore, pp.30-48. Aldine Publishing Co.: Chicago.

Munson, Patrick J. et al. 1971 Subsistence Ecology of Scovill, a Terminal Middle Woodland Village. *American Antiquity* 36: 410-431.

Price, Douglas T. and James A. Brown (eds.) 1985 *Prehistoric Hunter-Gatherers:*

the emergence of cultural complexity. Academic Press: San Diego.

Rick, Torben C. 2007 *The Archaeology and Historical Ecology of Late Holocene San Miguel Island*. UCLA Press: Los Angeles.

Spriggs, M. 1997 *The Island Melanesians*. Blackwell: Oxford.

Steadman, David W. 2006 *Extinction and Biogeography of Tropical Pacific Birds*. The University of Chicago Press: Chicago.

Takamiya, Hiroto 1997 *Subsistence Adaptation Processes in the Prehistory of Okinawa*. Unpublished doctoral dissertation. UCLA.

Watson, Patty Jo 1976 In Pursuit of Prehistoric Subsistence: a comparative account of some contemporary flotation techniques. *Mid-Continental Journal of Archaeology* 1 (1): 77-100.

White, Peter J. 2004 Where the Wild Things Are: prehistoric animal translocation in the Circum New Guinea Archipelago. In *Voyages of Discovery*. ed, by S. M. Fitzpatrick, pp.147-164. Praeger: Connecticut.

Winterhalder, Bruce and Eric A. Smith (eds.) 1981 *Hunter-Gatherer Foraging Strategies*. The University of Chicago Press: Chicago.

貝塚時代琉球列島の交流・交易史
―列島南縁の島嶼世界にみる交流の風景―

安座間 充

はじめに

　空間領域や陸産資源が限られる島嶼環境において他地域との交流・交易は、生存戦略的意義をもつ重要な営為であったと推される。だが、遺跡にみる考古学的痕跡＝静的資料から彼我の交流・交易をめぐる地域・集団（ヒト）の対応や動態＝動的事象を述べるには大小の制約を伴う。以下、本稿では先史古代の九州島以北と接触・交流しつつ、裾礁型サンゴ礁島嶼環境に地域独自の文化を醸成した琉球中部圏（奄美・沖縄諸島地域）を対象地域に、標題の交流・交易をめぐる調査情報・研究情報を整理しながら、その通時的概観を志向したい。

1. 貝塚時代前期にみる交流の風景
(1) 貝塚時代前期奄美・沖縄諸島の土器概観

　貝塚時代の対外交流を理解する上で、時間軸＝奄美・沖縄諸島地域の在地土器編年を整理しておく必要がある。ここでは土器編年を構成する型式群の詳細を述べるより、マクロ的に通観した方が理解し易いと思う。伊藤慎二の様式論的整理があるので（伊藤1993・2008）、これに拠りながら対象地域の土器動態を大まかに整理する（第1図）。

　前Ⅰ期の爪形文系、前Ⅱ期の曽畑式土器を包摂する条痕文系の後、縄文時代中期に対応する前Ⅲ期の隆帯文帯系段階以降、奄美・沖縄諸島地域の在地土器はその地域色の度合をより強めていく。該期の土器様相を包括的に「中琉式」とも呼ぶ所以である。さらに前Ⅳ期前葉には奄美諸島の面縄東洞式～嘉徳Ⅰ・Ⅱ式の籠目文系、沖縄諸島では仲泊式の沈線文系、伊波・荻

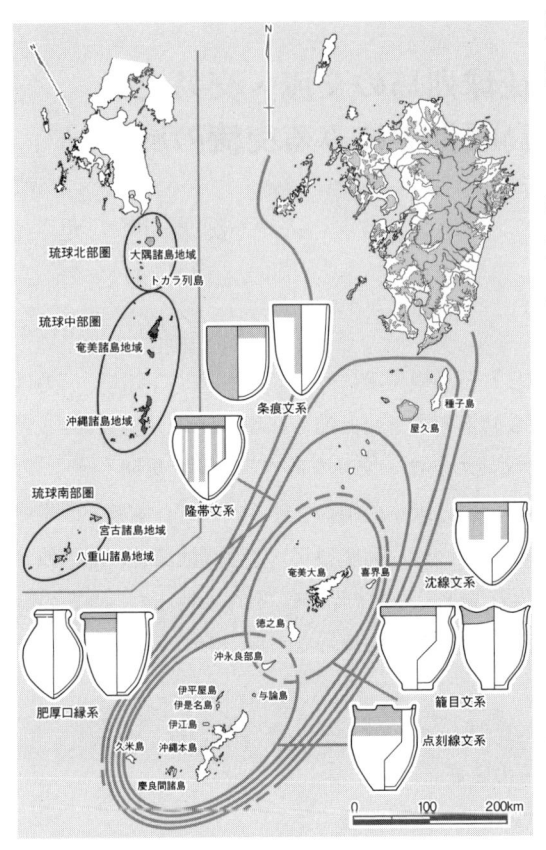

第3部　先史・原史時代の琉球の人々と文化景観

第1図　対象地域における貝塚時代前期の土器様式
（高宮1988、伊藤1993を参考に作成）

堂式及びその前後の土器型式からなる点刻線文系というように、島嶼地域レベルで土器様式の分化現象を認める。だが前IV期後葉頃、肥厚口縁系の段階に移行する頃から両島嶼地域の土器型式の差違は徐々に狭まり、やがて奄美諸島の宇宿上層式＝沖縄諸島の宇佐浜式というように斉一性の高い土器様式圏を形成、その最終段階にあたる仲原式は弥生時代に並行する時期まで存続する。

つづいて、各期にみる土器移動（搬入土器）、在地土器型式と九州系土器の関係（土器文化の交流）を概観していく（第2図）。

(2) 土器にみる九州・奄美・沖縄の交流

九州島以北縄文文化の奄美・沖縄諸島地域への波及については、学史初期以来関心が払われたが、所期の目的は人種論的視点を包摂した文化系統の理解であった。奄美・沖縄諸島地域への九州系縄文土器の南漸は、1955（昭和30）年奄美大島宇宿貝塚（奄美市）での九州島南部・縄文後期中葉の市来式土器の出土以後（国分ほか1959）、トカラ・奄美・沖縄諸島地域で各期型式の搬入が確認されており、該地域の土器編年における数少ない定点となっている。

前III期以前 前II期では、縄文前期の九州島西半部を代表する曽畑式土器が大隅・奄美・沖縄諸島各地で複数確認できる。文様構成・滑石粒混入等の特徴から該型式古段階の搬入とみられるもの、文様の変形簡略化やサンゴ砕粒混入等から在地製の土器もある。該期土器様式に包摂されるいわゆる条痕文土器も条痕整形の特徴から轟B式との類似性が学史的に早くから指摘されているが、近年疑問視する意見もある（伊藤2008）。なお、大隅諸島地域では条痕文系最終段階（前II期末葉～前III期初頭頃）の室川下層式が数例確認されている。

続く前III期にみる九州島→奄美・沖縄諸島地域の土器移動は、類似資料が「点」的に数例あるが、前後の前II、IV期に比べて土器移動量は低調の様相を呈する。奄美諸島徳之島面縄第4貝塚（伊仙町）、沖永良部島神野貝塚（知名町）で九州島南部中期中葉～後葉の春日式類似土器があり、最近沖縄本島伊礼原遺跡（北谷町）で中期前葉頃の縄文施文土器（船元II式類似）が報告されている（松原2010）。前III期は、神野B式～面縄前庭式からなる隆帯文系様式の段階だが、その型式変化に春日式の影響を示唆する意見もある（中村1991・伊藤2008）。

前III期以前の奄美・沖縄諸島地域に認める九州島以北系の搬入土器は、汎西日本的に広域分布する土器型式である点でほぼ共通しており、搬入契機には九州島西北沿岸海人集団の外洋漁撈活動による理解がなされている。

前IV期 九州島南部後期前葉の出水式や後期中葉頃の松山式、市来式、大隅諸島後期後葉の一湊式など、九州島南部や大隅諸島地域に主要分布圏をもつ土器型式の搬入を認める。なかでも市来式土器は学史上早くから奄美・沖縄諸島で確認されており、市来式自体が九州島西半の比較的広範な分布状況を認めることから、該土器集団の活発な海洋活動が指摘されている（上村1999）。後期前葉の出水式や後期中葉の松山式など市来式以外の型式も奄美諸島地域に偏って複数確認されており、留意される。奄美大島宇宿小学校構内遺跡（奄美市）では幅広のL字状口縁に沈線重弧紋をもつ瀬戸内・四国地方の縄文後期土器に類似の搬入土器も報告されている（中山2003）。

一方、該期に奄美・沖縄諸島地域→九州島に土器移動を認める点も特筆さ

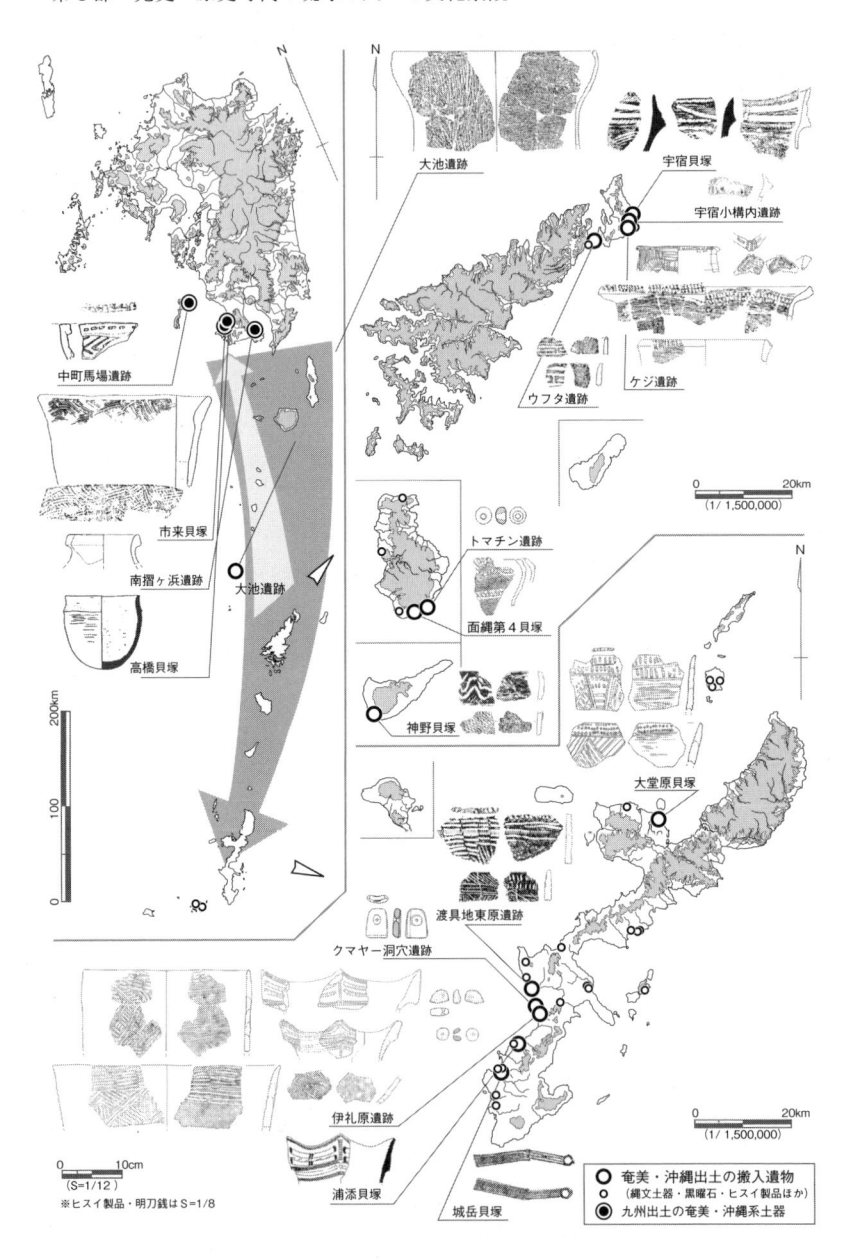

第3部　先史・原史時代の琉球の人々と文化景観

第2図　貝塚時代前期（縄文時代）の交流を物語る「モノ」の移動

192

れる。奄美諸島の籠目文系土器が市来式の標識遺跡である市来貝塚（鹿児島県いちき串木野市）ほか薩摩半島沿岸・島嶼部の数遺跡で報告されている。市来式の分布状況にみる海洋性や遠隔地系搬入土器の出土とあわせて該期における活発な長距離交流を物語っている。

該期奄美・沖縄諸島の在地土器分析でも動的な交流の一端がうかがえる。奄美諸島の籠目文系様式には市来式の影響が看取でき、その先行時期における面縄前庭式（隆帯文系様式）⇒仲泊式（沈線文系様式）の型式変化についても後期前葉出水式の影響を認める解釈が提示されている（堂込2004）。

貝塚時代前期の奄美・沖縄諸島地域の土器動態において重要なのが、前IV期中葉頃における奄美・籠目文系（面縄東洞式～嘉徳II式）と沖縄・点刻線文系（神野D式～大山式）への様式分化現象である。奄美・籠目文系にみる市来式の影響（土器情報の受容）や沖縄諸島への間接波及が従前の土器理解からほぼ共通認識となっているが、在地土器にみる搬入土器の影響度は「外」との接触頻度を投影しているとも考えられる。同様な現象は貝塚時代後期前半（弥生～古墳時代並行）でも看取できるが、該期にみる土器様式分化＝縄文人との接触度の差が顕れた結果と読み取れるのであれば、交流をめぐる島嶼地域レベルでの地域的位相差を考える上でも重要であろう。

様式分立期にみる土器移動は奄美・沖縄諸島地域の交流実態、その関係性を考える際の手掛かりとなる。彼我間の土器移動をみると、該期沖縄諸島では奄美・籠目文系土器が比較的頻出しており、なかには沖縄本島古我知原貝塚（うるま市）のように奄美諸島系土器が量的に主勢となる遺跡も存在する。対する奄美諸島地域では沖縄諸島系土器（点刻線文系）は管見で殆どみられない。中距離（島嶼地域間）での一方通行的な土器移動の在りかたは、遠距離交流をめぐる島嶼地域の実態を考えるヒントともなろう。つまり"能動的"な奄美諸島と"受動的"な沖縄諸島という、島嶼地域レベルで交流に際しての「対応差」が存在した可能性も考えられる。

前V期 縄文晩期～弥生前期に概ね対応する前V期では、晩期前葉～中葉頃の入佐式・黒川式がトカラ列島や奄美諸島北半島嶼域まで及ぶが、徳之島以南～沖縄諸島では明確にみられない。なお、奄美・沖縄諸島地域では黒

第3部　先史・原史時代の琉球の人々と文化景観

川式との類縁性が従来示唆されてきた「く」字状屈曲器形の土器があるが、九州系弥生土器との共出傾向から後続の無文尖底系様式古段階（弥生前期後半〜中期前半頃）の一型式との見方が現在優勢である。該期にみるその他の搬入土器では、大隅・奄美諸島において東日本系大洞式に類似の土器が報告されている（青崎2002）。前Ⅴ期後葉の肥厚口縁系最終段階（仲原式）では、晩期末の刻目突帯文甕や弥生前期の板付系丹塗壺なども奄美・沖縄諸島で数例確認されている。

　また該期でも奄美・沖縄諸島地域→九州島の土器移動が数例認められる。前Ⅴ期中葉の宇宿上層・宇佐浜式や前Ⅴ期末葉仲原式が薩摩半島沿岸・島嶼部の複数遺跡で確認されている。彼我相互に土器移動を認める点は、該期における長距離交流を考える上でも看過できない。九州島→奄美・沖縄諸島の土器移動は、九州島西北沿岸―薩摩半島沿岸地域を結ぶ外洋漁撈活動で説明される場合が多いが、対して奄美・沖縄諸島→九州島の移動をどのように解釈するか。南漸した薩摩半島縄文人が南島人との交渉の結果持ち帰ったとみるのが自然に思えるが、南島人北上の可能性も完全否定はできない。また、運搬容器ならば縄文人が求めた土器の内容物は何だったのか。先に触れた奄美・沖縄系土器出土遺跡ではオオツタノハ製貝輪等もあるようだが（上村1999）、該土器の内容物も南海産貝だったのか／それ以外のモノなのか、興味が引かれる。

(3) 黒曜石製石器、ヒスイ製玉製品

　搬入土器のほかに貝塚時代前期にみる長距離交流の証跡として、黒曜石製石器やヒスイ製品もよく知られている。まず黒曜石製石器から紹介していく。

　奄美・沖縄諸島地域では前Ⅳ期中葉〜前Ⅴ期の籠目文系・点刻線文系〜肥厚口縁系段階を中心に、36遺跡約400点の黒曜石製石器を認める（小畑ほか2004）。興味深い点は、伴出土器型式にみる帰属時期と理化学的同定による産地推定から描かれる黒曜石製石器の搬入をめぐる動きである。地域別にみると、沖縄諸島出土の黒曜石製石器は時期的に前Ⅳ期後葉〜前Ⅴ期、推定産地も腰岳産に限定的であるのに対し、奄美諸島地域（奄美大島・徳之島）では前Ⅲ期末葉頃〜前Ⅳ期前葉頃の搬入も認め、腰岳産以外の石器も僅

かだが存在するようである。奄美・沖縄系土器の北漸を認める薩摩半島沿岸地域でも腰岳産黒曜石が出土しており、該地域を介した搬入形態が推定されるが（上村1998）、小畑（2004）らが指摘する黒曜石製石器にみる「地理的勾配」は、縄文後・晩期の長距離交流を考える上でも重要と思われる。

　黒曜石製石器とともにヒスイ製品も注目される。新里貴之（2007）の集成・分析に拠れば、推定帰属時期は前Ⅳ期後葉〜前Ⅴ期末頃、奄美・沖縄諸島の在地土器が肥厚口縁系様式に再編される時期に概ね収まる。奄美諸島地域以南では徳之島トマチン遺跡（伊仙町）を除いて沖縄諸島地域に集中的な出土状況である。理化学的分析結果からはすべて北陸地方糸魚川・青海産と推定され、その選択的な搬入・受容が示唆されている。

　奄美・沖縄諸島地域出土の腰岳産黒曜石製石器・ヒスイ製品にみる選択的な搬入・受容形態には経済的性格も思料され、搬入土器等にみる従前の長距離交流との差異やその変化を考える上でも留意される。

(4) その他

　貝塚時代前期に帰属する搬入品として大陸由来の中国銭貨（明刀銭）もよく知られている。沖縄本島 城岳貝塚（ぐすくたけ）（那覇市）、同島 具志頭城（ぐしかみぐすく）北東崖下洞穴（八重瀬町）の計2例が確認されている（高宮1986、當眞1997）。いずれも表面採集のため時期判断は慎重を要するが、城岳貝塚採集品は肥厚口縁系宇佐浜式の共出から前Ⅴ期中葉頃の年代観が付与されている。他方、貝塚時代前期終末〜後期初頭段階の奄美・沖縄諸島地域へのヒト・情報の南漸が示唆される考古学的痕跡として石棺墓が留意され始めている（山崎編2010、新里2008a）。

　土器移動や外来系搬入遺物から貝塚時代前期における長距離（九州―奄美・沖縄諸島）・中距離（奄美諸島―沖縄諸島）の交流様相を概観した。近年、日常的道具である石器組成においても九州縄文文化との連動性を示唆する指摘もある（水之江2005）。搬入土器等から従来考えられてきた「断続的」な交流様相ではなく、より密接な交流関係が形成・持続されていたかも知れない。これまで亜熱帯島嶼地域で醸成された文化的独自性が強調されがちだが、土器・石器等日常的利器の動態においても九州以北縄文文化からの情報・技術伝播やその選択的受容が認め得るならば、島嶼環境における生存戦略としての交

流・交易の一端が顕されている可能性もある。

2. 貝塚時代後期前半にみる交流の風景
(1) "貝の道"形成とその歴史的脈絡

　九州島以北「ヤマト」地域が縄文・弥生変革を経て食糧生産経済社会に移行していくなか、列島南縁の亜熱帯島嶼地域では前時代以来の食料獲得経済社会を持続させていた（貝塚時代後期）[1]。この時期における長距離交流は、南海産大型巻貝貝殻の需要／供給関係からなる交易活動（以下、「貝交易」）、いわゆる"貝の道"が広く認知されている。この貝交易は、前V期末葉～後期前半（弥生～古墳時代並行）における貝輪素材貝殻—ゴホウラ・イモガイを交換財とする「南海産貝輪交易」（木下1989）と、ヤコウガイ貝殻を主要輸出財とする後期後半（古代並行期）以降の「ヤコウガイ交易」（高梨1998）に大別でき、中世相当期まで約2,000年近くもの長期にわたり存続した。この"貝の道"を通じた長距離交易の島嶼社会への作用は大きく、伊藤慎二は、沖縄諸島地域の遺跡事情（各期の遺跡数・遺跡立地）の全体的概観を踏まえた居住活動体系の段階的理解として、臨海砂丘地に遺跡が集中する該期を「交易期」とも呼称している（伊藤2010）。

　"貝の道"はいつ・どのように形成されたか、従前の調査研究情報を整理しながら、前段の縄文後・晩期の長距離交流との脈絡もあわせて考えたい。

　なお、貝交易開始期の奄美・沖縄諸島地域は、前V期後葉（肥厚口縁系最終の仲原式）にあたるが、概観する意図から本節で扱うこととする。

　九州縄文時代装身具にはサルボウ・ベンケイガイ等の近海産二枚貝貝殻を素材とした貝輪が縄文後期を盛期に存在する（九州縄文研究会編2005）。貝交易をめぐる木下尚子（1980・1996）の一連の研究成果に依拠すれば、九州島西北部沿岸地域は縄文時代以来の貝輪習俗が残る地域であり、該地域の海人集団が薩摩半島沿岸地域を介した交流・接触を契機に、南海産大型巻貝貝殻を自身の貝輪習俗—円環状（まる型）貝輪—に採用した結果、ゴホウラ背面貝輪（大友型）—が出現し、貝交易の本格化に至る過程を復元している。この時期の交流様相を示す事例として、薩摩半島沿岸・高橋貝塚（南さつま市）

がよく挙がる。該遺跡では、在来系甕と九州北部・板付系甕が一定量存在するとともに、奄美・沖縄諸島系土器（肥厚口縁系仲原式）や南海産貝輪未製品も出土しており、中継拠点的集落と推定されている。後・晩期の薩摩半島沿岸地域の遺跡では大隅諸島地域以南の土器やオオツタノハ貝輪も少量だが確認されている。

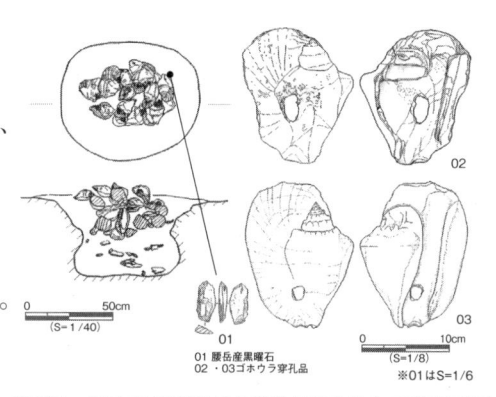

第3図　貝交易初期の貝集積（座間味島古座間味貝塚）
（岸本ほか1992より作図）

　一方、貝殻供給地にみる直接的証跡として、素材貝殻のストックとされる貝集積遺構が知られている。なかでも沖縄諸島地域慶良間諸島では、座間味島古座間味貝塚（座間味村）、渡嘉敷島阿波連浦貝塚（渡嘉敷村）でゴホウラ集積と腰岳産黒曜石がともに確認されている（第3図）。肥厚口縁系⇒無文尖底系様式の過渡期前後とみられ、貝交易開始後も良質な黒曜石を交換財に求めたとも考えられる。土器論による時期推定になお検討を要する所もあるが、前段（縄文後・晩期）の九州島西北部沿岸―薩摩半島沿岸―奄美諸島・沖縄諸島地域を繋ぐ腰岳産黒曜石の流入経路が伏流として次代の貝交易に継承された脈絡は概ね支持できるように思われる[2]。

(2) 貝消費地にみる交易動向概観

　筆者がもつ南海産貝輪消費地の情報量はかなり限定されるが、先行研究（三島・橋口1977、木下1996・1998）から導かれる消費地の時期的地域的傾向に大きな変動はないようである（第4図）。初期の南海産貝輪―ゴホウラ大友型―が出現後、弥生時代前期末葉～中期前半に甕棺墓制地域を主とする九州島北部地域における受容過程で変化しながら（金隈型・土井ヶ浜型）、貝輪形態の定型化（諸岡型⇒立岩型）とともに消費量のピークを迎える。だが、中期後半～後期には主要消費地・九州北部における貝需要の急激な減少がみられ、古墳時代以降も貝釧・貝製馬具として九州島の需要は続くが、南海産貝消費地

第3部　先史・原史時代の琉球の人々と文化景観

の中心は大隅諸島地域の種子島広田遺跡（南種子町）へシフトしていく（木下1996・2010）。なお、中期後半以降にみる需要低下の要因には、九州北部地域の首長社会における対外交渉戦略の変換も想定されている（中園2004）。

(3) 供給地側にみる南海産貝輪交易の痕跡

搬入土器　奄美・沖縄諸島地域出土の該期搬入遺物で量的に主勢を占めるのは九州系弥生土器である。縄文晩期後葉・弥生早期（刻目突帯文単純期）～終末期まで弥生時代各期型式の搬入を認める。器形・胎土等特徴から九州島南部地域の土器が圧倒的に多い。板付系丹塗壺や須玖II式、黒髪式、免田式長頸壺など九州島北部・中部に分布主体をもつ土器型式も僅量存在するが、九州南部系弥生土器との共出傾向から薩摩半島沿岸地域を介した搬入と推される。

搬入土器型式にみる時期的数量的動向は、中期前半～中葉頃の入来I・II式が最多で（中園2000、新里2000）、中期後半（後期前半中段階）以降、搬入量は急減し、後期～古墳時代並行（後期前半新段階）の搬入土器は奄美・沖縄諸島地域ともに点的に認める程度である。貝殻供給地にみる土器搬入量の時期的傾向と消費地動向（貝輪出土数量）は調和的である（安座間2000）。

貝殻供給地・沖縄諸島地域の搬入土器を小地域・遺跡単位でみると、出土量や型式にみる搬入時期幅に差違が看取できる（中園2000、新里2001）。また、その量的多寡から貝交易隆盛期と推される中期前半～中葉頃を境に搬入器種に変化を認める。後期前半古段階（弥生中期前半並行）以前には甕—煮沸具に若干の貯蔵・運搬容器—壺が伴う状況から、前半中段階（中期後半並行）以降には甕が極端に減り壺にほぼ限定される（新里2000）。搬入土器＝運搬容器とみなせば、その内容物（交換財）が変化したことの顕れともみなせるが、煮沸器種の甕が認められなくなる状況は、弥生人による交渉・運搬という交易構造自体が変化したためとも考えられる。なお、前半新段階（後期終末～古墳時代並行）には土器搬入量も極端に減少し、成川式土器と汎称される九州南部地域の該期土器が奄美・沖縄諸島地域であわせて数点ある程度である。

弥生土器以外の外来系遺物（輸入財）　弥生土器以外に確認されている搬入遺物は、板状・袋状鉄斧等の鉄器、銅剣茎・銅鏃・後漢鏡等の青銅器や中国

銭貨（五銖銭）、柱状石斧等の大陸系磨製石器、ガラス玉、紡錘車等がある。また、確実な検出例は未見だが、米や雑穀、酒、絹織物等も想定されている。大隅・奄美諸島地域ではガラス玉や紡錘車の出土があるが、弥生土器以外の外来系遺物＝貝殻との交換財はほぼ沖縄諸島地域に集中する状況を認める（写真1）。

なお、五銖銭や銅鏃（漢式三角翼鏃）、楽浪系土器などの搬入契機には大陸との直接的接触の可能性もあるが（上村1992）、弥生土器との共出傾向からは九州島経由（南海産貝輪交易）の蓋然性が高く考えられる。だが九州島以北でも稀少な大陸系搬入品が複数出土している状況は示唆的であり留意される。

01 小型方柱状片刃石斧　02 槍鉋　03 青銅鏃
04 銅剣茎　05 五銖銭　06・07 韓半島楽浪系土器
写真1　貝交易でもたらされた搬入品
（沖縄本島中川原貝塚・大久保原遺跡出土：2007年筆者撮影）

交易活動を物語る遺構　貝殻供給地に遺された南漸弥生人との接触・交渉の考古学的痕跡として箱式石棺墓と貝集積遺構がある。前者は、別章に新里貴之の論稿があり詳細は委ねるが、奄美・沖縄諸島地域で複数確認されている。時期的には、前V期末〜後期前半古段階—肥厚口縁系最終〜無文尖底系古段階（仲原式〜阿波連浦下層式）—に概ね収まるが、貝交易前夜まで遡及する可能性のある石棺墓もある（山崎2010）。弥生人南漸を示唆する形質人類学からの指摘もあり[3]、貝交易成立前後の交渉実態を考える上で看過できない。

素材貝殻ストックと想定される貝集積遺構は沖縄諸島地域に限定的であり、現在まで計30遺跡・100基余が確認されている。後期後半（古代並行期）においては、対照的に奄美諸島地域に「ヤコウガイ大量出土遺跡」（高梨1999）や外来系遺物が偏る状況を勘案すれば、南海産貝輪交易における貝殻供給地＝沖縄諸島地域であった蓋然率が高い。これは素材貝（ゴホウラ・イモガイ）

第3部　先史・原史時代の琉球の人々と文化景観

生息状況の「地域差」(木下 2005) に因るとも考えられる。

搬入遺物にみる供給地内部の態様　沖縄諸島地域における九州系弥生土器を詳細にみると、土器型式にみる時期的継続性(搬入時期の幅)や搬入個体数において遺跡単位・小地域単位(遺跡群単位)で差異を看取できる。特に、湾・小地域単位で時期別遺跡分布をみると、貝交易最盛期の後期前半古段階(弥生中期前半)までは伊江島・沖縄本島西岸地域に偏在的である。だが交易活動が減衰しはじめる後期前半中段階以降には、本島東海岸や距離的には遠隔地にあたる久米島にも拡散するようにみえる(第5図)。供給地内部の態様について、新里貴之は、搬入土器(九州系弥生土器・奄美諸島系土器)出土遺跡の類型化、鉄器・青銅器等輸入財および貝集積遺構の分布状況の分析等から、貝殻供給地内部における交易拠点集落／分枝集落の遺跡間紐帯からなる輸出財調達―輸入財分配システムの復元を試み、供給地内における交易活動の統括者の出現を想定している(新里 2001・2009)。

(4) 後期前半貝交易をめぐる島嶼社会の動態

後期前半奄美・沖縄の土器様相　貝供給地に遺された南海産貝輪交易を物語る

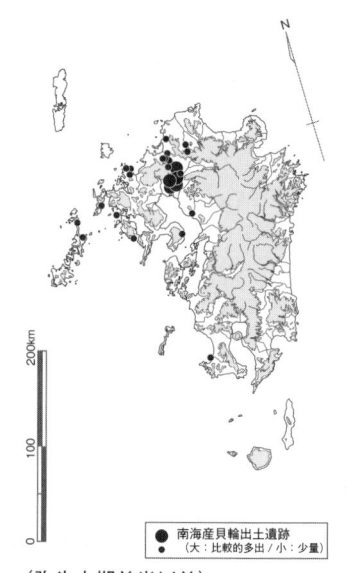

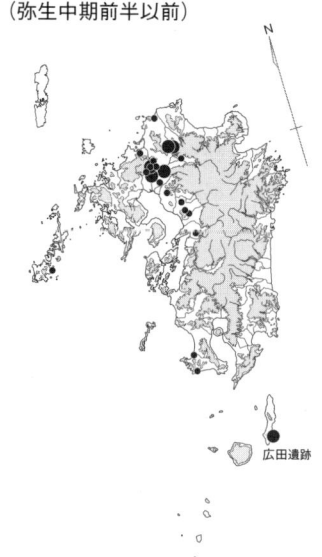

(弥生中期前半以前)

(弥生中期後半以降)

第4図　消費地にみる南海産貝輪の分布(木下 1998 をもとに作成)

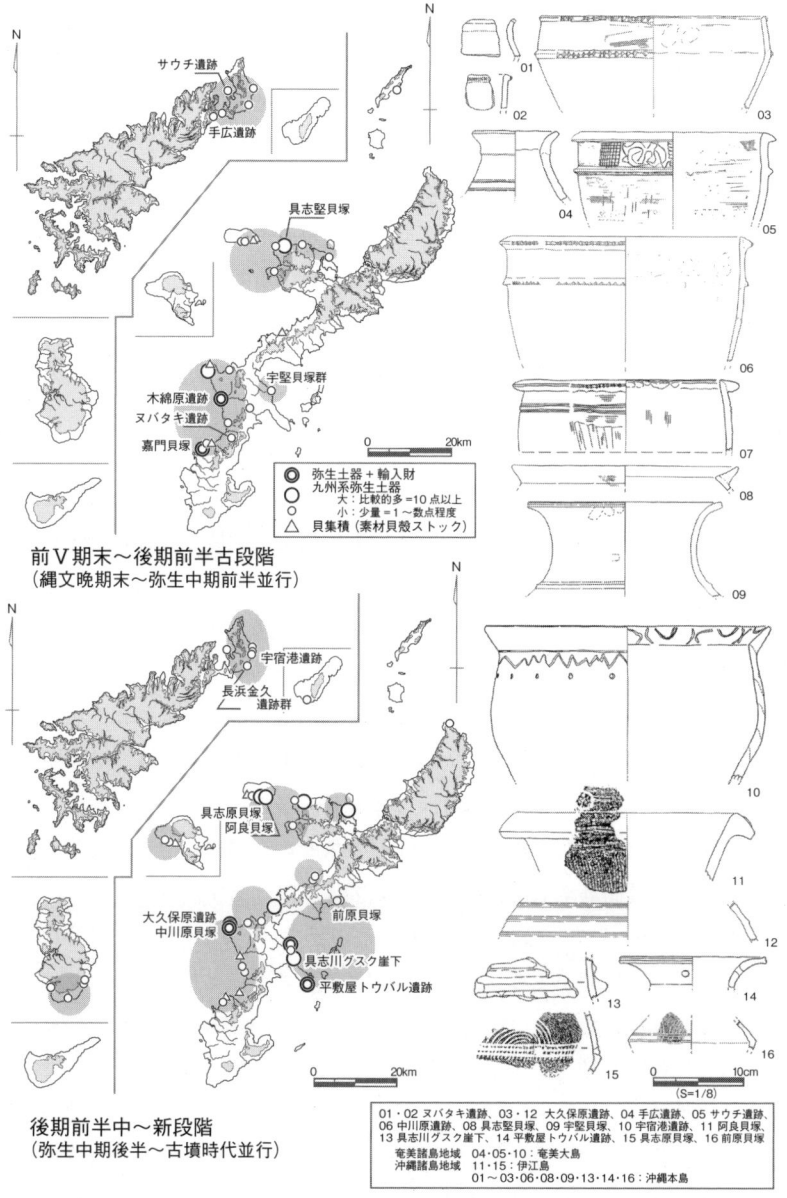

貝塚時代琉球列島の交流・交易史—列島南縁の島嶼世界にみる交流の風景—

第5図　奄美・沖縄諸島地域の搬入品にみる前期末〜後期前半貝交易の動態
（安座間2000・2007をもとに作成）

考古学的痕跡を整理してきたが、ここで後期前半奄美・沖縄諸島の在地土器を概観しておきたい。該期土器編年については、面的発掘調査の増加に伴う資料蓄積や九州島南部地域弥生土器編年の研究進捗に伴い、再検討・整備が着実に進められている（新里1999・2004、髙梨2004ほか）。奄美・沖縄諸島地域では前代以来の肥厚口縁系様式が持続し、最終段階にあたる仲原式土器は弥生前期後半並行まで残る。やがて肥厚口縁系⇒無文尖底系と緩やかに変化していくが、九州での貝輪需要の高まりと比例するかのように奄美諸島地域では主用器種の甕（深鉢）に九州南部地域弥生土器の情報受容が顕れ始める（第5図-05・10）。後期前半中段階（弥生時代中期前半～中葉頃並行）以降、奄美諸島地域では弥生土器甕の形態的特徴を模倣し在来的文様意匠を加えた「沈線文脚台系様式」（新里2008）へと変化していき、沖縄諸島地域では無文尖底系様式が持続するという、土器様式の分化現象を再び認める。該期大隅諸島地域の土器については不詳部分もあるが九州島南部地域と概ね連続的な土器様相とみられ、九州島からの地理的距離に比例するように弥生土器情報の受容も薄れていくという、在地土器様式の「地理的勾配」が指摘されている（新里1999）。

　なお、奄美諸島の沈線文脚台系様式は在来的器種構成と推されるが、その実態には不明な部分も残されている。以後、奄美・沖縄諸島地域は後期前半新段階（弥生時代後期～古墳時代並行）まで在地土器様式は分立した状況となる。

　消費地と供給地の間の奄美諸島　素材貝殻との交換財が地理的文化的に遠距離にある沖縄諸島地域に偏る状況をどのように理解すべきか。これについて、取引対象貝種の生息環境差に因るとの見方（木下2005）、主要消費地・九州島北部地域において首長社会内部の権威拡大戦略として遠隔地との交渉に特別な意味を持たせていたとの社会論的解釈（中園2004）が提示されている。

　では、貝輪消費地（九州島）―素材貝殻供給地（沖縄諸島）の間に位置する奄美諸島地域は、貝交易にどのように関与していたのか。貝殻供給地側における資料情報・研究情報の蓄積に伴い、島嶼地域レベルでの地域的位相差も明らかとなりつつある。ここでキーワードとなるのが、奄美・沖縄諸島地域間の土器移動である。該期奄美諸島の在地土器様式に九州島南部地域の弥生

土器情報の選択的受容（甕における形態模倣）を認め、やがて土器様式の分立に到ることは既に触れた。沈線文脚台系と整理される土器様式（新里2008）の一群は、沖縄諸島地域でも九州系弥生土器と共出ないし単独で出土するケースを複数認める（写真2）。従来沖縄考古学で「弥生系土器」とも称されてきた一群だが、時期が下るにつれ、その在地色を強めながら定量存在するようになる。奄美大島長浜金久IV遺跡（奄美市）や同島宇宿港遺跡（同）出土土器にみる、弥生中期後半～後期の甕（山ノ口～高付式）と類似の

写真2　弥生土器器形を模倣した奄美諸島系土器（沖縄本島宇堅貝塚群出土：2000年筆者撮影）

口縁をもつ沈線文脚台系甕の一群は近年事例が増えており、系譜的にその延長上と推される表裏面沈線文土器（宮城1998）の一群は、無文尖底系新段階（大当原式段階）の沖縄諸島地域でも頻出する。対して沈線文脚台系様式段階の奄美諸島地域における沖縄諸島系土器の北漸はいまのところ未見である。

　上述の沖縄諸島地域にみる奄美沈線文脚台系様式の搬入・分布状況とあわせて留意されるのが、貝輪消費地の分析から導かれた南海産貝輪交易の構造変化をめぐる木下尚子の見解である。木下（1989）は、消費地動向から九州西北部沿岸民による「外海航路・全海域往復」スタイルから「内海航路・小海域連繋」へと交易形態が合理化される変遷過程を想定する。これと調和的なのが、供給地・沖縄諸島地域の搬入土器器種にみる時期的傾向である。煮沸具（甕）＋貯蔵・運搬具（壺）という前半期の搬入状況から、貝交易の最盛期以降、壺にほぼ限定される状況については既に触れたが、これは何を意味するのか。①運搬容器の内容物（交換財）が変化した結果とも考え得るが、②南漸弥生人の航海・一定期間滞在に伴う搬入から、交渉・運搬形態がシステマチックに変化し、交換物資の運搬容器＝壺のみが彼地（九州島）からも

203

たらされたと考えられる。そして、合理化・分業化の過程において奄美諸島人が能動的に関与した状況が沖縄諸島地域にみる奄美諸島系土器の存在から想起されてくる。

3. 貝塚時代後期後半にみる交流の風景
(1) 変わりつつある島嶼社会像
　後期後半（古代並行期）の奄美・沖縄諸島地域については「よくわからない」状態が続いてきたのが実際で、前代以来の停滞的な獲得経済社会との基本認識に留まっていた。『日本書紀』『続日本紀』等史料の肯定的評価から描かれる"南島"像（大和朝廷へ遣使・交渉が可能な程に発達した階層社会）と、「階層化以前」との漠然的な認識にあった島嶼社会像がなかなかリンクしない状況が続いていた（高梨2007ほか）。近年奄美考古学で「ヤコウガイ大量出土遺跡」（高梨1998）や喜界島城久遺跡群（喜界町）に象徴される重要な発掘調査成果が相次ぎ、従前の島嶼社会像の再考が活発化、調査情報・研究情報の蓄積も急速に進められている[4]。

(2) 後期後半奄美・沖縄諸島の土器様相
　後期後半は、奄美・沖縄諸島地域の在地土器がその類似度を高め、くびれ平底系様式に再編される時期と認識されている。くびれ平底系様式自体、従前まで弥生後期～11・12世紀頃の長期に及ぶ漠然的理解であったが、前段にあたる無文尖底系新段階（弥生後期～古墳並行）の在地土器の輪郭が徐々に見え始めており、くびれ平底系様式の実態的存続期間も再認識されつつある。

　該期前後の土器動態を概観すると、奄美諸島の沈線文脚台系新段階（スセン當式）からくびれ平底系（兼久式）へと様式変化し、無文尖底系新段階（大当原式）の沖縄諸島地域へもその影響が及び、くびれ平底系様式（アカジャンガー式）に移行するとの理解が今日優勢的である（池田1999・高梨2005a）。ただ、奄美・沖縄諸島地域ともに尖底⇒平底の型式変化や存続時期幅の理解になお課題が残っており、該期土器編年の検証と再構築が求められている。

(3) 貝交易の変化―後期後半の貝交易概観―
　ヤコウガイ交易　前段の南海産貝輪交易は、主要消費地や素材用途（製品）

貝塚時代琉球列島の交流・交易史—列島南縁の島嶼世界にみる交流の風景—

を変えつつ古墳時代並行期まで存続したゴホウラ・イモガイ素材貝殻の需要／供給関係も古墳後期後半頃には減衰し、貝交易は暫時「間断期」を迎える。7世紀以降（奄美人登場は7世紀後半）、『日本書紀』等史料に南島人来朝記録が頻出するが、木下尚子は上記の交易間断期と関連づけて交易再開を模索・交渉するための北上行為であった可能性を指摘する（木下2005・2010）。

該期においてヤコウガイを選択的に大量捕獲した痕跡（ヤコウガイ大量出土遺跡）が奄美諸島北半島嶼域を中心に複数確認されている。在地土器—くびれ平底系様式—の再認識が再考の一契機ともなり（高梨2000）、ヤコウガイ貝殻の需要／供給関係からなる「第二の貝交易」が具体的に描写されつつある。既に多くのすぐれた論考・概説もあるが、その輪郭を一応概観しておく。

ヤコウガイ交易の前提となる貝殻需要の理由（用途）として、文献史料にみる「螺杯」「螺盃（貝匙）」や螺鈿等工芸原材としての需要が推定されており、日本本土や大陸（唐）との交易活動が想定されている（木下2000、高梨2000）。

史料記録からは、ヤコウガイ貝殻の他に赤木・檳榔等の諸特産品が知られており、大宰府（太宰府市大字観世音寺字不丁地区）出土木簡には奄美諸島地域の島名「掩美嶋」「伊藍嶋」が確認されていることから（帰属年代は8世紀頃）、南島物産（貢進物？）が大宰府に搬入・保管された状況および大宰府を介したヤマト（日本）—南島（奄美諸島）の関係がうかがえる。

一方、ゴホウラ・イモガイ貝殻需要が途絶えた後の沖縄諸島地域の実態はどうだったのか。ヤコウガイ貝殻の大量出土遺跡は沖縄諸島地域でも複数みられる。帰属時期や規模・数量等に検証を要するためヤコウガイ交易と関連付けてすぐに比較はできないが、奄美・沖縄諸島地域の出土状況をみると、貝殻供給地の重心は奄美諸島地域の北半島嶼部にシフトしているようにみえる。

外来系搬入遺物　該期にみる外来系遺物で、まず俎上に上がるのは唐代銭貨の開元通寶であろう。国内でも琉球列島（奄美・沖縄諸島〜八重山諸島）に集中的な分布傾向が認められ、その搬入契機には遣唐使の偶然的来島や大陸との直接交渉等の諸説が従来提示されてきたが、唐代螺鈿原材としてのヤコウガイ輸出に対する見返品と解釈する見方も提起されている（木下2000）。

第3部　先史・原史時代の琉球の人々と文化景観

　ヤコウガイ貝殻との主要な交換財（輸出財）に鉄器が想定できる。その出土状況には奄美・沖縄諸島地域間に量的差異を明確に認め、奄美諸島地域に偏る傾向が既に指摘されている（高梨2000）。なお、沖縄諸島地域でも鉄器・青銅製品の出土が僅量あるが、沖縄本島平敷屋トウバル遺跡（うるま市）では鉄器・開元通寶等とともに8～10世紀代とみられる青銅製太刀鍔が出土している。国内でも類例は少なく特記される（金城1996）。該遺跡は、無文尖底系新段階（大当原式段階）主体の砂丘地集落遺跡だが、沈線文脚台系土器（スセン當式）や広田上層貝札など奄美以北系の搬入遺物がみられ、該期沖縄諸島における交流拠点的集落のひとつとみられる。

　その他の搬入遺物として、土師器・黒色土器・焼塩土器（布目圧痕土器）・須恵器等の外来系容器が知られている。先行研究に依拠すれば帰属年代は9～10世紀代に概ね収まり、沖縄諸島地域にも飛地的に数例あるが、奄美諸島北半地域（奄美大島北部・喜界島）に偏在的な分布状況である（池畑1998、高梨2005b、池田2005）。搬入契機やその背景には、律令国家形成および版図拡大に伴う日本側からの政治的経済的接触が頻繁化する動静がうかがえる。

　やがて後期後半終末段階には長崎県西彼杵半島産滑石製石鍋（把手石鍋）や徳之島産カムィヤキ（類須恵器）が先島諸島までの琉球列島全域に大量流入し、はじめて文化的共通圏が形成される状況は今日広く知られている（第2部新里論文）。

(4) 貝塚時代島嶼社会の終焉

　ヤコウガイ貝殻需要の増大に伴う輸出財獲得規模の拡大化過程で社会組織の階層化が進行、該期奄美・沖縄諸島における鉄器出土状況の地域間・遺跡間差異をその証左と捉える見方も提起されている（高梨2000）。文献史学側でも、南島人来朝記録や赤木・檳榔等「南方物産」の想定される調達過程から、特定首長に統率された階層社会が想定されていた（山里1999・2010）。「ヤコウガイ大量出土遺跡」や喜界島城久遺跡群（喜界町）・徳之島カムィヤキ古窯跡群（伊仙町）にみるように、律令国家境界領域における中核拠点集落遺跡や生産遺跡の存在が確実に認められ、該期以後の島嶼社会の変化（複雑化）に大きく関与した実態が発掘調査成果から次第に明らかとなりつつある。

貝塚時代琉球列島の交流・交易史―列島南縁の島嶼世界にみる交流の風景―

　奄美諸島地域では交易・交渉活動と社会の複雑化のメカニズムが次第にみえつつある一方、沖縄諸島地域の実態的社会像はまだぼやけた状況にある。
　前半期貝交易（南海産貝輪交易）において輸出財調達―輸入財再分配のシステム化および社会の複雑化が想定できるが（新里2001・2009）、貝交易供給地の重心が奄美諸島地域に移った後（後期後半以降）、その社会構造はどうなったのか。再びバンド的社会に戻ったのか／階層化社会を持続し得たのか、まだ共通認識には到っていない（高宮2008、安里2010ほか）。
　その手掛かりとなる考古学的痕跡のひとつが、該期にみる農耕関連の遺構・遺物である。農耕開始の問題については、新里亮人（第2部）の別稿に詳しいと思うので詳述しないが、沖縄本島那崎原(なーざきばる)遺跡（那覇市）では鍬痕群や溝跡、コムギ・オオムギ・アワ等の植物遺体が検出され、検出面覆土層の土器理解や本土産須恵器から9～10世紀前後の年代観が付与されている（高宮1996）。該期沖縄諸島では種子等圧痕のある在地土器も数例程度だが存在し、農耕技術の伝播も示唆される。奄美諸島地域の遺跡群全体の理解として、「大多数の遺跡は漁労採集経済段階に置かれていて、対外交流の窓口となる少数の拠点的遺跡を中心に階層社会が形成されていた」（高梨2007）と想定されているが、（程度差は当然考えられるが）沖縄諸島地域においても前代以来の漁撈採集主体の停滞的な獲得経済段階の社会のなかに、外来集団との接触頻度が高かった特定集落ないし複数の集落単位（小地域）が存在していたのではないか。グスク時代開始期（中世前期相当）の沖縄諸島における滑石製石鍋や滑石混入土器の分布・出土状況をみても遺跡単位・小地域単位で粗密を看取できるが、交易・交渉による技術・情報流入量の「差」を顕しているとも考えられ、その前段にあたる上記の島嶼社会像も支持し得るように考える。
　グスク時代開始期以後にみる諸相の劇的変化は、東アジア規模で躍動する周辺の動静を背景にヒト（集団）・モノ・情報（技術）が大量流入した結果と理解されつつあるが、前段にあたる貝塚時代後期後半にはその素地が形成されていたと考えておきたい。

第3部　先史・原史時代の琉球の人々と文化景観

おわりに

　貝塚時代琉球列島における交流・交易の通時的概観を試みた。本稿で確認した諸点を以下に列記する。

・九州島以北—奄美・沖縄諸島地域間の遠距離交流を通時的に概観すれば、基本的に前者の働きかけ（需要）に後者が応える（供給）という、一貫した関係性を認める。

・彼我の交流・交易に経済的要素を明確に認めるのは、貝塚時代前期末に開始される素材貝殻の需要／供給関係が明確な「南海産貝輪交易」以降だが、その前段時期にみる腰岳産黒曜石やヒスイ製品の流入契機には、奄美・沖縄諸島人の選択的需要が窺えることから、彼間の関係が次第に経済的要素を強め、"交流"から"交易"へと発展的に推移していくようにみえる。

・奄美・沖縄諸島地域の土器動態では土器様式の分化／斉一化の現象が幾度かみられ、土器様式分立期における土器移動は奄美諸島→沖縄諸島というベクトルにほぼ終始している。このことから奄美諸島の"能動的"対応と沖縄諸島における"受動的"対応の差異が看取できる。

・上記の対応姿勢の相違は、木下尚子（2005・2010）が指摘する所のサンゴ礁環境差[5]に起因する集団の適応戦略の相違とも読み取れ、貝塚時代前Ⅳ期（縄文後期）以降において、ある種伝統的な生存戦略手段として持続していた可能性も考えられる。

　上記は、今回の俯瞰を通じた覚書であり、地元研究者間では当たり前な事柄もあると思われるが、慎重かつ継続的な検証を要する事柄と考える。特に奄美・沖縄諸島地域にみるサンゴ礁環境差については、遺跡出土の貝類遺体・脊椎動物遺体にみる相違（樋泉2003、島袋2007）も含めて留意すべきであろう。

　高宮広土（1993）ほか多くの研究者も既に指摘する所だが、九州—南島の構図での交流（遠距離レベル）の実相に迫るには、奄美—沖縄諸島地域の関係（中距離レベル）をより注視する必要を感じる。土器論等の遺物分析において奄美諸島の影響は従来指摘されてきたが、この考古学的理解が帰納すべき集団・ヒトの動きはいまだ漠然的なイメージに留まっているように思われる。これ

については、2つの土器様式分立期—前Ⅳ期中葉〜後葉と後期前半—およびその間にあたる前Ⅴ期の在地土器様式について再考する必要もあろう。

　もうひとつ、本稿であまり触れ得なかった"景観"に関わる事柄についても思う所を記述しておきたい。物理的距離と感覚的な距離の差違である。例えば、後期前半（弥生〜古墳並行期）、沖縄諸島伊江島南海岸には該期遺跡が密に分布し、拠点的集落地の一つとみられている。海を隔てた沖縄本島から眺めれば地図に見るような小離島だが、遺跡が多く立地する島の南海岸から望めば、眼前の海はさながら湾の様相を呈し、陸続きのような錯覚を覚える。沖縄本島東側の金武湾沿岸地域も該期貝交易の拠点遺跡がある複数分布するが、対岸から望めば遺跡が立地する白浜はくっきりと映え、舟を漕ぎ出せばすぐ行けるような感覚さえ覚える。

　沖縄本島北部、「山原（やんばる）」と通称される地域は、明治〜大正期に至るまで陸上交通事情はほぼ未発達であり、海岸線に点在する各集落では本島中南部や他地域との交通・輸送手段は船が主であった。貝塚時代人達が描く島や空間領域のイメージは、我々が描くものと異なるものであっただろう。島嶼世界において眼前に広がる蒼海は、彼我の領域を隔てる「閉鎖性」と外世界への出入口としての「開放性」の二面性を備えていたことを改めて考えさせてくれる。

写真3　伊江島南岸の鳥瞰写真
（2010年筆者撮影）

注
1) 「貝塚時代後期」は、地理的文化的な地域性を意識したもので、主に沖縄考古学で汎用される時期名称である。一方、奄美考古学では沖縄諸島との均質的理解を

第 3 部　先史・原史時代の琉球の人々と文化景観

　　避ける意図から「弥生時代並行期」「貝塚時代後期並行期」といった名称使用もみられる（高梨 2004）。
2) 同様な指摘は、設楽博己や藤尾慎一郎も既に提示している（設楽 1997、藤尾 2001）。
3) 沖縄本島木綿原遺跡（9 号人骨）や同島安座間原第一遺跡（39-A 号）埋葬人骨には、南島人的形質を基調としつつ、九州西北部・響灘沿岸弥生人に近似した特徴を認めるという（松下 2004）。
4) 1990 年代以降の注目すべき発掘調査、殊に喜界島城久遺跡群の発掘調査が一大契機となり、近年多くの特集や論集が刊行されている。瞥見でも以下の文献がある。
　・池田榮史（編）『喜界島研究シンポジウム「古代・中世のキカイガシマ」資料集』喜界島郷土研究会・九州国立博物館誘致推進本部 2005 年
　・『東アジアの古代文化』第 130 号（特集：古代・中世の日本と奄美・沖縄諸島）大和書房 2007 年
　・池田榮史（編）『古代中世の境界領域—キカイガシマの世界—』高志書院 2008 年
　・谷川健一（編）『日琉交易の黎明—ヤマトからの衝撃—』森話社 2008 年
5) 木下尚子は、貝交易における奄美諸島集団の積極的関与を指摘するとともに、その要因として、「裾礁がより発達し豊かなイノーを控えた沖縄諸島は、これによる安定性の高い生活が保証されており、そこに異文化に反応しにくく、重心を容易に移動させない文化が成立していたのだろう。これに対し、裾礁が狭くイノーの発達が悪い奄美諸島では、安定的ではあるものの、異文化に反応して生活の重心を移動させやすい文化が育まれていたのではないだろうか。」（木下 2010：pp84）と、環境差を成因とする交流・交易をめぐる対応姿勢の相異を提起している。九州—奄美諸島—沖縄諸島の交流を通時的概観するなかで浮かび上がる奄美・沖縄諸島地域の差異を考察する上で重要な見解と考える。

　成稿に際し、大城剛氏（うるま市教育委員会）、仲宗根求氏（読谷村立歴史民俗資料館）より写真使用でご快諾を頂いた。記して謝意を表する。
　本研究の一部は、文部科学省科研費（課題番号 21101005）の助成を受けて行われた。

引用・参考文献

青崎和憲 2002「第 III 章第 2 節　遺構・遺物」「まとめ」『ウフタ III 遺跡』龍郷町

貝塚時代琉球列島の交流・交易史―列島南縁の島嶼世界にみる交流の風景―

　　教育委員会（編）、pp.7-38、44-47、龍郷町教育委員会
安里　進 2003「琉球王国の形成と東アジア」『日本の時代史18　琉球・沖縄史の世界』豊見山和行（編）、pp.84-115、吉川弘文館、東京
安里　進 2010「総論「古琉球」概念の再検討」『沖縄県史各論編3　古琉球』沖縄県文化振興会史料編集室（編）、pp.3-19、沖縄県教育委員会
安座間充 2000「琉球弧からみた弥生時代併行期の九州との交流様相―当該期搬入土器群および「弥生系土器」の再検証を中心に―」『地域文化論叢』3：pp.1-46
安座間充 2007「弥生時代―おもに南島の側からみた交流像―」『考古学ジャーナル』No.564：pp.16-20
東　和幸ほか 2009「鹿児島県における縄文時代中期土器の様相」『第20回九州縄文研究会佐賀大会発表要旨・資料集　九州の縄文時代中期土器を考える』九州縄文研究会佐賀大会事務局（編）、pp.362-445、九州縄文研究会
池田榮史 1999「沖縄貝塚時代後期土器の編年とその年代的位置付け―奄美兼久式土器との関わりをめぐって―」『奄美博物館シンポジウム　サンゴ礁の島嶼地域と古代国家の交流　資料集』名瀬市教育委員会
池田榮史 2005「兼久式土器に伴出する外来系土器の系譜と年代」『奄美大島名瀬市小湊フワガネク遺跡群Ⅰ』名瀬市教育委員会（編）、pp.134-148、名瀬市教育委員会
池畑耕一 1998「考古資料からみた古代の奄美諸島と南九州」『列島の考古学―渡辺誠先生還暦記念論集―』渡辺誠先生還暦記念論集刊行会（編）、pp.733-743
伊藤慎二 1993「沖縄編年の現状と諸問題」『史学研究集録』19：pp.66-90
伊藤慎二 1994「琉球列島」『季刊考古学』48（特集縄文社会と土器）：pp.78-80
伊藤慎二 2008「琉球縄文土器（前期）」『総覧縄文土器』小林達雄（編）、pp.814-821、アム・プロモーション、東京
伊藤慎二 2010「ヒトはいつどのように定着したか？」『考古学ジャーナル』No.597：pp.6-8
稲福恭子 2004「奄美・沖縄諸島における縄文時代晩期並行期の土器様相に関する一考察―宇宿上層式土器と宇佐浜式土器を中心として―」沖縄考古学会定例会発表レジュメ
小畑弘己・盛本　勲・角縁　進 2004「琉球列島出土の黒曜石製石器の化学分析による産地推定とその意義」『石器原産地研究会会誌 Stone Sources』No.4：pp.101-136

第3部　先史・原史時代の琉球の人々と文化景観

金関　恕ほか 2003『種子島広田遺跡』広田遺跡学術調査研究会（編）鹿児島県歴史資料センター黎明館、鹿児島

上村俊雄 1992「沖縄諸島出土の五銖銭」『鹿大史学』40：pp.1-27

上村俊雄 1994「南九州と南島の文物交流について―縄文・弥生時代相当期の文物―」『南島考古』14：31-44

上村俊雄 1998「南西諸島出土の石鏃と黒曜石―その集成と意義―」『人類史研究』10：pp.200-213

上村俊雄 1999「南の海の道と交流―南九州と南島の交流・交易を中心に―」『海を渡った縄文人』橋口尚武（編）、pp.301-346、小学館、東京

上村俊雄 2004「沖縄の先史・古代―交流・交易―」『沖縄対外文化交流史』鹿児島国際大学附置地域総合研究所（編）、pp.1-72、日本経済評論社、東京

河口貞徳 1974「奄美における土器文化の編年について」『鹿児島考古』9：pp.17-68

岸本利枝 2006「大堂原貝塚出土の曾畑式土器様式について」『名護博物館紀要あじまあ』13：pp.1-30

岸本義彦ほか 1982「3. III区」『古座間味貝塚―範囲確認調査報告―』沖縄県教育委員会（編）、pp.113-142、沖縄県教育委員会

木下尚子 1980「弥生時代における南海産貝輪の系譜」『日本民族とその周辺・考古篇―国分直一博士古稀記念論集―』国分直一博士古稀記念論集編纂委員会（編）、pp.311-358、新日本教育図書

木下尚子 1989「南海産貝輪交易考」『生産と流通の考古学―横山浩一先生退官記念論文集―』横山浩一先生退官記念事業会（編）、pp.203-249、福岡

木下尚子 1996『南島貝文化の研究―貝の道の考古学―』法政大学出版局、東京

木下尚子 1998「日本出土貝製腕輪地名表」『環東中国海沿岸地域の先史文化』甲元眞之（編）、pp.229-242、熊本大学文学部考古学研究室、熊本

木下尚子 2000「考古学からみた海上の道」『公開シンポジウム海上の道再考―人類と文化の潮流―予稿集』国際日本文化センター尾本プロジェクト（編）

木下尚子 2005「貝交易からみた異文化接触」『考古学研究』52-2：pp.25-41

木下尚子 2010「サンゴ礁と遠距離交易」『沖縄県史各論編3　古琉球』沖縄県文化振興会史料編集室（編）、pp.66-85、沖縄県教育委員会

九州縄文研究会編 2009『九州の縄文時代漁撈具―第19回九州縄文研究会長崎大会研究発表要旨・資料集―』九州縄文研究会

金城亀信 1996「第VI章出土遺物　第20節青銅製品」『平敷屋トゥバル遺跡―ホワ

イトピーチ地区内倉庫建設工事に伴う緊急発掘調査報告書―』沖縄県教育委員会（編）、pp.152-154、沖縄県教育委員会、那覇市

国分直一 1972『南島先史時代の研究』慶友社、東京

国分直一・河口貞徳・曾野寿彦・野口義麿・原口正三「奄美大島の先史時代」『奄美―自然と文化―』九学会連合奄美大島共同調査委員会（編）、pp.1-92、日本学術振興会

設楽博己 1997「弥生時代の交易・交通」『考古学による日本歴史9　交易と交通』大塚初重ほか（編）、pp.41-58、雄山閣、東京

島袋春美 2007「先史時代の貝類利用―奄美・沖縄諸島を中心に―」『考古学ジャーナル』No.597：pp.18-20

島袋　洋 1987「第6章第1節　土器」「第7章　収束」『石川市古我地原貝塚―沖縄自動車道（石川～那覇間）建設工事に伴う緊急発掘調査報告書　6）―』沖縄県教育委員会（編）、pp.66-213、392-396、沖縄県教育委員会

下地安弘 2000「沖縄県嘉門貝塚出土の楽浪系土器」『人類史研究』11：pp.17-24

新里貴之 1999「南西諸島における弥生並行期の土器」『人類史研究』9：pp.75-106

新里貴之 2000「九州・南西諸島における弥生時代・並行期の土器移動について―基礎的作業―」『大河』7：pp.237-257

新里貴之 2001「物流ネットワークの一側面―南西諸島の弥生系遺物を素材として―」『南島考古』20：pp.49-66

新里貴之 2004「沖縄諸島の土器」『考古資料大観12 貝塚後期文化』高宮廣衞・知念　勇（編）、pp.203-211、小学館、東京

新里貴之 2006「南西諸島のヒスイ製品」『南島考古』27：pp.65-80

新里貴之 2008a「喜念・佐弁砂丘遺跡群トマチン遺跡発掘調査概要報告―トマチン遺跡第1次～3次調査の概要―」『人類史研究』14：pp.13-28

新里貴之 2008b「琉球縄文土器（後期）」『総覧縄文土器』小林達雄（編）、pp.822-829、アム・プロモーション、東京

新里貴之 2009「貝塚時代後期文化と弥生文化」『弥生時代の考古学1　弥生文化の輪郭』設楽博己ほか（編）、pp.148-164、同成社、東京

高梨　修 1998「名瀬市小湊・フワガネク（外金久）遺跡の発掘調査」『鹿児島県考古学会研究発表資料―平成10年度』

高梨　修 2000「ヤコウガイ交易の考古学―奈良時代～平安時代並行期の奄美諸島、沖縄諸島における島嶼社会―」『交流の考古学』小川英文（編）、pp.228-265、朝倉書店、東京

第3部　先史・原史時代の琉球の人々と文化景観

高梨　修 2005a『ヤコウガイの考古学』同成社、東京
高梨　修 2005b「琉球弧における土師器・須恵器出土遺跡の分布（予察）」池田榮史（編）『喜界島研究シンポジウム「古代・中世のキカイガシマ」資料集』喜界島郷土研究会・九州国立博物館誘致推進本部
高梨　修 2007「南島の歴史的段階―兼久式土器出土遺跡の再検討―」『東アジアの古代文化』130（特集：古代・中世の日本と奄美・沖縄諸島）：pp.53-81 大和書房
高宮廣衞・下地傑・安里和美・大城広江 1985『沖国大考古』7（沖永良部島神野貝塚発掘調査概報（その1）―Aトレンチ―））沖縄国際大学文学部考古学研究室
高宮廣衞 1987「城岳と明刀銭」『東アジアの考古と歴史（中）』岡崎敬退官記念論集編集委員会（編）、pp.241-264、同朋社
高宮廣衞・中村　愿・知花一正・山城安生・玉城京子・山城直子・西久保淳美 1999『沖国大考古』12（渡嘉敷村阿波連浦貝塚発掘調査報告）沖縄国際大学文学部考古学研究室
高宮広土 1996「古代民族植物学的アプローチによる那崎原遺跡の生業」『那崎原遺跡―那覇空港ターミナル用地造成工事に伴う緊急発掘調査報告―』那覇市教育委員会（編）、pp.83-100. 那覇市教育委員会、那覇市
高宮広土 2005『島の先史学―パラダイスではなかった沖縄諸島の先史時代―』ボーダーインク、沖縄
高宮広土・L.A. Pavlish・R.V. Hancok 1993「沖縄の先史土器に関する中性子放射化分析（中間報告）」『南島考古』13：pp.1-18
樋泉岳二 2003「脊椎動物遺体からみた奄美・沖縄の環境と生業」『先史琉球の生業と交易―改訂版―』木下尚子（編）、pp.47-66、熊本大学文学部木下研究室、熊本
當眞嗣一 1997「具志頭城北東崖下洞穴内で発見された明刀銭について」『沖縄県立博物館紀要』23：pp.97-110
堂込秀人 1998「南西諸島中部圏の弥生時代相当期の土器文化」『環東中国海沿岸地域の先史文化』甲元眞之（編）、pp.243-252、熊本大学文学部考古学研究室、熊本
堂込秀人 2004「南九州・奄美・沖縄の旧石器時代から縄文時代の考古学の課題」『第5回沖縄考古学会・鹿児島県考古学会合同学会研究発表会資料集　20年の成果と今後の課題』pp.1-18
鳥居龍蔵 1905「沖縄諸島に住居せし先住民に就て」『東京人類学會雑誌』20-227
仲宗根求・西銘　章・宮城弘樹・安座間充 2001「読谷村出土の弥生土器・弥生系土器について」『読谷村立歴史民俗資料館紀要』25：pp.59-79
中園　聡 1997「九州南部地域弥生土器編年」『人類史研究』9：pp.104-119

貝塚時代琉球列島の交流・交易史―列島南縁の島嶼世界にみる交流の風景―

中園　聡 2000「沖縄諸島出土の九州系弥生土器―様式の同定と解釈―」『琉球・東アジアの人と文化―高宮廣衞先生古稀記念論集―』(上巻) 高宮廣衞先生古稀記念論集刊行会 (編)、pp.111-130

中園　聡 2004『九州弥生文化の特質』九州大学出版会、福岡

中村　愿 1991「沖縄の貝塚時代」『MUSEUM KYUSHU』36：pp.3-16

中村　愿ほか 2007「第Ⅳ章　調査の方法と成果」『伊礼原遺跡―伊礼原B遺跡ほか発掘調査事業―』北谷町教育委員会 (編)、北谷町教育委員会

中村　愿ほか 2008「第五章　調査方法と成果」『伊礼原B遺跡・伊礼原E遺跡―キャンプ桑江北側返還に伴う試掘調査―』北谷町教育委員会 (編)、北谷町教育委員会

中山清美ほか 2003「宇宿小学校構内遺跡発掘調査概報」『奄美考古』5：pp.1-74

野崎拓司・澄田直敏・後藤法宣 2010「城久遺跡群の発掘調査」『日本考古学』29：pp.137-146

藤尾慎一郎 (編) 2001「Ⅱ. 資料集成　A. 西部九州の弥生早・前期の土器　一. 琉球」『弥生文化成立期の西日本・韓国の土器』、pp.13-19、国立歴史民俗博物館考古研究部

本田道輝 1992「南島と市来式系土器」『奄美学術調査記念論文集』鹿児島短期大学付属南日本文化研究所 (編)、pp.143-163

松下孝幸 2004「沖縄県読谷村木綿原遺跡出土の弥生時代人骨」『南島考古』22：pp.67-108

松原哲志 2010「北谷町・伊礼原E遺跡出土の土器について」『南島考古だより』88：p.2

三島　格・橋口達也 1977「南海産貝輪に関する考古学的考察と出土地名表」『立岩遺蹟』立岩遺蹟調査会 (編)、pp.284-288、河出書房新社

水之江和同 2005「南島の縄文石斧」『南島考古』24：pp.5-18

水之江和同 2008「九州地方・南島」『縄文時代の考古学2　歴史のものさし―縄文時代研究の編年体系―』同成社、東京

山崎真治 (編) 2010『沖縄県南城市武芸洞遺跡発掘調査概要報告書』沖縄県立博物館・美術館

山里純一 1999『古代日本と南島の交流』吉川弘文館

山里純一 2010「七～十二世紀の琉球列島」『沖縄県史各論編3　古琉球』沖縄県文化振興会史料編集室 (編)、pp.90-109、沖縄県教育委員会

第3部　先史・原史時代の琉球の人々と文化景観

　発掘調査報告書に関しては、紙数の都合等から本稿文章で触れたものに留めたことを了されたい。

グスク時代に訪れた大規模な島の景観変化

宮城 弘樹

はじめに

　沖縄に住んだ私たちの祖先は、いかに島の自然にアプローチし、景観にどのように関わってきたのか。景観は主に地質や気候等を主因としそこに生物的につくられる自然的（物理的）景観と、これを人為的に改変し造られた人為的（文化的）景観に分けることができる。沖縄の景観の変遷に関する考古学的なアプローチは、必ずしも活発ではない。本小論では沖縄特に筆者が調査に関わる今帰仁城跡を中心に、景観の変遷について概観する。

I. グスク誕生に至る歴史過程
1. 基層文化《貝塚時代の終焉》

　グスク誕生前の沖縄諸島には、狩猟採集民の文化があった。貝塚時代後期（以下貝塚後期と略称）と呼称する時代で、約1000年以上続く。前半は本州弥生文化との交流交易によって、貝素材を提供する貝交易が行われたことが知られている（第2部安座間論文）。彼らは、海岸に集居し眼前の海産資源に依拠しながら生活を行っていた。遺構の検出例に乏しいため集落全体の景観復元は困難だが、海岸線に沿って散居する集落で、内陸部での恒常的居住を行わない集団であったことが想定されている。この時代の集落景観を知る好例としては安座間原第二遺跡があげられる。標高4〜5mの海岸砂丘上にあって、140基余の建物群が検出されている。大型の円形竪穴住居を中心に方形、隅丸方形の竪穴住居で構成され、大溝を挟んで作業場・貝塚や墓地と区別されていた（森井1994）。このような弥生並行期の沖縄の生活空間の景観復元は、1999年に行われた国立歴史民俗博物館の展示会『新弥生紀行《北の森から

第3部　先史・原史時代の琉球の人々と文化景観

南の海へ》』においてビジュアル的に再現されている（写真1）。

貝塚後期後半については、様々な搬入品が見られ、交易がなんらかの形で続きながら、海産資源利用の狩猟採集段階の時代が続いたと考えられている。後期終末期と推定される那崎原(なーざきばる)遺跡では注目される発見があった。この遺跡は、土器文化を見る限りにおいては在来の漁労採集民の系譜を引いた集団によって担われた遺跡だが、くびれ平底土器の層から炭化米が出土し

写真1　沖縄貝塚時代後期前半の集落景観復元模型

たのである（高宮1996）。一見、この事例をもって交易や交換によって栽培植物を入手し、農耕を行った初期の集団と評価することが可能であるが、残念ながら今のところこれを支持する類例遺跡の追加報告が無い。このため炭化種子の評価について、多角的に検証されることで評価の再検証も必要と考える。なぜなら炭化種子の出土は希に、上位層からの混入が認められるからである（木下2006）。この段階における評価が沖縄諸島における農耕のはじまりの議論において極めて重要な発見だけに、根拠となっている出土炭化種子を直接炭素14年代測定法による年代測定を行うなど、定点としての位置付けとなり得るのか、確定させることが望まれる。いずれにしても、この事例以外に、積極的に貝塚後期における農耕の証明が不透明なことから、那崎原遺跡の事例発見者の高宮広土も農耕によらず狩猟採集生活を続ける貝塚時代伝統の集団が沖縄諸島には居住していたと評価している（高宮2004）。

さて、この貝塚後期後半段階における集落景観はどのようなものであったのだろうか。残念ながら良好な遺構の検出事例が無く不詳と言わざるを得ない。ただし、貝塚後期の遺跡は前半と後半では若干遺跡の選択地が異なって

いる。貝塚後期前半は海岸砂丘地に約63％の遺跡が立地し丘陵上・台地上は10％に満たないが、後半期には丘陵上への選地が約25％を占めるとともに、台地上・洞穴・沖積地への立地も10％前後あるという特徴がある（宮城2000）。このことは、同じ貝塚後期という時代でも、前半と後半で一部集落では住景観の変化があったことをうかがわせている。

2. 第1の変化《農耕のはじまり》

　貝塚時代終焉の説明は、次代に到来する文化によって刷新されたという考えが一般的である。その大きな変化、あるいは画期と考えられているのが、くびれ平底土器からグスク土器への土器文化の変化期にある。後者グスク土器の最古式段階の遺跡である後兼久原遺跡などは、変革直後の状況をよく伝えている（第1図）。居住生活のパターンである方形プランの住居、地床炉、高倉、石鍋模倣土器などの煮沸具など生活様式がほぼ揃ったセットで登場する。住居環境以外にも、最も大きな転換とされるのが農耕の開始である。後兼久原遺跡は隆起石灰岩を後背し標高4～5mの沖積平野部に立地する。ほぼ同時期の遺跡と考えられる沖縄本島西海岸の読谷村、北谷町、宜野湾市で発掘された幾つかの遺跡は、隆起石灰岩の台地上に立地する。これらの遺跡では、いずれも母屋と高倉がセットになっており、後兼久原遺跡と同様の集落景観を呈する。また、高倉は母屋から見て海岸側に配置されるなどの共通点も多い。周辺地では畑や水田の広がる景色もあったと考えられ、サンゴ礁の礁池（イノー）や入江ごとに住居を寄せあう貝塚後期の集落景観とは異なる景観を見ることができる。

　この時代、南西諸島の島々の中には更に複雑な集落景観

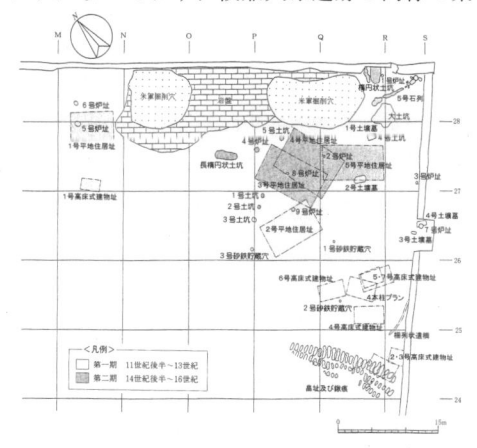

第1図　後兼久原遺跡の居住景観

を見せる遺跡が発見されている。沖縄本島の北、喜界島城久遺跡群では様々な規格の異なる建物跡が検出されている。新来の要素を重視するか、伝統を重視するかで評価は様々だが、このような複雑な建物群の構成が、南西諸島では前代には見られない景観であることは事実である。奄美地域では、この喜界島に限らず、徳之島でカムィヤキ窯が操業される（第2部新里論文）。これもまた人為的景観の変遷において大きな変化と言える。窯の操業には当然ながら森林の大規模な伐採や、これを下支えする陶工などの動員が必要で、この窯業が島に劇的な景観変化をもたらしたことは間違いない。この他にも部分的な調査のため詳細は不明だが、奄美の宇宿貝塚では、やはり同時代と考えられる遺構に、集落あるいは居住区を区画するとみられるV字溝が検出されている。このような貝塚後期とは異なる諸種の遺構が、特に奄美諸島で多く発見されている。

　さて、この時期沖縄諸島にもたらされた新来の要素の担い手として島外の人がたびたび想定されてきた（安里1978ほか）。いわゆる移住者の集団入植である。しかし、仮に移住者が来たのであれば、遺跡の動態として渡来の痕跡、先住民となるはずである当該地域の在地の人々との接触の様子、あるいは同化などの実態を把握することが肝要であるが、残念ながらその検討は未だに乏しい。先に紹介したグスク土器最古段階の後兼久原遺跡は、最古段階と想定されているにも関わらず新来の要素が多くを占めている。このような集落は場合によっては、移住者のコロニー的な集落であったと見ることもできないだろうか。いずれにしても、砂丘や丘陵地に選地した狩猟採集民の貝塚後期の人々とは異なり、台地上や沖積地に選地した初期の農耕民は、遺跡で検出される遺構の内容や精神文化を写すと考えられる遺物において大きな変化が認められることを指摘することができる。

　また、貝塚後期とグスク時代では後者の遺跡数が格段に増加する。ここには、農耕に伴い、人口の増加が背景にあると考えられている。全体で見た場合確かに遺跡数の増加は顕著である。しかし、島々を俯瞰して見た場合一律に遺跡数の増加という単純なものでないことが分かる。少なくとも遺跡数の多寡は島々によって異なっている（第1表）。

貝塚後期（及び並行期）とグスク時代の遺跡数を比べると、地域ごとに大きく3つの類型に分けることができる。一つは貝塚後期並行期の遺跡がおおよそ20％未満で、両時代に重複する複合遺跡の比率が少ない八重山・宮古諸島の「先島型」。二つ目は貝塚後期とグスク時代の両時代の複合遺跡が1割程度見られ、中でも貝塚後期の遺跡が50％程度、つまりグスク時代になってもその地域では大きく遺跡数の増加が認められない沖縄・奄美地域の離島部に顕著な「離島型」。三つ目は、貝塚後期遺跡は比較的少ないのに対して、グスク時代の遺跡が倍増する「南部型」に類別することができる。あくまでも市町村別に見たものだが、各時代における居住地選択の指向性を、相対的にうかがい知ることができるもので、島々で遺跡数増加は、一律ではなく、言い換えれば開発の度合いも島嶼部や沖縄本島中南部では異なっていたと考えられる。

3. 第2の変化《グスクの築城》

グスク土器が地域色豊かになり

第1表 貝塚時代後期の遺跡とグスク時代の遺跡数

地区	市町村	貝塚後期相当		複合		グスク時代	
奄美諸島	喜界町	38	26%	18	12%	93	62%
	笠利町	26	58%	2	4%	17	38%
	龍郷町	8	57%	1	7%	5	36%
	名瀬市	15	17%	9	10%	63	72%
	宇検村					5	100%
	住用村	1	33%			2	67%
	大和村					4	100%
	瀬戸内町					18	100%
	伊仙町	28	39%	13	18%	31	43%
	徳之島町	3	21%	1	7%	10	71%
	天城町	3	19%			13	81%
	和泊町	5	18%	3	11%	20	71%
	知名町	22	37%	6	10%	32	53%
	与論町	2	33%			4	67%
本島北部	国頭村	16	67%			8	33%
	大宜味村	8	40%	2	10%	10	50%
	東村	1	100%				0%
	今帰仁村	16	47%	2	6%	16	47%
	本部町	9	38%	2	8%	13	54%
	名護市	29	35%	7	8%	48	57%
	恩納村	14	58%			10	42%
	宜野座村	8	25%	3	9%	21	66%
	金武町	10	59%	1	6%	6	35%
本島中部	石川市	1	9%	1	9%	9	82%
	具志川市	13	50%	4	15%	9	35%
	与那城町	12	46%			14	54%
	勝連町	18	33%	6	11%	30	56%
	沖縄市	2	12%			15	88%
	読谷村	27	52%	1	2%	24	46%
	嘉手納町	3	43%			4	57%
	北谷町	3	15%			17	85%
	北中城村	1	6%			15	94%
	中城村	3	14%	3	14%	16	73%
	西原町	2	7%	2	7%	23	85%
	宜野湾市	50	41%	17	14%	55	45%
本島南部	浦添市	10	34%	1	3%	18	62%
	那覇市	10	20%	4	8%	37	73%
	豊見城市	1	2%	1	2%	40	95%
	糸満市	15	19%	2	3%	63	79%
	東風平町					10	100%
	八重瀬町 具志頭村	3	10%	1	3%	25	86%
	玉城村	10	27%	1	3%	26	70%
	南城市 知念村	13	45%	2	7%	14	48%
	佐敷町	1	5%			18	95%
	大里村					10	100%
	与那原町						
	南風原町			1	3%	30	97%
本島周辺離島	伊是名村	17	55%	1	3%	13	42%
	伊平屋村	15	58%	4	15%	7	27%
	伊江村	7	88%			1	13%
	渡嘉敷村	4	57%			3	43%
	座間味村	12	80%			3	20%
	粟国村	1	50%			1	50%
	渡名喜村	2	33%			4	67%
	久米島町	27	52%	2	4%	23	44%
宮古諸島	宮古島市 平良市	2	7%			25	93%
	城辺町	4	20%			16	80%
	下地町					9	100%
	上野村					7	100%
	伊良部町					8	100%
	多良間村					19	100%
八重山	石垣市	24	27%	2	2%	63	71%
	竹富町	15	18%	1	1%	69	81%
	与那国町	2	14%			12	86%
	総計	593	30%	126	6%	1,254	64%

※網掛けはグスク時代遺跡がその地域で倍増している南部型。
※黒塗り白文字は先島型。
※遺跡計数は下記のHPを用いた。
鹿児島県立埋蔵文化財センター (http://www.jomon-no-mori.jp/mbntop1.htm)、沖縄県立埋蔵文化財センター (http://www.maizou-okinawa.gr.jp/) が公開するGIS遺跡地図を利用 (2009年2月時点)。

第3部　先史・原史時代の琉球の人々と文化景観

第2表　福建省生産の粗製磁器の出土点数と出土遺跡数

	今帰仁タイプ	ビロースクⅠ類	ビロースクⅡ類	ビロースクⅢ類
奄美諸島	0 (0)	1 (1)	3 (2)	21 (5)
沖縄諸島	114 (12)	56 (16)	338 (50)	2002 (65)
宮古諸島	12 (7)	8 (4)	30 (8)	20 (7)
八重山諸島	51 (12)	16 (8)	123 (13)	111 (17)

※（カッコ内）は出土遺跡数

はじめた頃、招来品である陶磁器も新たな消費動向を示すようになる。中国より招来された陶磁器は前代より集落遺跡から出土することから、陶磁器の消費が南西諸島内に広がっていたことがわかる。このような状況は、中世前期の日本本州でも同様であり、中央と地方、拠点的な遺跡と周縁とでは、品質的な良不良、あるいは出土量の多寡がみられるが、出土遺物の構成には全国的な差異は無い。このことは、中国と日本が複数の寄港地で交易を行っていたという状況ではなく、お互い少ない出発点と到着点があって、そこから陶磁器が流布していたことを示している。これは沖縄もほとんど変わらない。しかし、その僅かな変化の兆しを、福建省で焼成された粗製の磁器によって確認することができる。

　それが、今帰仁タイプ（13世紀後半〜14世紀前半）、ビロースクタイプ（Ⅰ類＝14世紀前半、Ⅱ類14世紀中頃、Ⅲ類14世紀後半頃）と呼称される陶磁器である。この陶磁器の流通と消費の量的な変化について調べてみると、実におもしろい結果が得られる（第2表）。1つは、今帰仁タイプの出土は奄美諸島では確認されず、沖縄・先島諸島で確認される。2点目は、今帰仁タイプとビロースクタイプⅠ類は宮古・八重山諸島が相対的に見て出土量が多い。3点目は、ビロースクタイプⅢ類が沖縄諸島において突出して多くなり、先島では相対的に少なくなっている（宮城・新里2009）。

　しかし、これらの陶磁器は日本本州ではほとんど出土例がない。これらは沖縄に特異に出土する流通品である。このことから、基本的に日本本州を介した北からの消費財の流入が顕著であった時代から、中国大陸との直接的な交易を示唆する初期段階の遺物として評価することができると考えられる。

沖縄の出土陶磁器の特異性は、従来から指摘されているところである。しかしその変化点は 14 世紀後半、即ち琉球の中国朝貢と解釈するのが一般的であった。先に紹介した遺物群は 13 世紀後半から 14 世紀前半のものを含む。この事実は、14 世紀後半の朝貢貿易前における日本本州と沖縄の搬入物の相違例として、中国福建省生産の粗製磁器が確認されたのである。なお、陶磁器の他にも、南西諸島域内のカムィヤキの流通もこの段階において大きな変化を示しているとされる（新里 2004）。11〜13 世紀には奄美地域に分布の中心があったカムィヤキが、13 世紀〜14 世紀には沖縄地域にその中心が移っていくというのである。

　以上の事実から想定されるのは、11 世紀後半頃第 1 の変化によって農耕文化がもたらされ先史時代が終わる。やがてこの変化によってもたらされた農耕経済への転換を一つの契機とし、地域色豊かな文化が島々に醸成され多様な展開を見せる。次に、これまで基本としていた日本を経由した、あるいは日本側に貿易の拠点ないしは主導があった貿易構造の質の転換があった。これが第 2 の変化である。第 1 の変化から第 2 の変化までは本州⇒奄美⇒沖縄の流通のルートが基本であった。南西諸島における喜界・奄美・徳之島地域の隆盛が認められ、第 2 の変化以降流通の構造において少なくない変化が現れる。先島地域や沖縄諸島の隆盛、媒介者の多元化、中国⇒沖縄・先島両諸島への新たなルートの登場が先に紹介した陶磁器から読み取れるのである。そこには、交易構造の質的な変化と相まって、農耕の本格化によって季節的な対応や可耕地の経営や開発、栽培活動に関する知識の集積が新たな労働力の編成を誘因し、集約化された労働力が領主の誕生を発現させる。また交易の媒介者として台頭する者も、同様に力を蓄えたことは想像に難くない。正にこの時期こそ、島々にグスクを出現せしめた時期にあたり、土器編年ではグスク土器第 3 様式段階、暦年代ではおおよそ 13 世紀後半から 14 世紀前半に比定される。やがてここで完成した領主と領民の関係は、時間的経過を追って次第に構造化、序列化したと考えられる。おそらく、この領主たちの中の幾つかのグループが、第 3 の変化点である朝貢貿易を行う段階以後登場する領主へと直接的に繋がると考えられる。

第3部　先史・原史時代の琉球の人々と文化景観

II. グスク時代に行われた人為的改変

1. 築城史

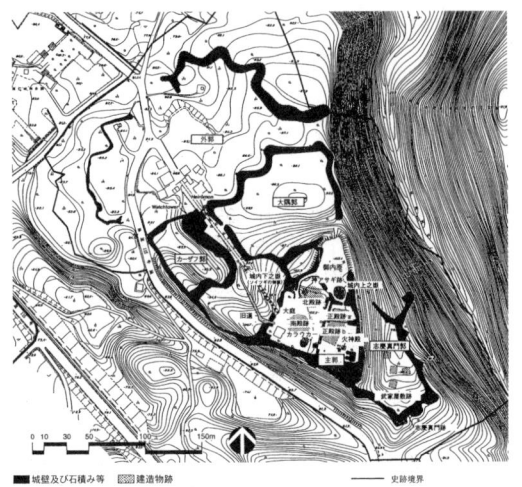

築城変遷に関しては、今帰仁城跡（第2図）主郭の発掘事例が理解する上で参考になる。具体的に紹介してみたい。主郭の発掘によると堆積層は9枚の層序に分けられる。それぞれの層から検出された遺構と遺物によって、主郭の様相は4つの時期に区分される。発掘で得られた成果と、文献史料で確認される事実とあわせると、今帰仁城築城から廃城に至るまでの変遷を知ることができる（金武1987）。

第2図　今帰仁城跡の縄張図

今帰仁城主郭の第I期は、層序ではⅦ層が該当する。Ⅶ層からは柵列と思われるピット列、柵列に囲まれた大型の掘立柱建物跡が検出されている（第3図-1）。またその下層のⅧ層は版築の造成層で、土留めの石積みといった大規模な土木工事の様子が確認されている。I期以前のⅨ層は、陶磁器の年代から13世紀後半頃と考えられている。なお、Ⅸ層は今帰仁城築城直前の堆積層で、城を造る直前の様子を知ることができる。つまり、築城前は岩が露頭する亜熱帯特有のジャングルで、これを切り開き造成を行うことで平坦地を造作し、東西に柵が廻らされ、北に建物を配置し南面する。また南には空閑地をつくり、いわゆる首里城にも見られるような「庭」的空間をつくり出している。周辺の景観は不明であるが、通用路が西南側にあることから、未整備であった大庭や城郭内の平坦地の一部には人々が散在し住まうような景観があったと考えられる。ここで強調しておきたいことは、築城前は自然林であったこと、初期の築城は現在見ることのできる石垣ではなく木柵で

グスク時代に訪れた大規模な島の景観変化

あったこと、そして最初の築城時に既に南北を意識する計画的な建物プランがあったことが分かる。

　主郭第Ⅱ期は14世紀中頃で、この段階になってはじめて石垣が築かれている。主郭は矩形単郭の砦として当初整備されたものと考えられる（第3図-2）。石垣に囲まれた空間の南側には庭的な空閑地が配されるが、これは第Ⅰ期から引き継ぐものである。北側には翼廊付基壇建物跡が検出されている。庭に向かって南面する基壇によって一段高い格式のある礎石建物が建築されたと推定される。瓦が検出されないことから、屋根は板葺きもしくは茅葺きと考えられている。

　主郭第Ⅲ期は今帰仁城の隆盛期にあたり、『明実録』が伝える14世紀後半から15世紀前半に登場する山北（北山）王の時代と

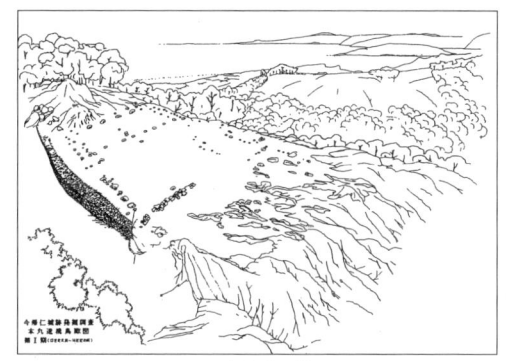

1　主郭第Ⅰ期

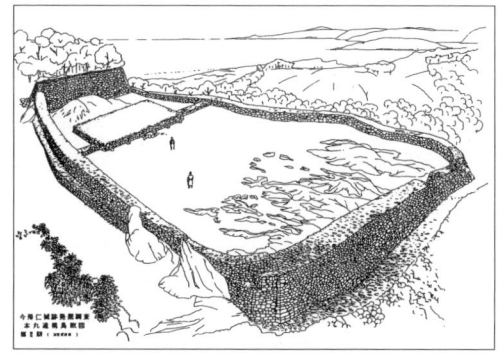

2　主郭第Ⅱ期

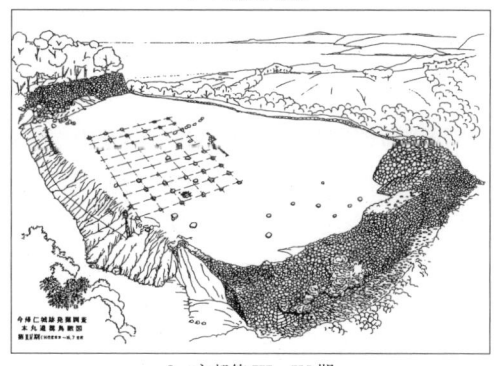

3　主郭第Ⅲ・Ⅳ期

第3図　今帰仁城跡の築城変遷

考えられている。出土遺物は多種多量となる。屋内には荘厳な調度品などもあったと考えられるが、有機質の出土品は皆無でその推定は困難である。

225

第3部　先史・原史時代の琉球の人々と文化景観

石垣はさらに拡張したと考えられており、主郭南東側に配された志慶真門郭などもこの時期に増築されたと考えられている。この段階になって、城は多郭化し、城郭域を広げていった（第2図）。主郭では建物跡が南側に一棟のみ確認されている（第3

写真2　今帰仁城跡内で現在も行われる祭祀

図-3）。これは主な建物跡が後代（第Ⅳ期）の建築物によって破壊されたために確認が困難で不詳となっている。

　主郭第Ⅳ期は、1422年以降に居住した、中山から派遣された監守の建物跡と推定されている。監守は沖縄本島北部にのみ置かれた制度で、北部地域一帯の統治のため中山王の重臣や子弟が置かれた。発掘調査以前より地表にあらわれていた5×9間の礎石建物跡はこの監守の建物跡と考えられている（第3図-3）。しかしこの監守の建物は文献史料によって、1609年の薩摩侵攻によって壊滅的な損壊を受けたと推定されている。実際に発掘では、文献史料と整合するように、17世紀以後の陶磁器はほぼ皆無であった。このことから、恒常的な生活は17世紀初頭で途絶したと考えられている。

　主郭の廃絶後は、本地に現在も残る「火之神の祠」が建立された。この祠は、御神体を納めた小さな祠で、現在も今帰仁グスクを中心とした祭祀において重要な参拝地となっている（写真2）。なお、廃城後も地元では、精神的拠り所「拝所」として城地が利用され続けている。結果として自然度の高い原生林に植生が回復し、現在でも集落との関係の中で、グスクは景観的にも、また精神的にもランドマークとして重要な機能を果たしている。

2. 集落の変遷

　今帰仁城跡周辺遺跡において、考古学的な調査が進んでいる。具体的にはハンタ原集落遺跡（今帰仁ムラ跡・親泊ムラ跡）及び志慶真ムラ跡、あるいは現集落地下の立会調査や海岸部における陶磁器などもこれらの遺跡群理解の

グスク時代に訪れた大規模な島の景観変化

一助となる。この他にも古墓群や村内の各集落に残る遺跡や遺構の調査によって今後更にフィールドが広がることが予想される。ここでは今帰仁ムラ跡で実施された発掘調査で確認された集落景観を紹介したい。

今帰仁ムラ跡の集落域推定範囲は約40,000㎡である。今帰仁ムラ跡は、1985年に試掘調査が、2003〜05年に本調査が実施された（宮城ほか2005）。05年以降も試掘や踏査が続けられている（玉城・宮城2006）。今帰仁ムラ跡は今帰仁城跡北側、標高は約80mの緩斜面に立地し、基盤岩の古期石灰岩を利用した石積みや露頭岩盤に隔絶された小規模な平坦地に屋敷が点在する。これは今帰仁城跡の城郭域とほぼ同規模である。この集落遺跡西側では継続的に調査が実施されていて、現在までに約4,000㎡の発掘調査が行われている。確認された遺構の分布からおおむね屋敷と推定される居住域が5（ないし6）軒あると想定されている。

写真3　今帰仁ムラ跡の発掘調査の様子

遺構は屋敷地のそれぞれで柱穴と想定されるピットが多数検出されている。具体的には屋敷地1が207基（2次＝79基＋10次＝128基）、屋敷地2が842基、屋敷地3が522基、屋敷地4が299基、屋敷地5が453基である。しかし、各屋敷地において復元することのできた建物跡は、屋敷地2は（要検討の建物跡1棟を含む）3棟、屋敷地3が（要検討の建物跡1棟を含む）5棟、屋敷地4が（要検討の建物跡1棟を含む）2棟で復元例は少ない。これは、幾度となく建て替えを行ったため地山面に柱穴が重複する形で検出されたことに起因する（写真3）。遺物の回収状況は、屋敷地と屋敷地外では屋敷地が1㎡あたり1〜3個体の陶磁器が出土するのに対して、屋敷地外では1㎡あたり0.1個となっている（宮城ほか2005）。このことから、屋敷地推定地域における恒常的な生活が行われる一方で、屋敷地外の縁辺地は生活感の乏しい緑地帯等として、積極的に平地にするなどの開発はあまり行われず、自然景観が保たれるように緩衝地帯として残されていたことを示していると考えられる。

第3部　先史・原史時代の琉球の人々と文化景観

さらに、調査された遺構群を総括すると、次のようにまとめることができる。柱穴が分布するところは岩盤の露頭しない平坦地であること、柱穴のサイズに大小あり、小さな柱穴が集中的に見つかる地域と、サイズが大きくまばらな分布を示すところがあり、土坑の分布などは両者の間にあることである。このことから、遺構の分布を「主屋があった空間」と、「高倉があった空間」その中間的な場所に土坑などを配置する「作業場的空間」があったと考えられる（第4図）。これに加えて、前述した生活地でない岩盤の露頭する地域が「緑地

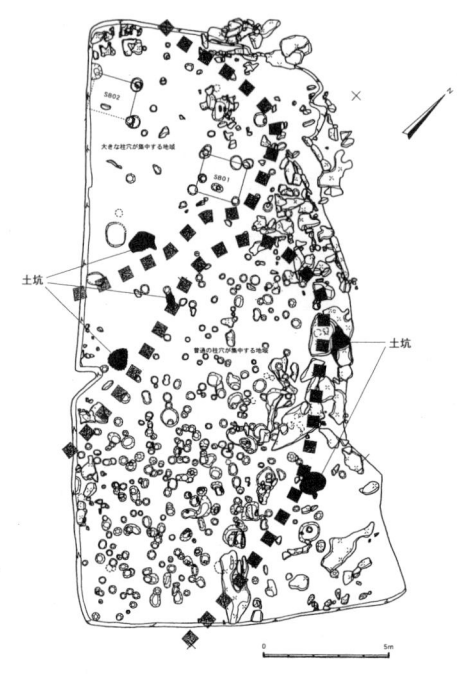

第4図　今帰仁ムラ跡の居住景観

帯」として、屋敷を縁取っていたことが想定される。屋敷地同士はおそらく道などで連結されていたと考えられるが、直線道が整備され屋敷地が造作されるような集落設計には乏しく、自然地形を活かし、あるいは自然地形に制約された中、なるべく平坦な土地を選び屋敷として利用されたと考えられる。

3. 城郭の整備・拡充と集落の人々

現在今帰仁城跡周辺で見られる城と集落のその景観は、おおよそ最盛期の姿である。今帰仁城跡及びその周辺に見られる城と集落の配置は、当初からこの位置関係にあったとするよりも、そもそもは主郭を除いた現在の大隅や外郭などの地区に散在的に暮らしており、これが城郭の整備とともに整理されていったと考えられる。また、城内外では景観は当然異なっていた。そこで最初に現在見られる遺跡景観を概観し、その次にその配置に至る過程や変遷をうかがい知る好例として外郭Ⅲ・Ⅳ区の調査成果を紹介する。そして

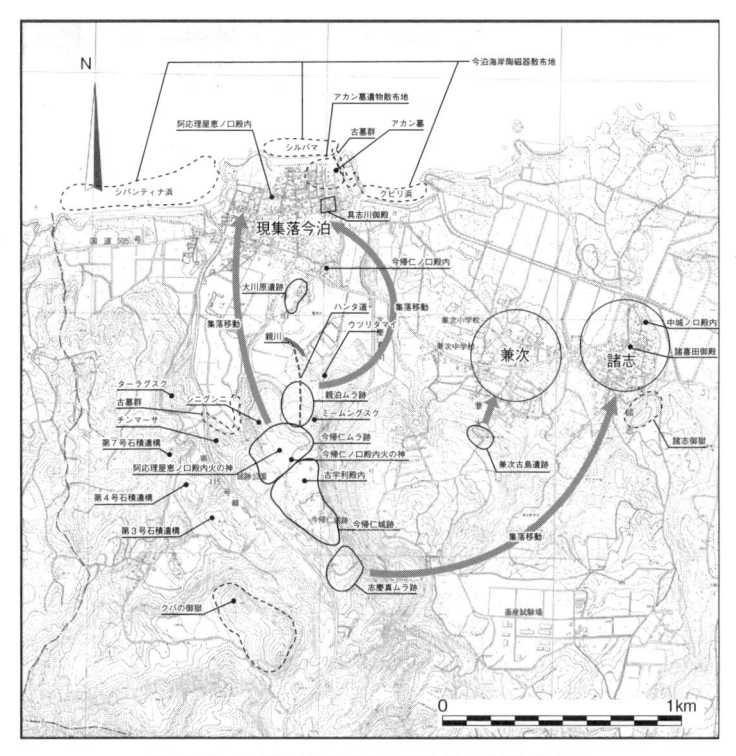

グスク時代に訪れた大規模な島の景観変化

第5図　今帰仁城跡及び周辺地域の遺跡分布図

最後に城と集落の景観的差異について論じていきたい。

(1) 今帰仁城跡及び周辺遺跡の遺跡空間

　第5図は今帰仁城跡周辺地域の遺跡分布である。今帰仁城跡が城として現役だった時代はおよそ13世紀〜17世紀初頭である。この時代と同時代の集落遺跡は今帰仁跡近傍に立地する今帰仁ムラ跡と親泊ムラ跡等が存在する。更に、今帰仁城跡周辺には遺跡や遺構といった構築物以外にも、有形無形の文化財が認められる。これらの文化財群は今帰仁城跡がたどった歴史と廃城以後周辺の住民とともに歩んだ歴史がつくりだしたものであるとの観点から、今帰仁城跡周辺に所在する（あるいは所在した）歴史的痕跡を総称して、今帰仁城跡周辺遺跡として仮称している。その面積は、今帰仁城跡周辺約230,000㎡に点在する遺跡群である（宮城ほか2007）。

第3部　先史・原史時代の琉球の人々と文化景観

写真4　昭和30年代の今泊の水田地帯

写真5　昭和30年代の今泊の畑の耕作風景

周辺遺跡を分類すると13種の資産群に種別することができるが、ここでは城が現役だった時代の生活域空間を4つに分けて紹介する。

第1の空間は今帰仁城跡で、当該地は為政者の拠点的な場として遺跡群における中核的空間となっており、景観的にも最も格式の高い、人手を要する遺構群で構成されている。

第2の空間は今帰仁城跡の城下に展開する同時代の集落遺跡がある。具体的には、今帰仁ムラ跡、親泊ムラ跡、志慶真ムラ跡、大川原遺跡がそれである。なお、この集落遺跡はグスク時代から近世琉球期に集落地の移動が見られる。その近世琉球期を主体とする近世集落遺跡が海岸部に所在する。これを、近世集落遺跡「親泊原遺跡」「今帰仁原遺跡」と仮称している。これらは、現集落今泊と歴史的に連続する関係にある。

第3の空間は耕作地がある。残念ながら耕地において発掘調査例は無いが、昭和30年代に今帰仁城跡周辺を撮影した複数枚の写真はその耕作風景を考える上で参考になる。写真4は志慶真川河口が水田地であったことを教えてくれる。また、写真5は道沿いの若干標高の高い土地での耕作風景である。おそらく、ハンタ道沿いなどの平坦地は、後者のように畑として耕作されていたことが想像される。明治36年の地籍図には耕地と山林の別が着色によって峻別することができる。この一部には、グスク時代にさかのぼって耕作されていた土地もあるだろうと推定される。

第4の空間は推定港（砂丘地）である。立地する現集落の地下には、第2

グスク時代に訪れた大規模な島の景観変化

の空間である集落居住地もあったと考えられる。海をつなぐ結節点として利用されたことも相まって、海岸部ではしばしば陶磁器が採集されており、遺物散布地となっている。これらの遺物は陸域の生活による廃棄品が流れ込んだとも考えられるが、一方で洋上を航海した船舶の遺棄品とも考えられ、他の外部の地域の集落と結ぶ重要な遺跡として注目される事例である。

　上記の生活域の空間内部には、石積遺構群が今帰仁城跡の北側小丘に点在している。具体的には、ミームングスク、ターラグスク、シニグンニ、チンマーサなどと呼称される遺構群で、グスク名が付される遺跡名称や、立地、今帰仁城跡と同様の石造建造物である点などから考えて、今帰仁城跡と関係の深い遺構として想定している。当遺跡の機能については眺望確保などを目的とする出城と推察されている。

　加えて、明治36年に描かれた地籍図には、今帰仁城跡周辺地を縦走する道が描かれている。これを参考に確認踏査を行った結果、複数の道跡と地籍図が一致することが確認されている。この道跡のすべてが往時から利用されていたのかについては疑問も残るが、幾つかの道については、グスクが現役だった時代から導線が保たれた道もあると推察される。特に注目したいのは、今帰仁ムラ跡と親泊ムラ跡さらに現集落へと通じ、道沿いに各ノロ殿内火之神の祠やミームングスク、親川などを貫通する「ハンタ道」は他に比べ幅員も広くとられており、主要道として利用されたものと推測される。

　また、湧泉も重要なポイントとしてあげておきたい。今帰仁城跡の丘陵北側には親川（えーがー）と呼称される自然湧泉があり、現在も豊富な水量を誇っている。城地や集落遺跡では今のところ明確な井戸跡が無く、基本的には天水と水汲みによって水を得たと考えられている。なお、同様の機能を担ったと推定される志慶真川では、その上流に所在する志慶真ムラ跡からアクセスする事ができ、伝統的な祭祀で禊を行ったとされるアーシンジャーと呼ばれる場所で水汲みが可能である。このため、城地北側には親川を利用する今帰仁ムラ跡・親泊ムラ跡があり、逆に城地南側の志慶真ムラ跡は近傍の志慶真川上流へと水汲みへ出かけたと想定される。

　なお、これらの生活空間域を画する遺構は残念ながら未見である。近世の

231

集落においては、風水思想に基づいて抱護林などがしばしば紹介されるが、これは近世にもたらされた思想と考えられており、グスク時代にさかのぼって見られた景観は不明である。遺跡や現在の土地利用を考えると、集落域を画したと考えられるのは、崖地を中心に配される生活域縁辺部の古墓群の分布がこれを考える材料となる。ただし残念ながら墓はいずれも近世琉球期の構築と考えられる墓で、16世紀をさかのぼる墓は未見である。歴代監守を務めた墓所と推察されるウツリタマヒ跡は一説には移築年が1733年といわれる。また、津屋口墓（俗称アカン墓）は1679年に建立された石碑によればその被葬者は向和賢で没年は万暦19（1591）年である。監守時代（15世紀中頃以降）の墓地景観は不詳ながらも、現在の伝統的な墓地景観の基層にグスク時代の墓もあったと考えられ、将来的には当該地で16世紀を遡る墓が発見されるものと期待される。

　八重山網取遺跡の事例だが、農耕民の墓域景観と集落地の関係について「墓域の整理は、可耕地と居住域を極力広く確保し、平坦地一帯を里の世界ないし「人界」に位置づけ最大限活用するため、量産される「他界」を極力引き離す」（北條2008）ものとして位置づけられている。グスク時代集落と現在も見ることのできる伝統的な墓域空間は、一つ人界と他界の標識として読み取ることができる。墓地景観のあり方は、重要な景観要素であるものの、今帰仁城跡では同時代資料に乏しいため簡単に紹介した。また、同様に拝所・御嶽・祭祀施設、民俗慣行も注目される景観要素であるが、グスク時代に遡り営まれていたものか、資料的にこれを検証すべきものが無い。しかし、祭祀空間や集落個々の家々が持つ意識は、いずれも「今帰仁城」に収斂されており、今帰仁城跡と一体となった歴史的空間を形作るとともに、景観の一要素として注視されるべき資料と考える。

(2) 今帰仁城跡外郭地の築城と変遷

　今帰仁城跡の防御線は最初期こそ軽微、狭小な柵列であるが、石垣構築以後は急速にその城郭面積を広げたと想定される。その拡張期は志慶真門郭が14世紀（金武1983）、外郭では14世紀中頃～15世紀前半までに城壁が築かれたと推定されている（玉城・具志堅2009）。また、筆者はいわゆるアザナ城

グスク時代に訪れた大規模な島の景観変化

壁と呼称される城壁出隅部分の形態的特徴から以下のような築城の変遷を想定する（アザナ城壁は、城壁平面観を凸形に突出させた城壁の沖縄における部分呼称）。今帰仁城跡主郭Ⅱ期矩形単郭の城にアザナを付した原初的なアザナから、志慶真門郭の形態の凸形に城壁を構築したものが古式のアザナで、大隅の城壁のような城壁全体を蛇行させたアザナは後出の段階で、外郭の城壁は大隅に比して蛇行が大きくなっており更に新しい構築物であると推定した。併せて、座喜味城跡や糸数城跡などのアザナ城壁とも比較し、第1段階がアザナ城壁の無い時代とし、今帰仁城跡主郭第Ⅰ・Ⅱ期がこれに該当し14世紀前半までである。第2段階がアザナを城壁に設ける段階もしくは矩形のアザナで、今帰仁城跡Ⅱ期からⅢ期の移行を考えると14世紀後半頃。第3段階は蛇行形のアザナの時代で、今帰仁城跡では大隅城壁が該当し、15世紀前半頃と想定した。更に第4段階として首里城外郭線は細い城壁が蛇行するタイプで、文献から尚真王（1477～1526）・尚清王（1527～1555）の構築とされているので、このタイプに類する今帰仁城跡外郭は15世紀後半～16世紀中頃の石垣と想定した（宮城2007）。しかし、その後行われた発掘調査の成果とは若干の齟齬もある。今帰仁城跡外郭の構築年代は、先の首里城跡を援用した筆者が15世紀後半以降と考えたが、発掘成果では14世紀中～15世紀前半頃と100年ほどの齟齬がある。構築年には留意するべき点も多いが、先後関係は現在も変更の必要は無いと考えているので、今帰仁城は、主郭からおおよそ同心円状に時間をかけ城郭規模を拡張したのではないかと見ている。

また、これを検証することができる事例として、城郭規模が拡張される以前の志慶真門郭や外郭の発掘調査例がある。それぞれ石垣の下層に遺物包含層が認められることから、石垣構築前にここに人々が居住していたことが想定されている。残念ながら居住形態やその実態については、調査面積が狭小なこともあって不明であるが、柱穴などから先に紹介した集落遺跡と同様に掘立柱建物が建築されたことが想定される。

加えて石垣の防御線の完成とともに郭内においても機能転換が図られている。外郭Ⅲ・Ⅳ区の最下層からは13世紀後半～14世紀中頃の遺物が、その上層に造成層があり、更にその上に15世紀前半の遺構が検出されている。

しかし、外郭のⅢ・Ⅳ区は15世紀後半以降の遺物がほとんど見られないことから、やがてこの場においては恒常的な生活が途絶している様子が看取される。このことから、13世紀～14世紀中頃の初期の居住から、13世紀後半～15世紀中頃の造成後の住居、14世紀中頃～15世紀前半に城郭内に取り込んだ後に、15世紀後半以降は恒常的な生活の場としては人を排除し空閑地として利用するという変遷が読み取れるのである。

一方、外郭のⅦ区では石敷遺構を伴った規模の大きな建物が建築されている。遺構の検出面では16世紀～17世紀中頃までの遺物が回収されていることから、本来中枢部にだけ限定的に建築されていた基壇を伴う格式の高い建築物が外郭に配置されていたことがわかっている。

外郭の一部空間では意図的に空閑地をつくり出し、また他の空間では主要三郭に見られるような労を費やした建築物が構築されるなど、城郭内の景観形成には、城主を中心とする権力層によってたびたび景観の変更が図られていたことが想定されるのである。

(3) 城内外の景観

今帰仁城跡に限らず、この時代の遺跡景観は、社会的な関係によって異なっていたものと考えられる。今帰仁城跡では主郭・大庭・御内原の主要3郭を中枢として、おおよそ第6図の4つの階層の社会的関係を想定することができる（宮城2006）。その主体者は、城郭中枢部の主要3郭には城主が、志慶真門郭などは臣下などが住居したと考えられる。また城外は、民が住んだと想定される。但し城外でも今帰仁ムラ跡などは志慶真門郭と遜色ない遺物の出土状況を鑑みると、城との関係性が強い人々、例えば城へ出仕する家などが集居していたと考えられる。

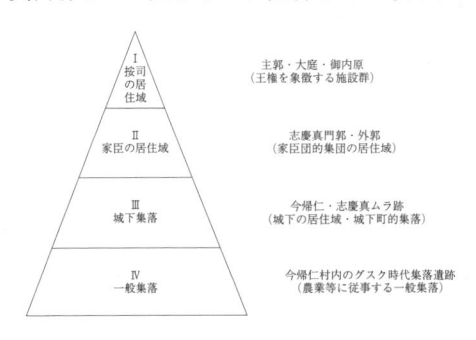

第6図　今帰仁城跡を中心とした階層の社会的モデル（宮城2006）

このような社会的関係から、城と集落は自ずとその景観も

異なっていた。先に紹介したとおり城内中枢部の施設は、13世紀には城柵によって隔絶する空間がつくり出され、その中に大型の掘立柱建物跡が建築された。さらに、14世紀中頃になると礎石建物が建築されている。また時代を経て主郭以外の隣接する郭にも建物を配置するなどの拡張整備が行われ、建物群が規格的に林立する景観が整ったと考えられる。このような状況は集落内にはほぼ見られない。城の居住者あるいは経営者に限定された建物であることは明らかである。一方、城郭内ながら周縁部となる外郭や志慶真門郭では、掘立柱建物が建てられている。しかしその一方で、志慶真門郭ではムラ跡で見られたような屋敷の構成に「倉」は未見で、建ぺい率も比較的高く、緑地帯、作業場的空間はほとんど無いかもしくは狭い状況となっている。

逆に、城外の集落遺跡の方は、石垣の囲繞はほとんど無いが、緑地帯に囲まれ平坦地を軽微な労働力において広げ、簡易な道で互いの屋敷群が結ばれる空間がつくられる。更に空間内は屋敷地としておそらく一家族程度が生活したと考えられ、そこには主屋と倉があって、屋敷内で作業を行える空間を供えており自給自足的な生業が想定される。

集落の構成はおそらくイエを単位とする集団が一定の結びつき、あるいは間隔を保ちながら、やや散在的に集居する様子を伺うことができる。地勢的な要因もあるが、周囲に多くの緑地が残り、自然地形の制約の中で家々が立ち並ぶような状況がわかる。これは後年登場したと考えられ、現在も地方や離島などで見ることのできる格子状の屋敷区画をもつ沖縄の伝統的な集落景観とは明らかに異なっている。前者がいわば沖縄の中世的な集落景観として、また後者は沖縄の近世的な集落景観として、時間的に先後関係にあることは明らかである。

4. 城と集落の多様性

これまで今帰仁城跡を中心に紹介してきたが、南西諸島の中で今帰仁城跡の事例は一般的な事例とは言い難い。城郭規模は沖縄本島を統一した首里城とほぼ同規模の40,000㎡を測り、三山時代の王城として君臨した、ある意味では突出した存在であり、特殊な事例と言える。

第3部　先史・原史時代の琉球の人々と文化景観

そこで、本節では今帰仁を少し離れ、離島しかも先島における島嶼部の同時代遺跡を紹介したい。本論で検討するのは竹富島における調査例である。

竹富島の歴史伝承には、沖縄本島や周辺離島からの渡来民によって村立てしたと語られている。更に、伝承は現存する遺跡と御嶽名に伝えられており、首長―村（遺跡名）―御嶽の関係は以下のように示されている（仲盛1999）。

　①他金殿―花城村（花城村遺跡）―花城御嶽
　②久間原発―久間原村（花城村遺跡）―久間原御嶽
　③塩川殿―波利若村（花城村跡遺跡）―波利若御嶽
　④根原神殿―玻座間村（小城盛遺跡）―玻座間御嶽
　⑤幸本節瓦―小波本村（フージャヌクミ遺跡）―小波本御嶽
　⑥新志花重―仲間節村（ンブフル遺跡）―仲筋御嶽

上記遺跡では概ね14～15世紀頃の陶磁器などが発掘もしくは採集されている。上記以外にも、島内の同時代遺跡として新里村やカイジ村などの村跡がある。

さて、これらの村跡の中でも特に「ハナスク・クマーラ村（花城村遺跡・久間原村遺跡）」の構造については詳細な検討が行われている。小野正敏を代表とする国立歴史民俗博物館によって遺跡測量調査が行われ、これらの測量調査等に基づく分析からハナスク村・クマーラ村には御嶽背後のTとKの最大屋敷地を核として（第7図）、その周辺に大小様々な形の屋敷が多数付属

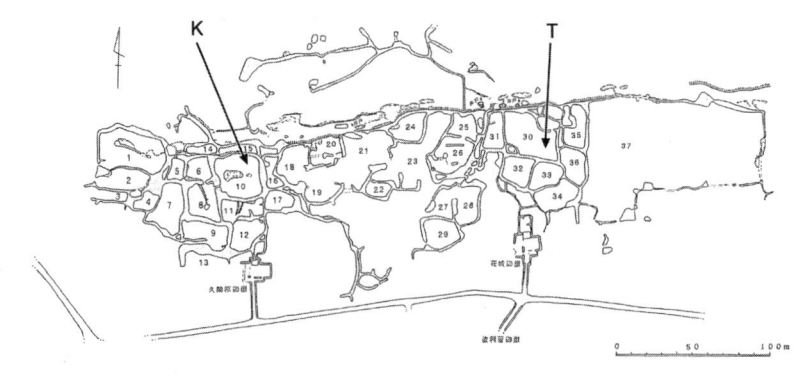

第7図　ハナスク村・クマーラ村（小野1999）

236

している（小野 1999）。このような集落遺跡は、時間的には琉球王国の支配領域に組み込まれる以前の集落景観として、近世の町割りの様に均一な空間構造を呈すものとは対照的な遺跡として評価される。

　一方、新里村遺跡を調査した金武正紀は、村落全体が通用門で結ばれる事実から、他人の屋敷を道として使用する村落ということは、住んでいた人たちすべてが家族のような生活をしていた。つまり村落全体が共同体であったと考えられるとしている（金武 1990）。

　少なくとも現状では竹富島内には傑出した規模のグスクは存在しておらず、なおかつ確認されている遺跡は今帰仁城跡に比べれば細く低い石積みながら、屋敷囲いが複数連結した形態をつくっている点でユニークである。その要因の一つとして、各集落においてリーダーあるいは領主的な存在がいるが、集落内および集落間においての相対的な社会的位置は、今帰仁城跡と比較すると極めて並立的あるいは均衡的なものであったことによると考えられる（宮城 2009）。

　前述した、今帰仁城跡と周辺遺跡で想定される階層的関係は、主要三郭を中心とする極めて階梯的な構造であり、中核的な部分には規模の大きな石垣などによる防御施設によって隔絶した空間が作られ、城内外がはっきりとしている。城主と推定される経営者ないしは居住（占有）者は財の再分配や富の集約などを行い、突出した存在として継続的に支配―被支配を行う結果、城域や城外でもその関係構築を表出する人員の配置転換などを含む様々な景観の変更が行われた。しかし、一方の竹富島では、各集落遺跡は、基本的には集落全体が連結した共同体であり並立的な社会構造であったと考えられる。支配―被支配は明確ではないが、小野指摘のハナスク・クマーラ村のＴ・Ｋなど中核的な場の存在は認められる。そこには、領主とまでは断定せずとも、場の居住者ないしは占有者がリーダー的な存在として村落内中枢に居所したと推定される。更に集落内もしくは近傍には湧泉があり、屋敷が集合し集落全体が石垣で囲まれた要塞的景観で、なおかつコンパクトな生活域を作り出している。南西諸島にはこのように島々によって異なる自然的、社会的な環境に根付いた、多様な景観がつくり出される点にも注意を払いたい。

第 3 部　先史・原史時代の琉球の人々と文化景観

おわりに

　大ヒットしたジブリ作品に「もののけ姫」というアニメ映画がある。物語が描かれたのは、中世日本。人々の生活が未開の土地へと広がり「もののけ」が棲む原始林の景観が開拓されていく様子を描いている。描かれた地域は日本本州なので、沖縄諸島の話ではないが、実はこの中世並行期のグスク時代から沖縄諸島でも大きな景観の変化がはじまった。

　本論では今帰仁城跡を中心として紹介したが、グスクの誕生は、沖縄の歴史の中では、自然開発のはじまりと言えるのではないかと考えている。山間部を切り開き、鉄器生産の為の燃焼材の入手、建築材の確保、生活必需品としての薪の伐木によって木々が山から切り倒されたことは容易に想像できる。更に、岩山から城壁の石材を切り出す、あるいは造成の為に土が動かされる。今帰仁城では砦が多郭化、その城下にも労働力こそ小規模ながら、平坦地が造作され屋敷が連なる。道が簡易ながらも整備され、田畑の耕作が行われ、緑地帯が耕地へと次第に変貌を遂げる。

　このような開発によって、2次的に起こったであろう被害として赤土問題が想定される。城地や集落の宅地、更に農耕地の開発によって、もともと急傾斜地が多く、浸食されやすい土地に、台風などの激しい降雨によって土砂が流出したことだろう。結果として、沖積作用が促進され河口には土砂が流れ、湾内は陸地化が進んだのではないだろうか。今帰仁城が城として現役だった時代は、正に「もののけ姫」に描かれたような、未開の地への開拓の歴史の1ページであった。しかし、1609年為政者が不在となった今帰仁城及び周辺には、生活の痕跡はほとんど見つかっていない。その理由は城が廃城になり、集落が海岸部へ移動するためである。移動後の当該地の景観は不詳だが、近世期の遺物がほとんど回収されていないことを考えると、開発が継続して行われ続けたとするよりは、自然林に次第に帰っていたものと考えられる。おそらく、水田稲作が奨励されたこともその一因と考えられる。赤土流出で陸地化した河口では、新田開発などの開墾によって仕明地という名で可耕地へと変化する。あるいは、雍正6年（1728）に三司官となった蔡温が行ったとされる杣山（そまやま）の育成などの森林の保護政策などが相まって近

世紀の城地周辺は比較的自然度の高い景観へと変わっていたのではないかと考えている。

しかし、その時代もやがて沖縄県になり明治36年に終了した土地整理を機に農民は私有地として耕地開発を行った。今帰仁城跡周辺の集落遺跡の発掘を行うとしばしば明治～大正時代の遺物が回収される。これは、グスク時代に生活が行われ地下に遺跡が残され、近世期において一部耕地として利用される。しかし次第に森林が回復する状況が当地に遺物がほとんど残されない結果となる。やがて明治に入り私有財産が認められ、人びとが新たに城地周辺に生活を求めた経緯が反映されているものと考えている。

以上、貝塚後期に集落景観は砂丘に居住地を得て、海産資源を獲得し生活するとともに、島外の人々との交流交易によって生活をする、今風に言えばスローライフ的な生活があった。これに対しグスク時代に入ると、グスクや港湾を中心に都市化が進み、領主と領民との間で階層化が顕在化していく。グスク周辺の開発は、計画的な街路は形成されず、やや虫食い状態で宅地化が進み、無秩序な開発がスプロール化の様相を呈する。加えて赤土問題などによって、都市部周辺の河口では陸地化も進むなど、現代の沖縄社会の環境問題に通じる課題が顕在化していた、島にはじめて訪れた大規模な人為的景観変化の起点がグスク時代であったと言うことができる。

末文ながら、本原稿の執筆にあたっては、職場で調査を共にする玉城靖との日頃の議論の中で想起したものである。この点では玉城との共著といっても過言ではない。また、まとめるにあたっては編者である高宮広土先生よりご指導いただいた。記して感謝申し上げます。なお、本研究は文科省科研費（課題番号21101005）の一部を使用した。

参考文献

安里進 1978「グシク文化の成立と外来文化」『青い海』72号　青い海出版社

小野正敏 1999「密林に隠された中世八重山の村」『歴博フォーラム再発見・「八重山の村」の記録村が語る沖縄の歴史』新人物往来社

伊藤慎二 2009「10～13世紀前後の琉球列島」『考古学ジャーナル』591　ニューサイエンス社

第 3 部　先史・原史時代の琉球の人々と文化景観

木下尚子 2006「遺物包含層における現代イネ混入の検討（抄録）」『先史琉球の生業と交易 2―奄美・沖縄の発掘調査から―』熊本大学

金武正紀 1987「沖縄のグスク」『考古学ジャーナル』No.284　ニューサイエンス社

金武正紀 1983「総括」『今帰仁城跡発掘調査報告書Ⅰ』今帰仁村文化財調査報告書第 9 集　今帰仁村教育委員会

金武正紀 1990「総括」『新里村跡』沖縄県文化財調査報告書第 97 集　沖縄県教育委員会

小林茂 2003『農耕・景観・災害〈琉球列島の環境史〉』第一書房

新里亮人 2004「カムィヤキ古窯の技術系譜と成立背景」『グスク文化を考える』新人物往来社

瀬戸哲也・ほか 2007「沖縄における貿易陶磁研究―14～16 世紀を中心に―」『中世窯業の諸相―生産技術の展開と編―』補遺編　同実行委員会

高宮広土 1996「古代民族植物学的アプローチによる那崎原遺跡の生業」『那崎原遺跡』那覇市文化財調査報告書第 30 集　那覇市教育委員会

高宮広土　2004「沖縄諸島先史時代の植物利用―貝塚時代後期を中心に―」『考古資料大観』12（貝塚後期文化）　小学館

高良倉吉 2008「辞令書からみた北山・今帰仁」『今帰仁グスク』第 2 号　今帰仁グスクを学ぶ会

玉城靖・ほか 2009『今帰仁城跡発掘調査報告書Ⅳ』〈今帰仁城跡外郭発掘報告 1〉今帰仁村文化財調査報告書第 26 集　今帰仁村教育委員会

玉城靖・具志堅亮 2009「総括」『今帰仁城跡発掘調査報告書Ⅳ』今帰仁村文化財調査報告書第 26 集　今帰仁村教育委員会

北谷町教育委員会（編）2003『後兼久原遺跡』北谷町文化財調査報告書第 21 集

仲盛敦 1999「花城村跡遺跡発掘調査の概要」『歴博フォーラム再発見・「八重山の村」の記録村が語る沖縄の歴史』新人物往来社

北條芳隆 2008「時間と空間および歴史の所有をめぐる両極性―沖縄・大和・北海道の対比から―」メトロポリタン史学会 2008 年度大会報告（口頭発表）於首都大学東京

宮城弘樹 2000「貝塚時代後期土器の研究（Ⅱ）―後期遺跡の集成―」『南島考古』第 19 号　沖縄考古学会

宮城弘樹 2006「グスクと集落の関係について（覚書）―今帰仁城跡を中心として―」『南島考古』第 25 号　沖縄考古学会

宮城弘樹 2007「アザナ城壁考」『今帰仁グスク』創刊号　今帰仁グスクを学ぶ会
宮城弘樹 2009「グスクの多様性と社会構造」『南島考古』第 28 号　沖縄考古学会
宮城弘樹・具志堅亮 2007「中世並行期における南西諸島の在地土器の編年」『廣友会誌』第 3 号　廣友会
宮城弘樹・新里亮人 2009「琉球における出土状況」『十三～十四世紀の琉球と福建』熊本大学文学部
宮城弘樹・ほか 2005『今帰仁城跡周辺遺跡 II』〈今帰仁城跡周辺整備事業に伴う緊急発掘調査報告〉今帰仁村文化財調査報告書第 20 集　今帰仁村教育委員会
宮城弘樹・ほか 2007『今帰仁城跡周辺遺跡 III』〈村内遺跡発掘調査報告〉今帰仁村文化財調査報告書第 24 集　今帰仁村教育委員会
森井貞雄 1996「第Ⅰ章サンゴ礁と生活文化 1. 奄美・沖縄諸島」『サンゴ礁を渡る碧の風―南西諸島の中の弥生文化―』大阪府立弥生文化博物館

琉球列島における埋葬遺跡の文化的景観

新 里 貴 之

はじめに

　琉球列島における考古学的な葬墓制研究は、1943年の三宅宗悦により奄美諸島で開始される。第二次大戦後、先史時代の葬墓制研究は、遺跡の特殊な性格と調査事例の多さから種子島と沖縄本島を中心に進展していく。グスク時代（中世）の同研究は、調査事例の多い沖縄諸島を中心に行なわれており、近年、奄美喜界島の調査が注目されている。今回、頁数の都合上、研究史は別項にゆずり（新里2004・2005・2010a・2010b、島袋2006・2010、瀬戸2005・2009）、また、「景観」というキーワードによって本書が作成されるので、主要な埋葬遺跡の立地と埋葬施設、埋葬姿勢、火葬に焦点を当てて、琉球列島というサンゴ礁環境の葬墓制について概観し、考古学的に文化的景観上の相違点や類似点を見出したい。

　なお、ここでは沖縄諸島の貝塚時代（縄文時代～平安時代）とグスク時代（中世）に分けているが、大隅諸島・奄美諸島は九州・本土の縄文時代～古代の名称で使用し、先島諸島はグスク時代の呼称を便宜的に敷衍して解説していきたい。グスク時代については、一般的に支持される16世紀までを概観する。

1. 各島嶼部における埋葬遺跡の様相

　以下に、大隅諸島、奄美諸島、沖縄諸島、先島諸島と便宜的に地域区分し、主要な埋葬遺跡から把握される文化的景観をみていく。

(1) 大隅諸島の葬墓制（第1図）

　大隅諸島の埋葬遺跡は、弥生時代後期後半から古代の葬墓制と、中世後期ごろの葬墓制が知られる。これは沖縄諸島の編年観でいえば、貝塚時代後期

第3部　先史・原史時代の琉球の人々と文化景観

前半（新）から同後期後半（古）、そしてグスク時代の終わりごろに位置づけられる。

　鳥ノ峯遺跡は標高11mの砂丘に立地し、東西二つの砂丘頂部に分かれ、東側が弥生時代後期後半で標石数の多い覆石墓（覆石土壙墓）を主要埋葬施設とし（下部施設が木棺墓の可能性のある墓もある）、頭位の揃った仰臥屈肢葬を主体としている。西側が弥生時代終末期で標石数の少ない覆石墓のほか土壙墓も認められ（木棺墓らしきものは認められない）、頭位のほか、側臥屈葬・側臥屈肢葬など埋葬姿勢もやや多様化している。一方で、どちらにも標石上で燔火跡が確認されているものの、西側埋葬地にやや少ない。

　広田遺跡は標高7～10mの砂丘に立地し、2007年報告で、南北の埋葬地に分けられることが判明した。北区では弥生時代終末期の標石数の多い覆石墓が検出されており、標石上の燔火跡が確認される。南区では、大きく上層・下層に分けられ、下層では埋葬施設が土壙墓を主要施設とし、覆石墓と馬蹄状配石タイプ・箱形石槨タイプが加わり、頭位のバラバラな仰臥屈肢葬・仰臥屈葬・側臥屈肢葬・側臥屈葬を古手とし、骨化後、火葬したものも見られる。上層では、長軸の揃った長方形の石囲タイプを新出要素としており、下層のように、骨化後、火葬したものも見られる。二次的に動かされたものが多い。2007年報告では、北区の年代については、3世紀を含む古墳時代初頭に、南区は古墳時代初頭～古墳時代中期（ひとつの年代的定点はガラス玉で5世紀前半頃とされる）。上層の年代は2003年報告で7世紀を含む古墳時代と想定されている。北区・南区下層から南区上層への埋葬施設・埋葬姿勢・埋葬法の変化が明らかとなっている。鳥ノ峯・広田両遺跡の例ではどちらも海浜部に近接した砂丘地の頂部に墓域を営み、その背後に低湿地を擁し、河川を挟んだ山手の台地上に集落が営まれていると想定されているもので、水はけのよい台地に集落を営み、前面の河川と小規模の湿地で水稲耕作を行ない、前面には高波などの自然災害を防ぐ堤防状の墓域があり、海浜部を生業活動の場とした、完結した生活領域を想定することができる。

　古墳時代末から古代の可能性のある上能野（かみよきの）貝塚は、河川に囲まれた砂丘地の低位置に墓域（墓の記録は残っていない）、近接した10m近い比高のある砂

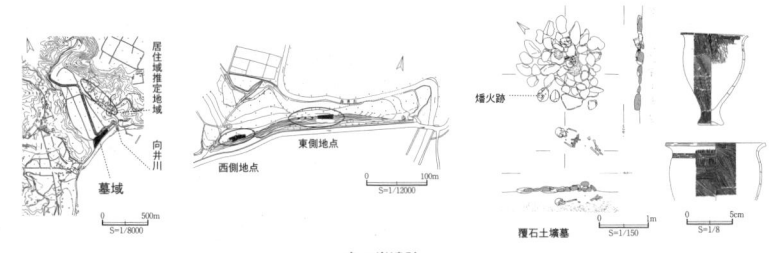

琉球列島における埋葬遺跡の文化的景観

鳥ノ峯遺跡
(中種子町教育委員会・鳥ノ峯遺跡発掘調査団(編)1996『鳥ノ峯遺跡』を一部改変)

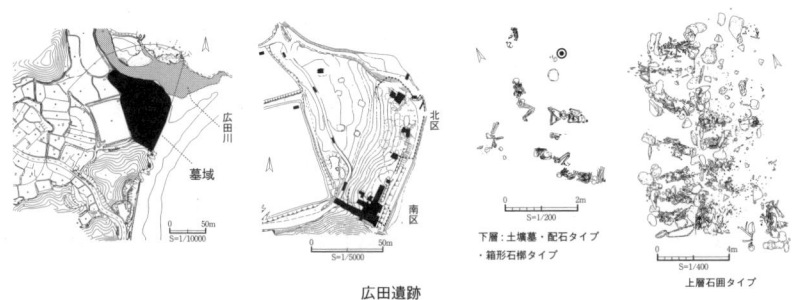

広田遺跡
(広田遺跡学術調査研究会・黎明館(編)2003『広田遺跡』、南種子町教育委員会(編)2007『広田遺跡』を一部改変)

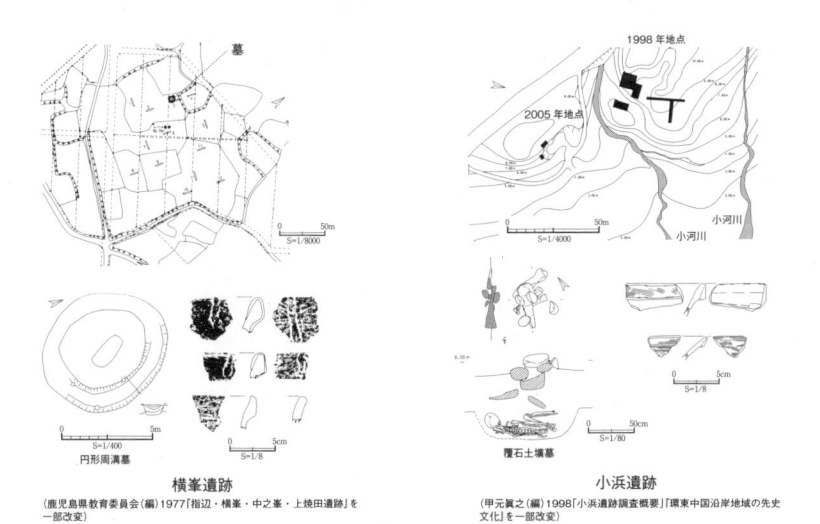

横峯遺跡
(鹿児島県教育委員会(編)1977『指辺・横峯・中之峯・上焼田遺跡』を一部改変)

小浜遺跡
(甲元眞之(編)1998『小浜遺跡調査概要』『環東中国沿岸地域の先史文化』を一部改変)

第1図　大隅諸島の埋葬遺跡

245

丘頂部には貝塚が形成されている。ほかにも、横峯遺跡のように、標高約83mの台地上に円形周溝墓が造営される例もみられ、未調査ではあるが、墓坑の大きさから判断すると、伸展葬に近い姿勢であった可能性がある。同遺跡周辺では墓と同時期の生活遺物がみられない。少なくとも墓域と生活域はほとんど重なっていないことを示すが、墓が1基だけである点も留意すると、特殊な例かもしれない。この段階においては、広田遺跡の上層の石囲タイプも含めれば、古墳時代末から古代段階には、台地上の立地を加え、多様な立地や埋葬施設が出現し、かつ火葬が継続しているとみなすことができる。

　小浜遺跡は、上能野式段階（古代）あるいは中世（cal 520 ± 40BP）の遺跡であると考えられている埋葬遺跡である。標高10mほどの臨海砂丘地で、覆石墓と土壙墓が造営されている。埋葬姿勢は、全てが側臥・伏臥屈葬であり、より強い屈曲姿勢となっている。頭位は、調査地点ごとに揃っているようにみえ、火葬はみられない。同遺跡は砂丘地後背部には山がせまり、居住域や耕地を確保する空間がほとんどなく、大型の河川もみられない。埋葬施設は前代のものと類似するが、立地としては居住域とは隔絶した墓域の存在を想起させる。

　現在のところ、大隅諸島における弥生時代から古墳時代にかけての水田農耕の存在は確認されておらず、石包丁が2点だけ採集されている（峯遺跡）。また、広田遺跡の人骨の安定同位体分析においても、主要タンパク質源として、海水魚類を中心に、海生貝類あるいはC3植物が加わった食性が想定されているものの、稲作が行なわれていたとは確定できていない。一方、輪之尾遺跡では鉢形土器に、本村丸田遺跡では採集品の土師器に籾圧痕が確認され、日ノ丸遺跡では、畑層と籾圧痕をもつ土師器が出土している。また、『日本書紀』の天武11（682）年には種子島では「粳稲常豊」とあり、古代には農耕社会へ移行していた可能性が高い。また、『続日本紀』の大宝2（702）に、大隅諸島は律令体制下に導入されることとなる。

　資料は少ないものの、大隅諸島の埋葬遺跡の文化的景観の変化を想定すると、弥生時代後期後半以降の大隅諸島の墓域の立地は、水源である比較的大きな河川と、生業基盤のひとつである漁労エリアを確保し、かつ高波などの

自然災害を防ぐ臨海砂丘の頂部に占地し、やや離れた後背部の台地上に居住域を営む空間が領域パターンとして描かれる。古墳時代末から古代の農耕社会に移行してからは、前段階の立地に類似したパターンのほか台地上に墓域が立地しながら居住域と離れたパターンなど、農地開発のために、内陸部への依存度が高くなると、墓域の立地も多様化していく。この時期は律令体制下に導入される時期に相当する。さらに農耕へ生産基盤の比重が傾いていく中世後期になると、農村という集落と耕地を主要生活空間としていくことから、居住域や農地とは隔絶した、生活域とは関係のない場所へと移動する、または、農村の一角に集団墓地化していく過程が想定される。

(2) 奄美諸島 (第2図)

　奄美諸島の葬墓制は、縄文時代から中世まで断片的に遺跡資料が確認されているが、居住域との関係を示す埋葬遺跡は少ない。

　喜念原始墓・喜念クバンシャ岩陰墓は、隆起サンゴ礁の崖面の岩陰部を利用したもので、現在、県道が海側と山側に分断しているが、本来は、海側へ突き出た一連の岩陰墓であったと考えられる。喜念原始墓は二次的に動かされた状況の人骨が多数確認され、土器は縄文時代晩期末〜弥生時代前期ごろの土器が主に出土し、ほかにも弥生時代中期前半期の弥生系土器や貝輪が出土している。喜念クバンシャ1号墓（標高13.5m）では、外部から搬入された礫10個で石囲墓を形成し、2号墓（標高13.5m）もやはり外部から持ち込まれた礫群で葬所をつくり、天井部に焼けた痕跡、そして焼骨も確認されている。焼骨の一部は骨化後に焼かれたものと判断されている。3号墓（標高10.5m）には、埋葬施設がなく、沖縄・阿波連浦下層式土器に類似した土器が出土しているため、岩陰墓の時期の一端が窺える。クバンシャ岩陰墓の人骨は全て二次的に動かされている。崖部墓域に南接した標高9.4mの台地部にはクバンシャ遺跡が確認されており、土器は喜念原始墓のものに類似する。東部の発達したリーフを主要な生業活動の場とし、南側河川とに挟まれた小規模な台地上に居住域をかまえ（喜念クバンシャ遺跡）、北接した岩陰部を墓域（喜念原始墓・喜念クバンシャ岩陰墓）とした完結した領域を確認できる。

　面縄第一洞穴遺跡は、前面に発達したリーフを持ち、面縄川に囲まれた臨

第3部　先史・原史時代の琉球の人々と文化景観

海砂丘地の奥部の袋状になった石灰岩丘陵の岩陰の一部を利用して石棺墓を造営する遺跡である。岩陰壁面に沿って石棺墓が1基設置され、仰臥伸展葬で埋葬される。蓋石を二つだけもち、そこに供献土器（仲原式土器段階）が3点確認されている。このほかにも壁面側で人骨が散在していたとされる。居住域は不明であるが、袋状丘陵部の入口付近で同時期の土器が確認されていることから、生活域は隣接している可能性がある。小河川に隣接した海砂丘立地としては、ほぼ同時期の埋葬遺跡としてトマチン遺跡がある。ここでは覆石石棺墓が確認され、棺内が三重構造となっており、姿勢の確認できるものは仰臥伸展葬であった。

　弥生時代の墓は判然としないが、宇宿貝塚の1基の列石土壙墓で仰臥伸展葬の女性と乳児が合葬されている例、長浜金久第Ⅱ遺跡における仰臥屈肢葬の土壙墓1基、宇宿港遺跡の仰臥屈肢葬の土壙墓2基などが挙げられる。これらは居住域との関係性が掴めないが、宇宿港遺跡は墓坑検出層位から、弥生時代後期〜終末期以降のものであると考えられる。

　フワガネク遺跡は、北側に大川をもつ臨海砂丘地に立地する。東西に延びた巨大な砂丘の南側の高地に古代のヤコウガイ集積遺構や建物跡が集中し（Ⅴ層）、北側の川へ下るやや低地で石棺墓1基（Ⅳ層中）が確認されている。石棺墓は人骨が二次的に動かされており、再葬の可能性がある。居住域に比較的近接して墓域があった可能性があるが、ほかには墓がみつかっていないため、特殊な立地である可能性もある。墓は層位的に古代の例と考えられるが、調査者は古墳時代の墓としている（高梨2006）。

　中世の例には、近年、注目された喜界島城久遺跡群がある。喜界島中央部の標高90〜160mの海岸段丘上に立地する9〜15世紀の大規模な集落遺跡であり、遺物量からみると最も盛行した時期は、11世紀後半〜12世紀であるとされる。この集落跡群内、あるいはそれに隣接して点在するか、やや集合して土壙墓が確認されている。澄田直敏（2010）はこれらの土壙墓を火葬・再葬・土葬3つの埋葬法に大別し、以下のように時期ごとの違いを指摘している。10世紀代（Ⅰ期）には須恵器壺に焼骨を納めた火葬があり、検出例が少ない。11世紀後半〜12世紀（Ⅱ期）には副葬品と火葬骨が納められた火

248

葬や、土坑内で骨化させた後、焼いて再び副葬品とともに焼骨を納めた再葬（焼骨再葬）、副葬品などとともに埋葬する土葬など、バリエーションが増加する。13～15世紀（III期）には副葬品を持たない土葬が確認される、とする。10世紀代の火葬は、宇宿貝塚でも確認されており、同貝塚ではほかにも東地区を含めて土壙墓5基が確認されている。

　万屋城はやや内陸の小丘陵（標高10～12m）に位置している。西側に基盤である赤土層があり、東側はその上に乗る砂丘である。西側に庭園や池中央に建物跡と考えられるピット群と、建物跡と東側を区画するかのようなV字溝、V字溝から40mほど東側に、合葬された土壙墓が4基確認されている。棺台状の置石をもつ土壙墓で、木棺墓の可能性もあろう。3基が同じ方位を向き、1基はそれと直角方位になる。13～14世紀ごろ、区画溝によって居住域と墓域が明確に分離している例が読み取れる。

　奄美諸島における農耕の証拠は、イネ・コムギ・オオムギ・アワ・キビ・マメ科などの植物遺体が喜界島城久遺跡群や奄美大島赤木名城跡で確認されており（11世紀後半～12世紀）、徳之島では川峯辻遺跡13世紀～16世紀にかけて水田跡や栽培植物遺体が検出されている。このことからすれば、奄美諸島はグスク時代に相当する11世紀後半以降、農耕社会へ移行していたことが推定される。台地上への立地も農耕と関連する現象と考えられる。

　奄美諸島における埋葬遺跡は、縄文時代から、生業の場であるリーフと水源である河川の保証できる近接した領域を単位として営まれていた。これらは居住域と墓域は分離しているが近接したものである。また、確認できる埋葬姿勢は仰臥伸展葬で、骨化後に焼骨にした事例もみられる。しかし、弥生時代後期以降は、大隅諸島と類似した仰臥屈肢葬も出現し、焼骨の存在はこの段階には確認されていない。古代になると、砂丘立地において、居住域と近接して石棺墓が検出されている事例があるものの、この埋葬施設は、遺体を骨化させるための再葬施設である可能性もある。10世紀代には、九州・本土のような火葬墓が、砂丘地や丘陵上で散発的に行なわれており、11世紀後半～12世紀になり、農耕が開始されると、丘陵上で集落域と重複した形で、在地化した火葬墓、土葬墓が確認される。やがて、13世紀には火葬

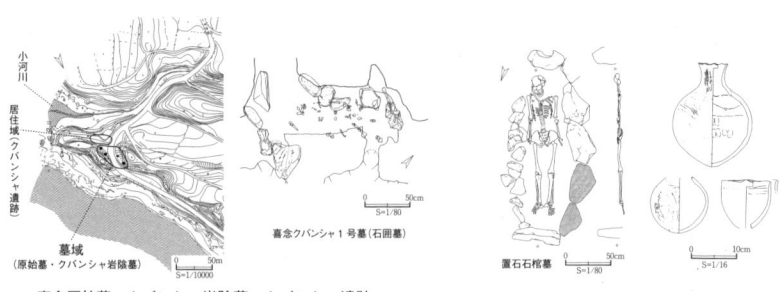

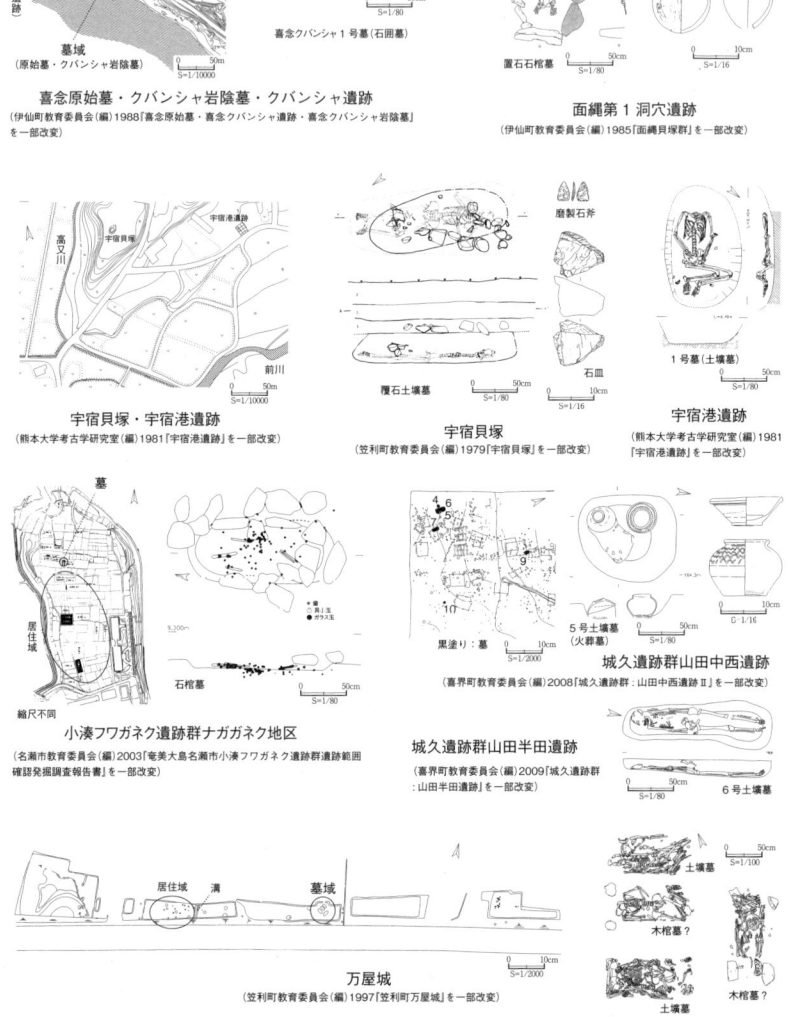

第3部　先史・原史時代の琉球の人々と文化景観

第2図　奄美諸島の埋葬遺跡

墓が不明確となり、居住域と土壙墓で構成される墓域が明確に分離した様相も確認される。この段階には木棺墓が出現している可能性もある。

(3) 沖縄諸島（第3・4図）

　沖縄諸島においても、集落域と墓域が確認された例は少ない。

　具志川島遺跡群は、周囲約4kmの小島にある。琉球石灰岩の独立丘陵岩陰部における岩立遺跡、西区、西地点の3箇所（標高約5m）に墓域が確認されている。同時期の生活域は東と南東にそれぞれ約250m離れた平地に前IV期の南地点（標高約10m）と親畑貝塚（標高約5m）が確認されている。湧水地点は島の東北部に存在する。

　岩立遺跡では、H・I区の第VI層において、人骨は密に分布し、焼骨は西側の岩陰壁に沿って分布し、基本的には雑然としているが、頭骨や四肢骨の一部には並べられたようなものもある。一部壁面や副葬品も被熱している。1号人骨は再葬骨であり、その真下には仰臥伸展葬の2号人骨が確認される。同層では上部に前V期末の肥厚口縁部小片、下部に前IV期頃のものと考えられる平底土器底部が1点焼骨に混じって出土している。岩立遺跡A区の再調査も行なわれており、散乱人骨とともに、前IV期初頭の仲泊式土器が出土する。

　岩立遺跡西区は、第3～4層間で15体分の人骨の出土が見られ、4層で燔火跡と目される遺構も検出されているが、埋葬遺構と関連していないので、疑問が残る。上部では一次葬（1・2・5・6号人骨）、下部にいくにつれて人骨は散乱状態を示す。二次的に動かされていると判断可能なものは10・11・13・14号人骨である。3層最下部では集骨葬が、5層上面では、一部被熱した骨を含む集骨群が単位をもって分布している。3層では板石を用いた覆石土壙墓や、立石によるコの字状の施設、石囲墓などの施設がある。埋葬姿勢は、仰臥伸展葬のみである。前IV期と考えられる上半部を欠いた平底土器が3層2号人骨に伴っている。前IV期には島の中央部から500m圏内で、水源・生活域・墓域が集中している。石灰岩丘陵部をランドマークとした墓域とし、小島における完結した生活空間の例とみなしておきたい。

　仲原遺跡は、周囲4kmの小島の石灰岩台地上中央部に立地し（標高約

23m)、前Ⅴ期末の石組みを持つ竪穴住居跡が23基検出されている。水源は北西に100〜150mほど離れた神山遺跡の近くの海岸に存在している。7基の竪穴住居内より、計8体分の人骨が検出されているが（土肥2003）、墓構造の判明したのは1号住居のみである。1号住居内中央部に床面を破壊して、土坑が掘り込まれた廃屋墓で、40cm大程度の平坦なテーブルサンゴを右腕側に置く置石土壙墓である。成人女性で、南頭位の仰臥伸展葬である。1号住居以外の人骨は状態が悪く、頭骨片、下顎、上腕、大腿骨など部分的な出土状況である。廃屋を墓へ転用しながら、集落域を拡大していったものであろう。

　木綿原遺跡は、前面の海に広大なリーフを持つ、臨海砂丘地に立地している（標高3〜5m）。遺跡から南に500m地点には沖縄最大の流域面積をもつ比謝川が流れ、墓域の南西砂浜寄りには琉球石灰岩の大岩がある（直径4m・高さ3m）。また、居住域は貝塚の検出された墓域から東へ約40mの、やや標高の高い位置にあるとされている。覆石石囲墓・覆石石棺墓・土壙墓で構成され、中央のアンボンクロザメの集積遺構を中心として、半月状に配置され頭位が揃っていない。同一石棺内に追葬をするものと、しないものがある。埋葬姿勢の分かる被葬者は、仰臥伸展葬が多く、1例伏臥伸展葬が見受けられる。第1号墓上部埋葬には、前Ⅴ期末〜後期前半（古）の鉢形上半部が供献されており、さらにその上の標石周辺には、弥生時代前期末〜中期初頭の壺に形態的類似性を持つ弥生系土器壺の上半部が出土している。巨石をランドマークとした墓域が前面の広大なリーフの領有を表わし、背後に生活域をもつ例である。

　阿良第二貝塚は、伊江島の南岸に前面に広大なリーフを持ち、海岸から内陸に約100mの砂丘地（標高8m）に立地する。弥生時代中期前半の南九州系・奄美諸島系の弥生土器を含む貝塚時代後期層で、枝サンゴ片が敷かれた屍床に人骨6体分が埋葬されているとされる。その北東約100m地点に生活域と考えられる阿良貝塚がある。

　嘉門貝塚Bは前面にリーフを持ち、標高2〜3m（戦前は10m前後あったという）の広大な砂丘上に立地し、1基のみ土壙墓が検出されている。後期前

琉球列島における埋葬遺跡の文化的景観

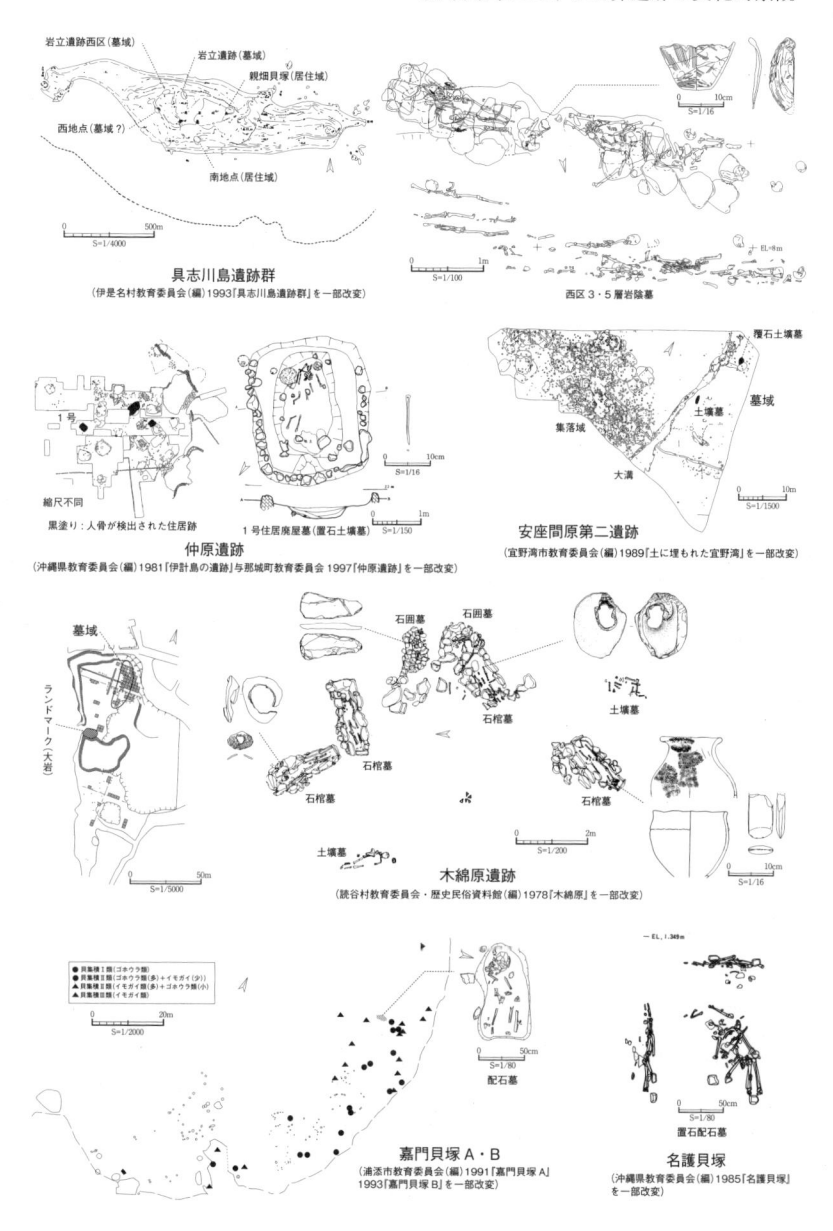

具志川島遺跡群
(伊是名村教育委員会(編)1993『具志川島遺跡群』を一部改変)

西区3・5層岩陰墓

仲原遺跡
(沖縄県教育委員会(編)1981『伊計島の遺跡』与那城町教育委員会1997『仲原遺跡』を一部改変)

黒塗り：人骨が検出された住居跡
1号住居廃屋墓(置石土壙墓)

安座間原第二遺跡
(宜野湾市教育委員会(編)1989『土に埋もれた宜野湾』を一部改変)

墓域
ランドマーク(大岩)
石囲墓
石棺墓
土壙墓

木綿原遺跡
(読谷村教育委員会・歴史民俗資料館(編)1978『木綿原』を一部改変)

貝集積I類(ゴホウラ類)
貝集積II類(ゴホウラ類(多)+イモガイ(少))
貝集積III類(イモガイ類(多)+ゴホウラ類(小))
貝集積IV類(イモガイ類)

配石墓

嘉門貝塚A・B
(浦添市教育委員会(編)1991『嘉門貝塚A』
1993『嘉門貝塚B』を一部改変)

置石配石墓

名護貝塚
(沖縄県教育委員会(編)1985『名護貝塚』
を一部改変)

第3図　沖縄諸島の埋葬遺跡 (1)

253

半（古・中）の地点である。明確な掘り込みは確認されていない。プラン南側に礫3個ほどが点在しており、配石墓の可能性がある。被葬者は壮年女性で西頭位の伏臥葬である。

　安座間原第二遺跡は、広大なリーフの発達した海岸から180m内陸の標高4～5mの砂丘に位置し、さらに後背部には低位段丘があり、その地質境界付近が豊富な水源となっている。後期前半（新）の集落跡と埋葬遺構が、溝によって分離して検出された。墓域には2基の土壙墓と、複数体の人骨が検出されている。第1号墓は土壙墓で、成人男性を仰臥伸展葬にするもので、頭骨・頸椎が抜き去られており、頭部の墓坑外にはホラガイ有孔品が置かれている。第2号墓は覆石土壙墓で、小児骨が確認されているが、大半の骨が抜き取られている。覆石土壙墓は、大隅諸島の覆石墓と時期的にも調和している。

　名護貝塚は、海岸から約300m内陸に入った標高3m前後の砂丘地に立地する。共伴遺物はなく、人骨やや上位にはテーブルサンゴ片4個の集積があり、ほかにも大腿骨周囲に自然石が3個配されている（置石配石墓）。人骨頭位は北、「横臥伸展様」に配置される。同遺跡は後期後半（新）であろうか。

　次にグスク時代について、主として瀬戸哲也（2005・2009）の研究成果に依拠しながら概観する。

　伊佐前原遺跡は、イノー（礁原）と沖積低地を前面とする、標高12～18mの段丘前縁に立地し、北東部には豊富な湧泉がある。建物跡群であるピット集中区に、4基の埋葬土坑が確認され、3基は長軸を同じくし、1基はそれとほぼ直角方向である。土壙墓2基、木棺墓2基の内訳となり、全て仰臥屈肢葬と考えられる。

　後兼久原遺跡は、標高4～5mの沖積低地と背後の標高20mの小丘陵に位置し、さらに後背地形として標高30m前後の石灰岩段丘が迫る。前面には砂丘が20mほど離れて迫り、さらに20m前面に海岸線をもつ地形だったとされる。丘陵境界線には湧水が存在している。11世紀後半～13世紀にかけて、建物跡が集中する地区に重複して、4基の埋葬跡が検出され、うち、2基は木棺墓の可能性が高い。3基は頭位が揃い、1基のみ真逆の方位を向いている。

人骨の観察、土坑規模などから、3基は仰臥屈肢葬で、幼児のみ伏臥屈葬となっている。瀬戸（2005・2009）はこの時期のパターンとして、海岸に近い台地の集落内で、12～13世紀の建物跡群と土壙墓・木棺墓が重複して検出されるため、西日本の屋敷墓との類似性を指摘し、かつ、屈葬（屈肢葬）の埋葬姿勢をとることを抽出し、グスク時代葬墓制の特徴と開始期を想定している。

　大里城跡は、海岸線から約1km内陸の、標高150m前後の石灰岩丘陵の北縁に位置し、グスク内に井泉が存在する。14世紀がグスクの最盛期であったと考えられている。平場から西側の緩斜面で、1基の覆石土壙墓が検出されており、仰臥屈肢葬で埋葬されている。

　首里城右掖門地区は、標高100～130mの石灰岩丘陵上に立地する県内最大のグスク首里城台地の北側緩斜面に位置し、その西側には城内に位置する豊富な湧泉（龍樋）が存在する。人骨は右掖門西側の内郭石積み内の基盤層である琉球石灰岩岩陰部に、二次的に動かされた状態で検出されている。グスク土器が共伴している。

　銘苅古墓群は、海岸から約1.5km内陸に入った、銘苅川を挟み向かい合うように段丘（標高13～20m）の岩陰を利用して掘込墓や亀甲墓が立地する。これらはほとんどが17世紀～20世紀にかけてのものであるが、B地区の囲込岩陰墓に古い時期のものがある。B地区の墓域上の段丘上にはヒヤジョー毛遺跡があり、この囲込岩陰墓（囲込墓）と同時期の集落と考えられている。4号囲込墓の下位埋葬には15世紀前半の象嵌青磁が伴っており、3号囲込墓では、下層に11世紀後半～12世紀の白磁が集中し、上層に14～16世紀の青磁や褐釉陶器が主体的に出土する。瀬戸は、14～15世紀には、丘陵上に立地する石積遺構内に居住域が確認されるグスク内および、その造成層に墓が検出される傾向にあり、また、崖葬も確認できるとする。また、15世紀以降には土壙墓は主流ではなくなり、崖葬が出現し、展開するという。階層性も15世紀以降には生じているとする。

　沖縄諸島における墓域の立地は、大別して、先史時代より臨海砂丘・内陸砂丘、岩陰・洞穴、丘陵上・台地の3つが認められる。臨海砂丘・内陸砂丘

第 3 部　先史・原史時代の琉球の人々と文化景観

は、前Ⅱ期（大堂原貝塚）からには出現している可能性が高く、前Ⅳ期以降（具志堅貝塚）は安定して確認される。大岩を墓域のランドマークとする例（具志川島遺跡群・木綿原遺跡・中川原貝塚）もみられる。その後、断続的に古代以降にも確認され、グスク時代初期ごろまで確認されるが、それ以降は不明瞭となる。岩陰・洞穴に関しては、前Ⅳ～Ⅴ期に目立つようになるが、古くから存在していた可能性もあり、断続的に弥生時代以降にも例がある（具志川グスク崖下）。グスク時代には14世紀ごろから出現し、15世紀には普遍化しながら、洞口を加工する「板が門」式の崖葬も認められるようになる。丘陵上・台地は、前Ⅳ～Ⅴ期に存在し（地荒原貝塚・仲原遺跡）、グスク時代初期には集落域と重複するような立地で墓が確認されている。14世紀ごろには再び居住域と墓域の分離がみられるものの、その距離は近接している。先史時代においても居住域と墓域が重複する例はあるが（仲原遺跡・嘉門貝塚B）、グスク時代初期になって居住域と墓域が重複するような様相をみせることが多い。中世「屋敷墓」的墓域立地は、伝統的な墓域の立地からすれば特殊な様相であることが窺い知れる。

　埋葬施設は、素掘りの土壙墓が古く（大堂原貝塚）、グスク時代初期まで主要な埋葬施設であると考えられる。前Ⅳ期になって、砂丘、岩陰両立地で配石墓・石囲墓がみられるようになり、南島貝交易の開始段階にあたる前Ⅴ期末ごろから石棺墓・土器棺墓が出現する。後期前半(新)には覆石土壙墓（安座間原第二遺跡）が大隅諸島との関連で出現するとみられ、後期後半には再び配石墓が認められる（名護貝塚）。グスク時代になると、木棺墓が出現（伊佐前原第一遺跡・後兼久原遺跡）、崖葬になってからも木棺の使用は認められる。喜界島の火葬墓も、痕跡は確認されていないものの、火葬骨の容器に木棺状の施設が想定されている。

　そのほか埋葬施設の属性として、サンゴ砂利の屍床を持つ例が大久保原遺跡、木綿原遺跡、阿良第二貝塚などで確認される。種子島広田遺跡においても確認される属性である。また、同一墓坑や棺内で追葬を行う例も少なくないが、被葬者が、上段・下段というような重層構造を持つ例が前Ⅳ期～前Ⅴ期末にかけて確認され（具志堅貝塚・具志川島岩立遺跡・安座間原第一遺跡・

琉球列島における埋葬遺跡の文化的景観

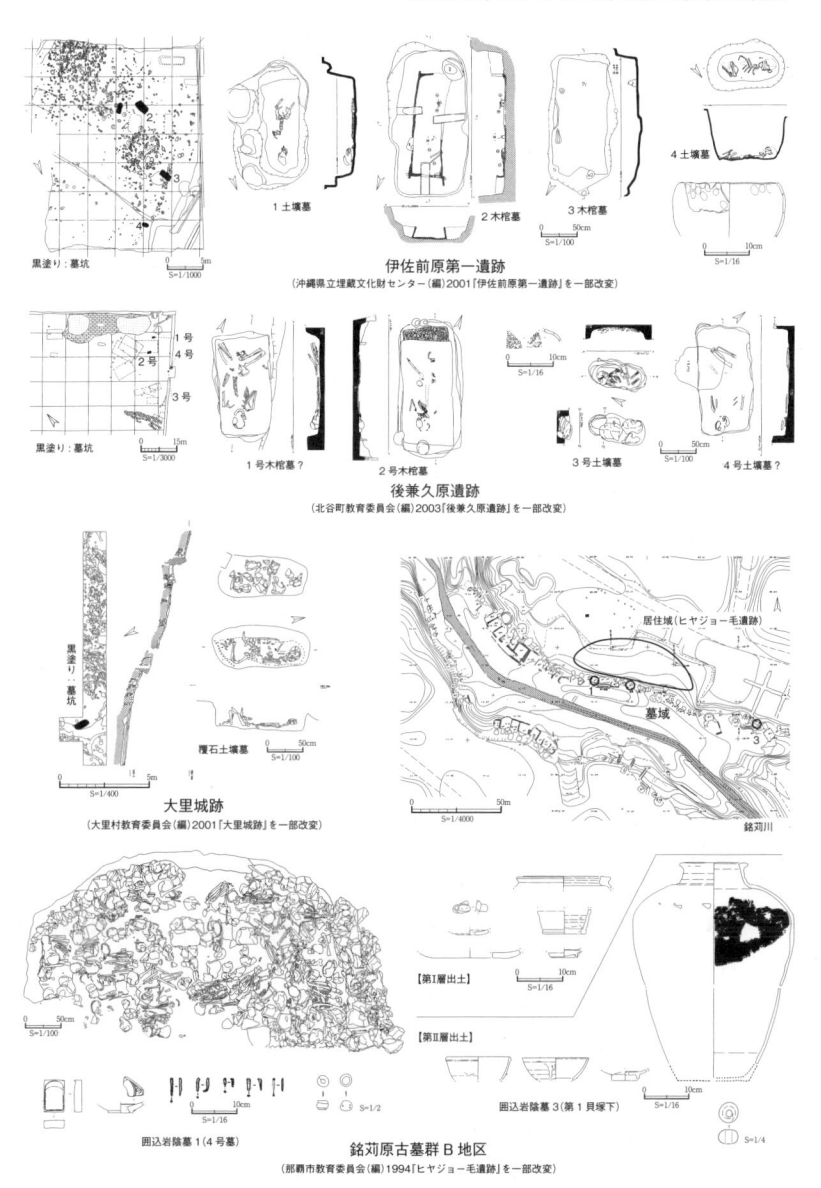

伊佐前原第一遺跡
〔沖縄県立埋蔵文化財センター（編）2001『伊佐前原第一遺跡』を一部改変〕

後兼久原遺跡
〔北谷町教育委員会（編）2003『後兼久原遺跡』を一部改変〕

大里城跡
〔大里村教育委員会（編）2001『大里城跡』を一部改変〕

銘苅原古墓群B地区
〔那覇市教育委員会（編）1994『ヒヤジョー毛遺跡』を一部改変〕

第4図　沖縄諸島の埋葬遺跡（2）

第 3 部　先史・原史時代の琉球の人々と文化景観

木綿原遺跡・武芸洞遺跡)、徳之島トマチン遺跡にも類例がある。これは岩陰墓・砂丘墓においても通有のものである。岩陰墓は、埋葬人骨が一定空間に累積しているが、具志川島遺跡西区の一次葬のように、同じ位置を意識したように上部に埋葬されていく例も見られる。岩陰墓も基本的に追葬を継続した場所と捉えることができる。そうすれば、重層構造も追葬の一種であり、水平方向ではなく、垂直方向に埋葬された結果であると考えられる。

　一次葬を示すものは砂丘立地に多く、岩陰墓ではほとんどが散乱していたり、集骨されていたりする。幾度なく追葬を行うにあたり、以前の埋葬人骨が片づけられることによって狭い埋葬空間に多重累積し、再葬の様相を示す可能性もある（小片ほか 1988)。集骨は、人体の解剖学的な位置を意識しつつ配置し直されている集骨葬 I と、雑然とした集骨葬 II が認められるが（呉屋 1996)、後者の例が多い。また、被熱する人骨片の例も奄美・沖縄諸島の前 IV・V 期に例が多いが、具志川島岩立遺跡の再分析によって、焼骨（骨化後焼かれたもの）と火葬骨（遺体として焼かれたもの）に分けられ、空間的にいくつかの単位をもっていることが判明している（片桐ほか 2007)。しかし、奄美・沖縄諸島の先史時代葬墓制全体からいえば、焼骨・火葬骨が岩陰墓に主体的にみられることから、埋葬空間の問題と関連した遺体処理法である可能性も留意する必要がある。

　前 IV・V 期の埋葬姿勢のわかるものを対象とすると、仰臥伸展葬：仰臥屈肢葬：仰臥屈葬：伏臥伸展葬の割合は、32：5：1：14 となる。後期になると 3：5：2：2 となり、全体的に対象数が少ないものの、屈肢・屈葬が増加し、伏臥葬も継続している。九州・本土の縄文時代後・晩期の伏臥葬の割合は 2％強程度であり（山田 2008)、弥生時代の伏臥葬は 0.1％程度となる（本間 2004)、呉屋義勝 (1996) の指摘通り、沖縄諸島には伏臥伸展葬が目立つ (27％)。台湾中部鉄器時代（約 2000～400 年前)、番仔園文化における主要な埋葬姿勢は俯身葬（伏臥伸展葬）であり、稀に被葬者の頭部に陶罐で覆うものもある（角南 2009)。時期的にやや離れているが、地理的に近距離にあることからも検討を要する。グスク時代初期になると、成人被葬者は仰臥屈葬（屈肢葬）が多くなることが確認されているが（瀬戸 2005)、乳幼児は伏臥屈葬が多い（土

肥 2010；具志川グスク・後兼久原遺跡）。

　墓群の配置は、安座間原第一遺跡などのように自然地形である砂丘の落ちぎわに配列するため、頭位方向が統一されるものや、木綿原遺跡のように空間や特定遺構を中心に弧状に配列するパターンがある。岩陰墓における一次葬の頭位もまた、岩陰の壁ぎわに身体の側面を寄せて埋葬されるために、一定方向かその真逆を向くことになる。頭位方向を含めて、墓域の自然地形に沿った立地や埋葬姿勢、埋葬集団ごとの社会的規制が反映されているのであろう。グスク時代になっても遺跡によって異なり、一遺跡内ではほとんどが一定方向を向くが、それと直角方向や真逆を向くものも墓群内に必ず存在している。

　また、これまでにも指摘されていた頭骨を意識したような事例は（嵩元・當眞1981)、1）頭を土器で覆う（安座間原第一遺跡・大当原貝塚・伊佐前原遺跡)、2）頭をシャコガイに挟み込む（安座間原第一遺跡)、3）頭部に自然貝や貝製品を置く（具志川島岩立遺跡・木綿原遺跡・安座間原第二遺跡)、4）頭骨を抜き取る再葬・頭骨のみの再葬（具志川島岩立遺跡・岩立遺跡西区・具志堅貝塚2号人骨・地荒原遺跡・大久保原遺跡土壙墓・安座間原第二遺跡・宇地泊兼久原第一遺跡)、5）頭骨と四肢骨を分ける再葬（具志川島遺跡群岩立遺跡・クマヤー洞穴遺跡）などのパターンがある。4）は奄美諸島の先史時代にもみられ、4）・5）はグスク時代にも認められる。

　沖縄諸島における農耕開始期は、水田跡（新城下原第二遺跡)・植栽痕（野嵩タマタ原遺跡)、オオムギ・コムギ・イネ・アワなどの炭化物や珪酸体が確認される11世紀代に遡るとみられ、奄美諸島と類似しており、従来の見解のように、グスク時代初期と考えてよいだろう。遺跡の台地上の立地も農耕という生業環境に起因するものであろう。

(4) 先島諸島（第5図）

　現在のところ、先史時代の埋葬遺跡は確認されていない。グスク時代については、主として島袋綾野の研究成果（2006・2010）に即して以下にみていくことにする。

　宮古島住屋遺跡は、海岸線から300mほど内陸の、標高約18mの琉球石

第3部　先史・原史時代の琉球の人々と文化景観

灰岩を基盤とする台地上に立地する。15～17世紀前半の集落域と墓域が明確に分かれて隣接するもので、土壙墓（覆石土壙墓あり）に成人被葬者、幼児は礫敷土壙墓、乳児は石棺墓（石囲墓）に埋葬されている。住屋遺跡の南西約100mに位置する根間・西里遺跡や南東に位置する尻並(すなん)遺跡においても類似した墓坑が確認されるが、層位的には近世期に相当するようである。また、住屋遺跡の北東約200m地点に位置する外間遺跡では、14～16世紀中ごろの列状に連続配置される特殊遺構と軸を概ね同じくして、同時期の土壙墓（覆石土壙墓も1基ある）が4基検出されている。居住域は検出されていない。

　大泊浜貝塚は、南50mにある湧水地点から流れる小川の東側に位置する臨海砂丘地である。1986年報告では、貝塚層の上部に掘りこまれた墓坑が3基確認され、仰臥屈肢葬と側臥屈肢葬の土壙墓であり、頭位は全て異なっている。墓坑や周辺からも同時期の遺物は確認されていない。2001年報告では、1基の土壙墓が確認されている。カムィヤキの出土する貝塚層から掘りこまれ、土坑隅に標石のサンゴ塊がある。被葬者は、伏臥屈葬の女性で新生児とともに合葬されている。外耳土器が頭部に被せられ、シャコガイが頭部・腰部に3点副葬されている。少ないながらも包含層中から遺物が確認できることは、生活域が近隣にあった可能性はある。調査者である安里進は、11～12世紀の墓と捉えている。この貝塚層を人工遺物・貝類組成から、1986年報告の貝塚層と同じものと位置づけており、このことからは、2001年報告の墓のほうが層位的には古いことになる。近年、金武正紀（2003）は、1986年報告の3基の墓は、同貝塚の東側約50mに位置するブリブチ遺跡（14～15世紀）の墓域であった可能性があるとの見解を述べている。

　新里村東(しんざとむら)遺跡は海岸線から約10km内陸部に入った標高3～5mの微高地に立地している。土留め石積みを持つ12～13世紀の集落遺跡である。建物跡から西側130mに降り井（水源）が確認できる。遺構としては確認できていないが、調査区中央の建物跡から東側へ向けて土留め石積みが途切れる場所の、やや低い北側斜面で仰臥伸展位1基、西側の石積みのない斜面地で、側臥屈葬を含む4体分の人骨が検出されており、どちらも建物跡から50m以上離れた箇所になる。

ビロースク遺跡は、海岸から内陸部に入った標高約 18m の石灰岩小丘陵上に位置する。14 世紀代（I 層）になって石垣が築かれた小丘陵上の集落跡であるが、石垣内側に建物跡が検出されており、南側石垣の外側に大人の埋葬された土壙墓 1 基、内側に子供の埋葬された土壙墓 1 基が、頭位を東西正反対に向けて確認されている。正式報告では 13 世紀代（II 層）の時期の埋葬とされていたが、後に石垣登場後の 14～15 世紀の埋葬であるとしている（金武 2003）。居住域となった丘陵上縁辺部に墓域が確認されるケースである。

石垣貝塚では、旧四箇村の砂丘地に、居住域と隣接するが明確に分離して墓域が確認されている。石棺墓や石囲墓に仰臥屈肢葬で埋葬され、また、石積墓には 2 体分が埋葬されており、1 体は焼骨である。被葬者は埋葬頭位がほぼ北から西方向で揃っている。瀬戸哲也は 16 世紀前後とみている。石垣貝塚に隣接する平川貝塚では、ピット群が集中する箇所に重複して土壙墓が 5 基検出されている。埋葬姿勢が分かるものは、女性・小児の仰臥屈葬であり、乳幼児も確認されている。

喜田盛(きたもり)遺跡は、旧海岸線から 100m ほど内陸に入った標高 4m 地点に位置する。土壙墓が 5 基検出され、小児・成人被葬者は西頭位であり、幼児も含めて仰臥・側臥屈肢葬で埋葬されている。15～16 世紀の層中で構築されている。

八重山蔵元跡では、居住域とみられるピット群と一部重複し、大半が明確に分離しながら埋葬遺構が確認されている。土壙墓主体に、石囲墓が 1 基確認されている。成人・乳幼児ともに姿勢の分かるものは仰臥屈肢葬（屈葬）である。

先島諸島のグスク（スク）時代の葬墓制については、瀬戸哲也は、屈葬が沖縄諸島と同様に登場していること、小規模な集団墓地化することが沖縄諸島とは異なること、集落跡が密集している地区から確認できること、副葬品が少ないことなどを析出した。島袋綾野も居住域と墓域とが近接していることが特徴であると述べ、古い段階には成人被葬者の埋葬頭位はバラけており、やがて北西へと頭位が規制されていくと述べている。また、宮古諸島における乳児埋葬が石棺墓（石囲墓）に埋葬されることが特徴であるとする。ほか

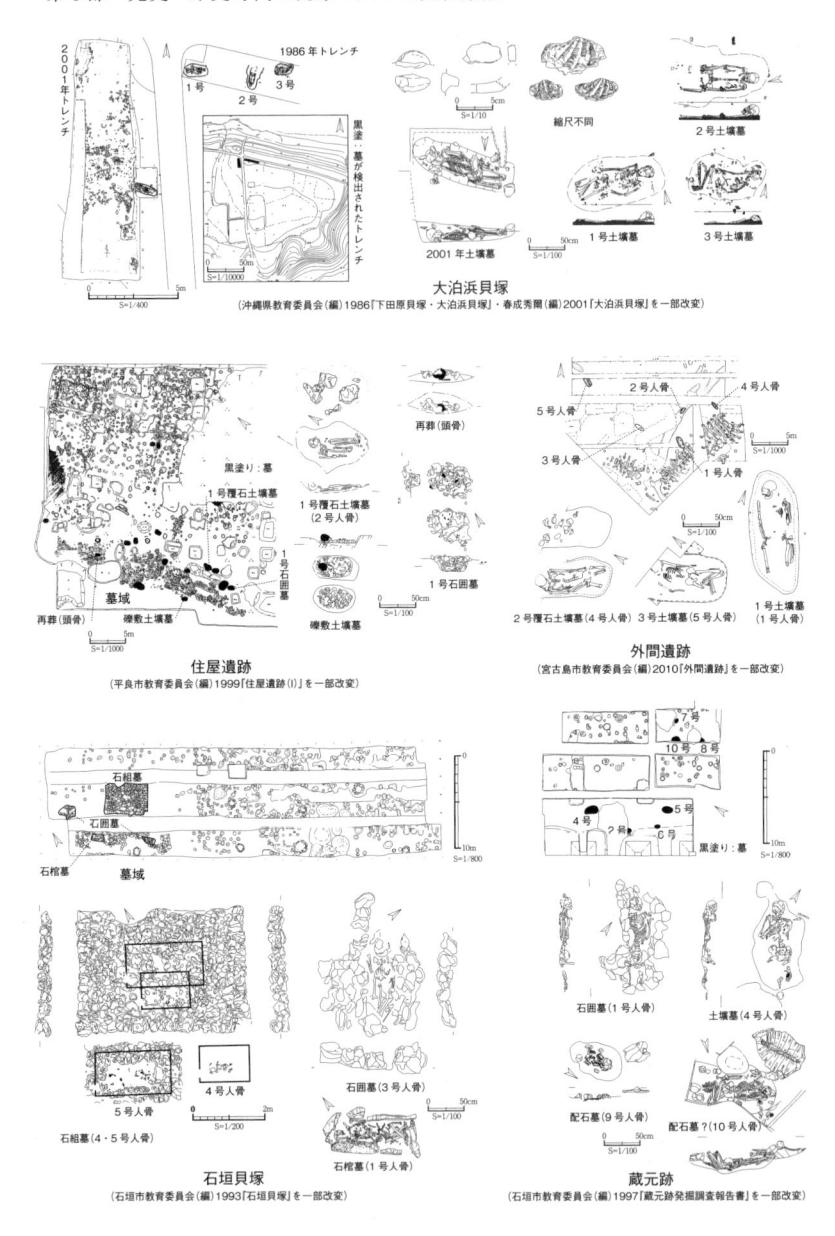

第3部　先史・原史時代の琉球の人々と文化景観

第5図　先島諸島の埋葬遺跡

にも、首を傾げるような姿勢の埋葬も先島諸島に目立つ。

　先島諸島においては、ムギやイネ・アワなどの炭化物が確認されており（ピロースク遺跡Ⅱ層・新里村西遺跡）、遅くとも14世紀代には農耕を導入しているとみることができる。

2. 琉球列島の葬墓制

　以上のように、限られた遺跡の限られた葬墓制の文化的要素だけを抽出しても、先史時代からグスク時代の琉球列島の葬墓制の要素は多様であり、島嶼群ごとに埋葬施設・埋葬姿勢・埋葬法に変異をもつ。しかし、ある時代・時期ごとに島嶼群単位を超えた共通性ももっていることが分かる。

　墓域の立地景観では、貝塚時代前期～後期（縄文時代～古代）の、大隅諸島から沖縄諸島における先史時代葬墓制の立地は、砂丘部や平地を中心として、岩陰墓も多く、台地立地がまれに見られる。平面構造的にみれば、大小の河川、湧水などの水源と、主要生業の場である海浜部やリーフ沿岸に居住域や集落域を形成し、居住域と墓域は明確に分離しているものの、近接して固定化する。グスク時代初期段階（12～13世紀）になると、奄美諸島では台地上を中心に、沖縄諸島では台地立地も見られるものの、砂丘や平地を中心として、居住域と墓域は重複するような状況になる。14世紀代には、奄美諸島・沖縄諸島では、居住域と墓域は分離しながらも近接して営まれる例が再び見られる。また、この段階では低地や台地に墓域がみられなくなり、沖縄諸島では先史時代岩陰墓と同様の「崖葬」が出現し普遍化する。15世紀には岩陰部を掘りこんで、墓口に板戸を設けた「板が門（いたがもん）」式の墓が出現し、併存したまま近世にいたる。これらは居住域と明確に分離し、やや離れた場所に設けられる。先島諸島では集落に近接して石組墓や石棺墓を有した集団墓地化し、近世にいたる。農耕が一定の生業の比重を占めるようになると、農地の確保が重視され、それが拡大化すると、やがて生産性のない岩陰部や隔絶した場所へと固定化する背景が想定される公算が高い。大隅諸島では古代、奄美・沖縄・先島諸島ではグスク時代以降の現象と捉えることができる。

　埋葬施設からみると、前Ⅴ期末（縄文時代晩期末～弥生時代前期）に、奄美・

第3部　先史・原史時代の琉球の人々と文化景観

　沖縄諸島にそれまでの石囲墓と異なった石棺墓が普及する。奄美・沖縄諸島における埋葬方法は、縄文時代以降、仰臥伸展葬が主流であり、足を曲げる屈肢葬は少ない。このなかで、沖縄諸島では全国的にも高頻度で伏臥伸展葬が認められる。貝塚時代後期前半（新）（弥生時代後期後半以降）においては、大隅諸島の仰臥屈葬の埋葬姿勢が奄美諸島に及び、覆石土壙墓の埋葬施設が沖縄諸島にまで及ぶ。広田遺跡の貝製装身具の一部が沖縄諸島に認められる現象に調和している。沖縄諸島ではグスク時代初期に屈肢葬へと変化しており、乳幼児はこの段階では伏臥屈葬例があり、先島諸島では加えて側臥屈肢葬も目立つ。また、上下に明確な重層構造をもつ先史時代墓については、奄美・沖縄諸島に共通して見受けられる要素である。

　奄美諸島・沖縄諸島では前IV・V期（縄文時代後・晩期）になると火葬骨が検出されるが、これは岩陰墓に多く、岩陰墓における特殊な埋葬法や処理法である可能性も高い。大隅諸島では、貝塚後期前半（新）において、燔火習俗が火葬へと変化している可能性があり、これは古代まで継続する。10世紀前後には、奄美地域で散発的に本土産須恵器に焼骨を納めた九州の古代墓と類似した火葬墓がみられるようになる。11世紀後半段階には、カムイヤキや白磁を副葬品とし、壺に火葬骨を納めない火葬墓、再葬墓（「焼骨再葬」）という在地化した埋葬法も確認されている。15世紀以降、沖縄・先島諸島における崖葬・板が門・石組墓などで確認される火葬骨とどのように関連していくのか未だ不明な部分が多い。

　以上、検討してきた要素からは、南島貝交易の開始期（前V期末：縄文時代晩期末〜弥生前期）における石棺墓の導入、種子島広田遺跡下層の最盛期（貝塚時代後期前半（新）：弥生時代終末期〜古墳時代）に仰臥伸展葬が奄美諸島に及び、沖縄諸島に覆石土壙墓が導入されること、律令体制下に大隅諸島が導入されると、火葬・火葬墓が奄美諸島まで及ぶこと、貿易陶磁器の流通開始や、農耕の開始期、ヒトの形質変化など大規模な集団の動きが想定されているグスク時代初期になると、耕地の確保から台地上に居住域が立地することで、墓域も付随して移動し、奄美・沖縄・先島諸島では、西日本中世「屋敷墓」的な立地と仰臥屈葬・屈肢葬という埋葬姿勢の画一化という墓域・葬

墓制の文化的景観に大きな変化があらわれる。このことからは、遺物だけでなく葬墓制からみても、外来の情報が琉球列島を錯綜する時期に、葬墓制の外来的要素の一部を導入しアレンジすることで、琉球列島の葬墓制の特質が生じ、島嶼群単位の地域性を生じさせる島嶼側の対応姿勢が垣間みえるのである。

おわりに

埋葬遺跡から判断される考古学的な葬墓制研究は、上記だけではなく、頁数の都合上、副葬品・装身具、解剖学上の変化、階層性の問題など、今回取り扱えなかったもののほうが多い。別稿で論じたい。

最後になりましたが、グスク時代の葬墓制についてご教示を賜った島袋綾野氏、瀬戸哲也氏、埋葬遺跡の情報を下さった松川章氏、久見弥嗣氏、執筆の機会を与えて下さった高宮広土氏、伊藤慎二氏に厚くお礼申し上げます。

本研究は、文科省科研費（課題番号 19682003）と（課題番号 21101005）の一部を使用した。

引用・参考文献（頁数の都合上、調査報告書は割愛し、文献は最小限に止めた。ご寛恕乞う。）

小片丘彦ほか 1988「鹿児島県伊仙町（徳之島）喜念クバンシャ岩陰墓出土の人骨」『喜念原始墓・喜念クバンシャ遺跡・喜念クバンシャ岩陰墓』伊仙町教育委員会（編）、pp.50-54. 伊仙町教育委員会、鹿児島.

金武正紀 2003「先島の歴（原）史時代（スク時代）」『沖縄県史』各論編 考古 2、財団法人沖縄県文化振興会公文書管理部史料編集室（編）、pp.381-400. 沖縄県教育委員会、沖縄.

呉屋義勝 1996「沖縄古来の墓式と葬法・副葬品」『第 5 届中琉歴史関係学術会議論文集』pp.490-509. 福建教育出版社、福州.

島袋綾野 2006「宮古・八重山諸島の古墓」『考古学ジャーナル』552：pp.17-23.

島袋綾野 2010「墓：現世の思いと後生の住まい」『八重山歴史研究会誌』創刊号：pp.93-123.

第３部　先史・原史時代の琉球の人々と文化景観

新里貴之 2004「南西諸島における先史時代墓制の集成」『東南アジア考古学研究会報告』2：pp.1-18.

新里貴之 2005「南西諸島の先史時代墓制（I）大隅諸島」『地域政策科学研究』2：pp.53-86.

新里貴之 2010a「南西諸島における先史時代の墓制（II）トカラ列島・奄美諸島」『地域政策科学研究』7：pp.139-158.

新里貴之 2010b「南西諸島における縄文時代の葬墓制」『縄文集落の多様性II　葬墓制』雄山閣編集部（編）、pp.337-360. 雄山閣、東京

澄田直俊 2010「喜界島城久遺跡群の発掘調査」『古代末期・日本の境界：城久遺跡群と石江遺跡群』ヨーゼフ・クライナー・吉成直樹・小口雅史（編）、pp.57-70. 森話話、東京

瀬戸哲也 2005「グスク時代における墓制の集成」『南島考古』24：pp.19-34.

瀬戸哲也 2009「沖縄・グスク時代の葬墓制」『日本の中世墓』狭川真一（編）、pp.127-138. 高志書院、東京.

高梨　修 2006「奄美諸島の古墓」『考古学ジャーナル』552：pp.6-10.

嵩元政秀・當眞嗣一 1981「考古学上よりみたる南島の葬制について」『南島研究』22：pp.65-88.

土肥直美 2003「人骨からみた沖縄の歴史」『沖縄県史』各論編　考古2、財団法人沖縄県文化振興会公文書管理部史料編集室（編）pp.573-610. 沖縄県教育委員会、沖縄.

土肥直美 2010「小堀原遺跡出土の人骨」『小堀原遺跡』北谷町教育委員会（編）、pp.187-188. 北谷町教育委員会、沖縄.

山田康弘 2008『人骨出土例にみる縄文の墓制と社会』同成社、東京.

本間元樹 2004「弥生時代の伏臥屈葬」『考古論集』広島大学大学院文学研究科文化財学研究室（編）、pp.419-434. 河瀬正利先生退官記念事業会、広島.

角南聡一郎 2009「台湾原住民と漢族の墓制」『日本の中世墓』狭川真一（編）、pp.147-162. 高志書院、東京.

先島諸島の先史時代
―八重山諸島を中心に―

島袋綾野

I. 南島南部圏の考古学

　南西諸島の最も南に位置する南島南部圏（宮古・八重山諸島）は、その地理的環境からも、沖縄本島以北とは異なる先史文化を持つと考えられている。そのため、沖縄本島以北とは異なる考古学編年を利用するのが一般的である（石垣市2007）。宮古諸島の編年についても近年積極的な研究があるが（砂辺2007）、今回は第1表を利用した。なお、編年研究については後述する。

1. 研究略史

　はじめに、先島諸島の考古学的特徴を知るために、先史遺跡の調査を中心とした研究史を略記する。先島諸島で初めての発掘調査は、1904（明治37）年まで遡る。この年、石垣島の遺跡を発掘した鳥居龍蔵は、各調査遺跡の概要を報告した。特に、「川平獅子森の遺跡」から出土した土器については、それまで国内で見つかっていたタイプとは異なり、台湾の石器時代の遺物に似ているとの見解を示した。また、出土した土器の中で横耳がついた土器を「外耳土器」と呼び、一種独特なものとして扱った（鳥居1905）。この鳥居の説は、物質文化に対する大きな誤解を含んでいたことが、現在までに明らかとなっている。しかしながら、早い段階で沖縄本島以北と異なる要素が指摘されたことは重要であった。

　戦前から始まった八重山諸島の発掘調査は、明治政府の支配下に置かれる中で、「帝国の南門」として位置づけられた運命のようなものであったが、戦後になり、新たな一歩を踏み出すことになる。沖縄出身の多和田真淳により、数多くの遺跡が発見されたのである。彼は奄美・沖縄・先島の各諸島の

第 3 部　先史・原史時代の琉球の人々と文化景観

第 1 表　八重山諸島の考古学編年

編年		土器	石斧・貝斧	陶磁器・開元通寶	立地・石垣	主な遺跡	その他の編年表記
先史時代	旧石器時代	(参考) ¹⁴C20416±113 ¹⁴C18752±100 ¹⁴C15751±421				白保竿根田原洞穴	
	下田原期	(参考) ¹⁴C4250±50 ¹⁴C3970±95 〜 ¹⁴C3290±90 ¹⁴C3280±100	下田原式土器	石斧	無し	砂丘後背の微高地	下田原 仲間第二 大田原 ピュウツタ	後期下半(多)、第二期(早・當)、ステージⅡ(國)、中期(三)、新石器時代前期(安)、下田原貝塚文化(高)、第一期(大)
	(未発見の空白期)							
	無土器期	(参考) ¹⁴C1770±85 ¹⁴C1770±70 〜 12世紀前半	無し	貝斧 石斧	開元通寶 中国陶磁器(北宋末)が僅かに出土 徳之島産カムィ窯須恵器	砂丘	仲間第一 大泊浜 崎枝赤崎	後期下半(多)、第一期(早・當)、ステージⅠ(國)、前期(三)、新石器時代後期(安)、仲間第一貝塚文化(高)、第二期(大)
歴（原）史時代	新里村期	12世紀 〜 13世紀	新里村式土器 ビロースク式土器	石斧僅か	中国陶磁器(北宋末〜南宋)が少量出土	丘陵上や平野 石垣無し	新里村 ビロースクの2・3層	川平貝塚文化前期(高)、スク時代前期(大)
	中森期	13世紀末 〜 17世紀初	中森式土器	無し	中国陶磁器(元〜明)が大量出土	丘陵上や平野 石垣が登場	鳩間中森 フルスト原 新里村西 花城村	晩期(多)、第三期(早・當)、ステージⅢ(國)、後期(三)、川平貝塚文化前期(高)、スク時代前期(大)
	パナリ期	17世紀 〜 19世紀	パナリ焼	無し	湧田・壺屋陶器や八重山陶器が出土	近世の廃村や現村落	新城島	晩期(多・三)、第四期(早・當)、ステージⅣ(國)、川平貝塚文化(高)

石垣市史の編年（石垣市総務部市史編集課2007）を参考

遺跡を発見し、戦後の混乱期において100ヵ所を超える遺跡を報告した（多和田1956）。大浜フルスト原貝塚（国指定史跡フルスト原遺跡の一部）は、1949（昭和24）年に多和田が発見した遺跡である。その後、金関丈夫を団長とする波照間島下田原貝塚の調査（金関ほか1964）、高宮廣衞らによる鳩間島鳩間中森貝塚の発掘調査（高宮ほか1959）などが実施された。

そうして、1959（昭和34）年、八重山考古学に大きな影響を与える調査が実施される。早稲田大学八重山学術調査団による八重山各地の発掘調査である。滝口宏を団長とする調査団は、石垣島の山原貝塚、西表島仲間第一・第二貝塚、西表島平西貝塚、波照間島下田原貝塚を発掘し、黒島では踏査しながら表面採集を実施している。その調査成果は、1960年に『沖縄八重山』という報告書でまとめられたが（滝口編1960）、同書で提唱されたのが八重山考古学に長期にわたり影響を与えた「早稲田編年」（後述）と呼ばれるものである。早稲田編年では、先史時代から歴史時代までを第Ⅰ期から第Ⅳ期

先島諸島の先史時代―八重山諸島を中心に―

に区分し、土器のない仲間第一貝塚を、土器のある仲間第二貝塚よりも古く位置づけていた。

　沖縄が本土復帰（1972年）を迎える頃になると、それに伴う大規模な開発に押されるように、各地で発掘調査の必要性が出てきた。沖縄県教育委員会もそういったニーズに応えるため、遺跡分布調査を実施している（沖縄県教育委員会1977）。

　学術調査、行政による緊急発掘調査が進むにつれ、先島諸島の考古学は転機を迎える。1978（昭和53）年に沖縄県教育委員会が実施した石垣島大田原遺跡と神田貝塚の調査（沖縄県教育委員会1980）は、それまで約20年もの間、八重山諸島の考古学編年として定着していた早稲田編年を揺るがした。発掘調査により、下田原期の大田原遺跡のほうが、無土器期の神田貝塚の層よりも下にあることが確認されたのである。地質学でいうところの「地層累重の法則」からすれば、有土器の文化に属する大田原遺跡のほうが古いとしか言えない状況だったのである。また、1983（昭和58）～85（昭和60）年に実施された、波照間島下田原貝塚（有土器）と大泊浜貝塚（無土器）の発掘調査においても、同様な堆積状況が確認され、早稲田編年が逆転することが確実となった。

　以上、八重山諸島を中心に述べてきたが、宮古諸島でも先史遺跡は確認されている。1983（昭和58）年に沖縄県教育委員会が調査した宮古島長間底遺跡では、宮古諸島で初めて無土器期の遺跡が確認された（沖縄県教育委員会1984）。その後、1988（昭和63）年には城辺町教育委員会（現宮古島市教育委員会）が実施した浦底遺跡の調査で、数百という単位のシャコガイ製貝斧が出土し、宮古諸島における無土器遺跡の存在を再確認している（城辺町教育委員会1990）。1992（平成4）年には、多良間島で下田原期の遺跡である多良間添道遺跡が発見され、多良間島まで同文化の広がりが確認された（多良間村教育委員会1993、1996）。

　また、2010（平成22）年2月には石垣島白保竿根田原洞穴遺跡で約2万年前のものとされる人骨が発見され、大きな話題となった（石垣市立八重山博物館2010、各新聞報道による）。

第3部　先史・原史時代の琉球の人々と文化景観

第2表　早稲田編年

編年	遺跡名	遺物
第一期	仲間第一（西表）	石器（磨製・半磨製）
第二期	下田原（波照間） 仲間第二（西表） 大原川付近小貝塚（西表）	土器（小量）・石器 貝器・骨角器
第三期	山原（石垣） 平西（西表） フルロウ山（小浜） フルスト原（石垣） 波照間貝塚群	土器（外耳多量・磁器 その他） 鉄製品・石器・貝器・ 骨角器
第四期	大原（西表） 野底（〃） 川平第一（石垣） 川平第二（〃） 川平第三（〃） 名蔵川（〃） 黒島	土器（ハナレ系？・磁器 その他）鉄製品

＿＿線は各遺跡に共通するもの

2. 編年研究

　編年研究については、発掘事例が多い八重山諸島を中心になされてきた。しかし、近年、宮古諸島でも先史文化を含んだ独自の編年が提唱されつつある（砂辺2007）。

　先島諸島における編年研究は、多和田真淳が1956年に発表した「琉球列島の貝塚分布と編年の概念」（多和田1956）に始まる。この編年は、奄美・沖縄諸島及び先島諸島をも含んだ編年であり、「あま美大島・沖縄本島・先島」を三段で構成した。この中で多和田は、「下田原・仲間第二」を「仲間第一・西表大原」よりも古く位置づけているのが特徴である。

　しかし、1960年に早稲田編年が提唱される（第2表）。『沖縄八重山』の報告では西村正衛が「綜合的所見」（西村1960）、滝口宏が「結語」（滝口1960）で個別に編年を紹介しているが、いわゆる「早稲田編年」と言われるのは、滝口宏が提唱したものである。早稲田編年では、先述の通り、無土器の文化層を下田原式土器が出土する文化層より古く位置づけた。早稲田編年では時代を四時期に分けており、第一期を仲間第一貝塚に見られるような無土器、第二期を下田原貝塚などの土器のある時代、第三期をフルスト原遺跡などの外耳土器が出土する時代、第四期は近世の村跡など、パナリ焼としている。この編年は提唱から20年以上も八重山諸島の代表的な編年として、様々な研究者に強く影響を与えた。

　例えば、リチャード・ピアソンは「The Sequence in the Sakishima Islands」の中で編年を発表したが（Pearson 1969）、大きく4期（"No Pottery；無土器" "Shimotabaru Type；下田原式" "Panari Functional Type；パナリ機能タイプ" "Panari Burial Type；パナリ埋葬タイプ"）に分けている。國分直一は、『南島先史時代の研究』（國分1972）の中で、早稲田編年を基礎とした編年を提示し、文化

期をやはり4つのステージに分けた。三島格も〈南部群編年表〉(三島1974)で、前・中・後・晩期の四期に区分している。当時、沖縄県教育委員会で調査を担当していた當眞嗣一は、早稲田編年を基本にしながらも、原始社会〜古代社会へという時代区をし(當眞1976)、第一期の終末を9世紀頃、第二期の終末を12世紀頃というように、おおよその年代観を編年に組み込んでいる。

　このように、早稲田編年は多くの研究者に影響を与えてきた。しかし、前述の大田原遺跡・神田貝塚、下田原貝塚・大泊浜貝塚の発掘調査によって、編年が逆転することになる。その後、発掘調査成果を踏まえ、上原靜が「いわゆる南島出土の貝製利器について」という論文の中で、下田原式土器が出土する遺跡を無土器文化よりも古く位置づけた「編年（中・南・九州の対応）」を発表し(上原1981)、高宮廣衞が「編年試案の一部修正について」という論文の中で、「付記2」としてⅠ期に無土器・局部磨製石斧、Ⅱ期に下田原式土器、Ⅲ期に中森式土器、Ⅳ期にパナリ焼を記載した八重山諸島の編年試案を発表した(高宮1981)。その後、高宮は1991（平成3）年にも「八重山地方の考古編年」を発表しているが(高宮1991、1992)、先の編年とは体裁が異なり、時代を「先史時代」と「歴（原）史時代」の2つに分け、先史時代は有土器と無土器、そして歴（原）史時代を前期と後期と区分している。高宮は有土器から無土器へという変遷について、これまで発表された説を、①有土器→無土器→有土器の変遷を是認する説、②無土器時代は存在しないとする説、③土器を持つ文化と持たない文化が共存したとする説、④共存ではなく入れ替わるとする説の4つに整理しており、それを踏まえた上で、自らの編年試案については台湾の先史時代の状況を例に挙げ、「二（多）元説も軽視できないのでは」と述べている。編年の中で、有土器と無土器が並列関係で示されているのは、そのような考えが反映されているのだろう。なお、高宮は4回まで自ら、編年を修正している(高宮1994、1996、2000)。

　八重山諸島で長く研究を続けてきた大濵永亘は、「八重山の先史時代を考える」という論文の中で、編年を発表した(大濵1985)。時期を先土器時代、赤色土器文化、無土器文化、スク（グスク）時代、琉球王国時代に区分して

おり、早稲田編年の第一期と第二期が逆転して位置づけられている。赤色土器文化というのは、下田原式期と同時期の文化を指す。大濱は、さらに情報を追加した形で、『八重山の考古学』の中でも編年を発表しており（大濱1999）、時期は「先土器時代」を除くと、大きく三区分（赤色土器時代、無土器時代、スク時代）とした。

先島諸島の編年研究で大きな問題とされるのは、下田原式土器の文化と、無土器の文化との関係である。現在のところ、文化一元論と文化二（多）元論の、大きく2つの考え方がある。高宮廣衞は、これらの諸説を次のように整理した（高宮1992）。

i) 有土器→無土器→有土器の変遷を是認する説。
ii) 無土器時代は存在しないとする説。
iii) 土器を持つ文化と持たない文化が共存したとする説。
iv) 共存ではなく入れ替わるとする説。

これらを先述の文化論に分けると、i) とii) は文化一元論、iii) とiv) は文化二（多）元論にあたる。発掘調査が進む中で、無土器文化の存在は容認される傾向にあるが、この両文化期の間に隔たりがあるかどうか、という点においては、同地域の研究者を二分する。先に、両文化期に大きな隔たりはないという考えを持つ編年を紹介する。

安里嗣淳は、1989（平成元）年に自らの論文の中で「南琉球圏（宮古・八重山諸島）先史時代の編年」を発表した（安里1989）。この編年は八重山

諸島の先史時代のみを対象とし、また、新石器時代を前期・後期と2つに区分している点で他の編年とは大きく異なる（第3表）。1993（平成5）年には同編年に発掘が実施された遺跡の情報を追加し、若干の修正をした（安里 1993）。この編年の中で、与那国島トゥグル浜遺跡の扱いについては、「前期的様相を呈している」としたが、2003（平成15）年の論文では、「前期に属する可能性がきわめて強い遺跡」と述べた（安里 2003）。この前期・後期という考え方は、下田原式土器の文化と無土器の文化が連続するという考えに基づく。それを示すように、安里は 2004（平成16）年の「八重山諸島波照間島採集の狭刃形石斧」の中で、高宮廣衛の石斧に関する説を紹介した上で、「八重山の石斧文化は前期から後期へ伝統文化として継承されているのであり、断絶はしていない。シャコガイ製貝斧文化だけが、後期に新たにもたらされたのである」と明確に述べている（安里 2004）。

　もうひとつの考えは、金武正紀らの編年に代表されるものである。金武は 1989（平成元）年、沖縄県立博物館が主催した講座で、考古学編年を発表した（金武 1989、1991）。自らが調査した遺跡の状況を踏まえ、時期を第一期～第五期に区分している。同編年では有土器→無土器という変遷が明確に記され、また、下田原期・無土器期などの呼称は（　）で併記されている。その後、この編年は金武正紀・阿利直治・金城亀信の連名で修正され（金武 1994）、第一期～第五期という記載がなくなり、下田原期・無土器期・新里村期・中森期・パナリ期といった、土器の型式名や各時期の性格を表した表現に統一している。同編年と安里の編年を比較すると、3氏の編年が下田原期と無土器期の間に不明の時期として空白を設けているのに対し、安里の編年では時間的空白が考慮されていない。

　このような編年研究の中で、石垣市史編集課は、「有土器から無土器への変遷については、現況では未だ文化の連続を確定できる資料の出土がないことなどを踏まえ、有土器と無土器との間に空白期を設け、"未発見"と記載」したことなどを説明した上で、金武らの編年をベースにした「石垣市史による編年」（石垣市 2007）を発表している。

　本稿では、この石垣市史の編年を基に、白保竿根田原洞穴遺跡の情報を追

加している。なお、編年の右側にある「その他の編年表記」は、上記で紹介した各研究者の編年上での時代区分を示したものである。

II. 下田原期の特徴

この時期が、八重山諸島で暮らした人々が道具を残した最も古い時期である。九州以北では縄文時代後期～晩期、沖縄諸島周辺では貝塚前IV～V期に相当する。先述のように、先島諸島では独自の編年を利用することから、ここでは「下田原期」として扱う。下田原期の遺跡は、放射性炭素年代測定の結果から約 4,300 年前～3,500 年前に中心があると考えられ、その終末期は定かではない。

1. 遺跡の立地

近年の地質・地理学的研究から、下田原期の海水準高度は、石垣島を例にすると現在よりも約 0.2m～1m ほど高かったようである（河名 2008）。石垣島の名蔵湾を例にすれば、現在、名蔵アンパルと呼ばれる湿地部分はほぼ水面下となり、現在はかなり内陸よりに思える大田原遺跡や平地原遺跡は、海にかなり近い赤土台地上に立地していたと考えられている。

下田原期の遺跡は、2008 年 3 月現在で与那国島のトゥグル浜貝塚を含めて 15 遺跡が確認されていたが（石垣市 2008）、白保竿根田原洞穴遺跡の洞口付近の土砂から下田原式土器の把手付きの破片が採集され、さらに発掘調査によって包含層を確認（沖縄県立埋蔵文化財センター2009、片桐 2010）、西表島鹿川のウブドー遺跡でも包含層が確認されたことで（竹富町教育委員会 2009）、17 遺跡となっている。

標高は 3m～13m の間に多く立地する。石垣島の名蔵湾から崎枝半島、川平半島にかけては、10m 前後の遺跡が多く、石垣島の南西部や川平吉原から北東側にかけては 3～5m ほど、西表島では南東部で 6～7m、北東側では 10m 前後が多い。なお、2010 年に確認された白保竿根田原洞穴遺跡の下田原期の包含層は、標高 30m に近い。同じ島の中でも標高だけを見ると違いがあるように見えるが、川の河口付近や、湧水の近くというのはどの遺跡も

同様であり、海へのアクセスが比較的容易な場所を選択しており、下田原期の遺跡には基本的には共通点が多いと言える。

以上のことを整理すると、1）海からほど近い赤土台地、2）（新期砂丘〜）現砂丘の下層にある内陸よりの古砂丘上、3）真砂などの山砂が堆積した内陸部の小砂丘のいずれかに該当している（石垣市 2008）。

2. 遺構

発掘調査では住居跡や炉跡と考えられるものなどが検出されている。石垣島の大田原遺跡では、5つの「遺構」が確認されている。そのうち第1〜4号遺構までが先史時代のものとされ、いずれも2.5mほどの円形で、円の内側が凹んでいる。これらの遺構について報告書中の解説では、炉跡が見つからなかったことや、柱穴と考えられるピットがほとんど見つかっていないことなどを挙げ、住居としての明言を避けている。しかし、平面実測図を掲載した図の説明では「竪穴遺構配置図」と紹介していることから、住居としての可能性を含んだものと考えられる（石垣市教育委員会 1982）。

石垣島のピュウツタ遺跡では住居跡は見つかっていないが、円形石列遺構が見つかっている（写真1）。直径約1mの円形をなしていたと思われるもので、内部からは炭化物が見つかっている。配された石のほとんどはトムル層に由来する黒色片岩である。黒色片岩は遺跡の南東側にある於茂登トンネル付近に多く分布しており、火にも割れにくい性質がある。これらのことから、炉跡の可能性が高い遺構と考えられている（石垣市教育委員会 1997）。

波照間島の下田原貝塚では柱穴が複数見つかっているが、プランは把握されていない。また、炉跡も6つ確認されていて、ひとつは長径1.7m、短径90cmの大きなものである。家屋の形態は分かっていないが、柱穴の周囲にも掘り込まれたような形跡が見られないことから、大田原遺跡とは異なり、

写真1　ピュウツタ遺跡の円形石列遺構
（石垣市教育委員会 1997 より）

「平地式住居」であった可能性が示唆されている。ほかに、遺跡北側の低くなった部分に浅い溝状遺構が見つかり、排水機能が推定された（沖縄県教育委員会 1986）。

多良間添道遺跡、与那国島トゥグル浜遺跡では、明確な遺構は見つかっていないが、遺物が集中して見つかる層に礫の広がりや小穴などが確認されている。

3. 食料残滓

オセアニア地域において、下田原期とほぼ同時期に確認されるラピタ遺跡では、早くからタロイモやヤムイモを栽培していた痕跡が見つかっているといい、また台湾では稲作開始も指摘されいてるが、先島諸島では栽培の痕跡は未発見である。遺跡から出土するのは主に貝殻や骨類である。

貝類について見てみると、シャコガイ類やチョウセンサザエ、サラサバテイ、ヤコウガイ、ホラガイ、クモガイ、スイジガイ、リュウキュウサルボウ、シレナシジミなどは、ほとんどの遺跡で出土している。マングローブ域や内湾の砂地以外に、イノー（礁池）の中や礁斜面およびその下部など、潜水が必要な場所からも、貝を捕っていたようだ。魚類は、フダイ科が多くの遺跡で出土する。全体的にはサンゴ礁域やリーフの外縁などに生息する魚が多く、これらは貝の採取場所とも一致する。爬虫類のカメや哺乳類のジュゴンの骨なども、貝や魚ほどではないが出土している。

陸の動物では、圧倒的にリュウキュウイノシシの出土量が多く、イノシシが生息していない波照間島や与那国島、多良間島の遺跡からも出土している。リュウキュウイノシシは肉を食するだけではなく、その骨は道具の材料にもなっている。

4. 人工遺物
(1) 下田原式土器

下田原期の遺跡からは、土器、石製品、貝製品、骨製品などが出土している。特に、下田原式土器（写真2）は他地域との比較においても、独特な要

素を持っており、その形態は南方文化との関係性が指摘されている。

下田原式土器は、丸底に近い平底が多く、口縁部は内彎、僅かな外反、

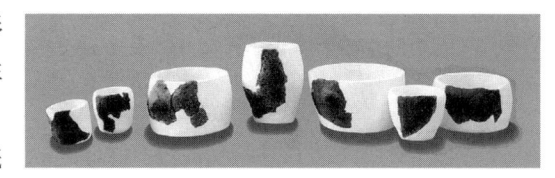

写真2　ピュウツタ遺跡出土の下田原式土器
（石垣市教育委員会1997より）

直口するものがある。ほとんどの器種が浅い鉢形であるが、小形の土器や深鉢形土器も確認されている。胎土には石英や長石などを多く含み、器厚は1cmを超えるものが多い。把手は牛角状のものが特徴的だが、中には、小型のものや、稀に横耳や縦耳もある。無文資料を主体とするが、数種類の文様パターンも見られ、中でも爪形文がもっとも多く、沈線文、刺突文もある（石垣市2008）。

復元された資料を見ると、口径は10cm～15cmのものが多く見られる。20cmを超えるものも、少量ではあるが確認される。混和材の石英や長石は、それらの鉱物を産しない波照間島や多良間島から出土する土器片にも共通で、粘土または土器の完成品を、石垣島や西表島から持ち込んだと考えられる。

この土器文化の源流については、大きく台湾以南の地域と考えられてきた。台湾を経由したかどうかについては、近年、台湾大学の陳有貝が、遺物論だけではなく生業という視点を加えて検討している。その結果、八重山諸島で下田原式土器が隆盛した時期、台湾ではすでに稲作も行われ定住生活に入っていることや、出土する遺物から台湾では外海の漁労が少なく、舟の技術が発達していなかったことを述べて、台湾からの移動を否定的に捉えている（陳2004）。しかしながら、近年、台東縣で実施された発掘調査において、海岸付近の遺跡から積極的な対外交流の痕跡が見つかっているようである（国立台湾史前文化博物館；李坤修氏のご教示による）。このように、ルーツに関しては未だ定説はないが、その想定される起源については概ね中国大陸南部や台湾、さらに南東の島々などで一致している。

(2) 石製品

石製品の中でも、特に石斧の出土は目立ち、研究が進められている。石斧

第3部　先史・原史時代の琉球の人々と文化景観

以外には、磨石、敲石、石皿、砥石、石製利器、円盤形石器（扁平円礫）、凹石、剥片石器、有孔石製品などが出土している。特に、石斧を含め磨石、敲石、石皿、砥石などは、ほとんどの遺跡に共通して出土が確認できる。この中で、円盤形石器とされたものは、緑色片岩や斑糲岩、砂岩、サンゴ等を利用した直径5cm前後の円盤状の石製品である。これらの用途については錘としての可能性も考えられているが、金関丈夫らは、「土器製作の際に扁平円礫を器面調整に使用する例」があるとして、同資料の用途を検討している（金関ほか1979）。後述する無土器期の遺跡から出土が見られないことからすると、その可能性も否定できない。

(3) 貝製品

貝製品は、仲間第二貝塚（西村ほか1960）、下田原貝塚（金関ほか1964、西村ほか1960、沖縄県教育委員会1986）、多良間添道遺跡（多良間村教育委員会1996）、トゥグル浜遺跡（沖縄県教育委員会1985）で出土している。多くの遺跡が赤土台地上に立地するためか、貝製品の出土は土器や石製品に比べると少ない。しかし、その中でも、実用品や装飾品が見つかっている。実用品にはスイジガイやクモガイなどを使った利器や、螺蓋製貝斧・螺蓋製斧・螺蓋製敲打器（具）などと呼ばれるヤコウガイの蓋製品、貝匙などがある。

実用品または装身具は、いずれの用途も考えられる資料である。二枚貝有孔製品やタカラガイ製品、その他の有孔製品等が出土している。先島諸島の遺跡においても、二枚貝有孔製品の中には貝錘として報告されているものが多いが、使用痕が残っていない資料も多い。そのため、報告書によっては、単に二枚貝有孔製品等の名称で報告されている例もある。また、タカラガイ製のものは貝錘（写真3）と報告されたものもあるが、貝種によってもその用途が異なる可能性がある。民俗事例でもこれらの貝を装身具に利用する例は見られ（写真4）、使用痕の問題や出土個数の問題などを含めて、ひとつひとつの遺跡の出土状況に応じた検討が必要である。装身具にはほかに巻貝の螺頭部を利用したビーズなどがある。

(4) 骨・歯牙製品

骨や歯、牙を使った製品も出土数としては多くない。出土が確認されたの

は、下田原貝塚（金関ほか1964、沖縄県教育委員会1986）とトゥグル浜遺跡（沖縄県教育委員会1985）である。実用品として骨針やノミ状製品（ヤス・刃器）、骨錐とされたものなどがある。素材にはイノシシの骨や牙が利用されている。実用品または装身具の可能性があるものには、サメ歯製品がある。メジロザメ科（イタチザメ）の歯を利用したものが多いが、下田原貝塚（沖縄県教育委員会1986）ではアオザメの歯を利用したものも出土している。サメ歯製品は南西諸島各地で出土が確認されているが、八重山諸島では奄美諸島や沖縄諸島で出土する、骨や貝を使ったサメ歯模造品が出土していない。その用途については、装飾品、ペンダント、鏃（ヤス）などが考えられている。

写真3　タカラガイ製貝錘の使用例（八重山博物館所蔵）

写真4　パイワン族の伝統的衣装と貝・牙の利用

　装身具に分類されたものは、イノシシの牙製とイヌの牙製品、エイやサメの骨やウツボの骨に孔を開けた有孔製品などがある。いずれも垂飾品と考えられている。

5. 下田原期とは

　以上、下田原期の概要を紹介した。俯瞰的に見た場合、遺物組成は奄美・沖縄諸島のそれと大きく違わないように思える。しかし、土器型式、石製品―特に石斧の出土量、その他遺物の製作技法等で、南島の他の地域とは異な

る要素が指摘されている。

また、先の編年研究で紹介したとおり、下田原期は開始期が明確ではない。発掘調査の成果で現在分かっていることは、おおよそ4,000年ほど前には八重山諸島を中心に存在し、北は多良間島までその分布が確認できる。この頃にはすでに台湾には先史文化の存在があるが、現在のところオセアニア地域のラピタ遺跡よりは早いと考えられている（国立民族学博物館編2007）。

そして、その終末期も明確ではない。現在、下田原期とそれに続く無土器期との間、「未発見の空白期」と示した時期に、巨大な津波の存在を示す研究成果もある（河名2009）。この空白期が埋まる、もしくは下田原期の開始期を示す包含層が発見されるという可能性は否定できないが、こういった自然災害や海水面の変動による居住空間の移動も視野に入れて、同時期を考えていく必要がある。

III. もうひとつの先史文化（新石器時代・無土器期）

ここまで、先島諸島最古の土器文化である下田原期について述べたが、地域の特徴をより理解していただくために、宮古諸島にも遺跡が登場する、無土器期について補足する。

1. 無土器期とは

紀元前後くらいを堺にして、2,000年近い空白期を経て土器を持たない文化—新石器を利用する無土器期—が確認される。この時期は、放射性炭素年代測定の結果、宮古諸島では約2,700年前（アラフ遺跡発掘調査団2003）、八重山諸島では約2,000年（沖縄県教育委員会1979）～1,800年前（沖縄県教育委員会1986）に始まり、終末は中国産白磁碗や長崎産滑石製石鍋、徳之島産カムィヤキが入ってくる時期、12世紀初頭だということが確認されている（沖縄県教育委員会1986、石垣市2009a）。宮古諸島では、八重山諸島の遺跡よりも放射性炭素年代測定の結果が古く出る例が多く、先後関係や遺跡の性格に関する問題が指摘される。しかしながら、無土器期には両諸島が同じ文化圏に属していたことがわかる。

先島諸島の先史時代―八重山諸島を中心に―

　無土器期の遺跡は、石垣島を中心に見た無土器期と、それより前の自然環境に関わる研究から、現在、遺跡が未発見で空白期になっている時期には、礁嶺（干瀬）を伴うサンゴ礁の発生が見られ、その前の時期よりもさらに海産物を求めやすい環境になったと考えられている（河名 2009）。同時に、下田原期と無土器期の間には、海岸線が沖側に移動した可能性もある。つまり、海進・海退の問題、自然災害（津波等）による集落の消滅・移動も含めて、現在発見されない先史時代両時期の間の空白期を考える必要があり、それが今回利用した編年を支持する理由となっている。

　先に、無土器期の遺跡は宮古諸島でも見つかることを紹介した。宮古諸島ではこれまでに 8 遺跡が確認されており、中でも発掘調査が実施された浦底遺跡、アラフ遺跡、長間底遺跡、島尻（しまじり）・南嶺（ぱいのんみ）の長墓（ながばか）遺跡が有名である。八重山諸島では無土器期の（または、無土器期の可能性がある）遺跡は、51～52 遺跡あり（石垣市 2009a に新発見の遺跡を追加した数）、遺跡の分布が広がっただけではなく、両諸島の遺跡数を合計すると下田原期の遺跡に比して 3 倍以上の数となる。

　これらの遺跡の多くは、下田原期にはなかったと考えられる新期砂丘上に形成されている（石垣市 2009a）。標高はほとんど 5m 以下で、波照間島大泊浜貝塚で 8m 程である。無土器期の人々は、海浜や河口に面した場所に住み、海に依存した生活をしていたことが想像される（ただし、新しく発見された白保竿根田原洞穴遺跡の無土器期の年代が得られた包含層は標高 30m に近く、これまでのパターンに当てはまらない）。

　遺構としては、掘立柱建物跡などの住居跡や、炉跡と考えられる集石遺構などが検出されている。また、無土器期の特徴として挙げられる「焼石調理の痕跡」と考えられる集石遺構も報告されている。

　その他、土壙墓が大泊浜貝塚で検出されている（安里ほか 2001）。土壙墓は第 IV 層中から掘り込まれ、第 V 層の白砂に達している。埋葬人骨は女性で、両膝が強く折り曲げられた伏臥屈葬で、骨盤の右側に新生児も埋葬されていた。上部が第 III 層によって削られ、遺構の全容は把握できない。平面観は長さ 150cm、幅 50cm の楕円形で、人骨の頭部は東南東に向けられている。

第3部　先史・原史時代の琉球の人々と文化景観

写真5　崎枝赤崎貝塚出土のシャコガイ製貝斧（石垣市教育委員会所蔵）

なお、同遺跡では以前の調査時にも、土壙墓に葬られた埋葬人骨が出土しているが（沖縄県教育委員会1986）、この調査では人骨の帰属を12世紀以降としている。帰属年代に不明な点はあるが、頭位がいわゆる民俗方位の西向きでないことからも、若干古手の様相を見せている（島袋2010）。

食料残滓を見てみると、無土器期にも穀物などを栽培していた痕跡は見つかっていない。遺跡からは下田原期と同様に、貝類や魚類、リュウキュウイノシシなどの骨が出土している。特に貝類は主要なタンパク源であったと見え、生息域も様々な種類が出土している。また、爬虫類のカメや哺乳類のジュゴンの骨も出土しているが、哺乳類では圧倒的にリュウキュウイノシシの骨の出土量が多く、イノシシが生息していない宮古島の長間底遺跡やアラフ遺跡、竹富島や波照間島の遺跡からも出土している。また、宮古・八重山両諸島で、オオコウモリの骨が出土しているのも興味深い。また、アラフ遺跡（アラフ遺跡発掘調査団20003）でカエルの骨が多く見つかっているが、これは遺跡周辺の環境を反映したものと考えられる。

以上、無土器期の人々の生活環境に関わる部分を紹介したが、次に人工遺物を概観する。

無土器期の遺跡では、石製品、貝製品、骨製品等が見つかっている。特に、他地域との比較において特徴的に捉えられているのは、シャコガイ製貝斧（写真5）の存在であるが、もっとも多く出土するのは石製品である。

無土器期の石製品は、石斧や磨石、敲石、石皿、砥石等、組成は下田原期とほとんど変わらないが、石斧のサイズやバリエーションに変化があり、石包丁や石錘の可能性がある有孔石製品等が新たに加わる傾向にある。無土器期の石斧については、従来、大型化するという傾向が考えられてきたが、高宮廣衞はこれに対し、大型化ではなく、「開元通宝が出現する時期になると

再び 20cm 前後の、あるいはそれ以上の大型のものも若干現れるようになる。ただし、一般的にいわれているような大型化は認められない。つまり、平均値が増大して 20cm 前後になるといったような現象は、現在の資料に関する限り認められない」としている（高宮 1995）。この傾向は八重山諸島で見られるが、宮古諸島では全時期を通して石斧の出土例が少ないため、判断するのは困難である。

写真6　崎枝赤崎貝塚出土の円盤状製品
（石垣市教育委員会所蔵）

　石製品の次に多く出土するのは貝製品である。実用品である刺突具や工具、容器のほか、実用品または装飾品に分類される二枚貝や巻貝等の有孔貝製品が多く出土している。この時期には、下田原期には見られなかった貝斧や円盤状製品（シェルディスク：写真4参照、写真6）等が出土し始める。また、先述したシャコガイ製貝斧は、宮古諸島では浦底遺跡（城辺町教育委員会1990）・長間底遺跡（沖縄県教育委員会1984）・アラフ遺跡（アラフ遺跡発掘調査団 2003）の発掘調査で出土し、その量は八重山諸島の遺跡よりも圧倒的に多い。また、出土傾向のみならず、その形態にも両諸島で違いがある。八重山諸島ではちょうつがい部利用型に限定されるが、宮古諸島では放射肋を利用したタイプも見られ、その形態も様々である。このシャコガイ製貝斧が文化の一部として認められるのは、琉球列島では先島諸島だけである。しかしながら、フィリピンやオセアニアでは早くから出土が確認されていた。このことが、南方の地域との関係を指摘する大きな根拠となっている。さらに、円盤状製品（シェルディスクまたはその未製品と考えられるもの）も、無土器期の遺跡から出土し始める傾向にある。同資料は有孔・無孔があるが、ペンダント等、装身具の可能性が考えられている。フィリピンの Duyong 洞穴ではシャコガイ製貝斧と一緒に出土しており（Fox 1970）、その用途は装飾品（ペンダント；shell pendant と耳飾り；Cone shell ear ornament）と考えられている。宮古諸島では浦底遺跡（城辺町教育委員会1990）で出土し、八重山諸島では崎枝赤崎貝

塚（石垣市教育委員会 1987）等から出土している。安里嗣淳はこれら遺物のセット関係も考慮し、貝斧を作る技術はフィリピンからやってきた可能性が高いと考えている（安里 1985、1993）。

その他、骨製品も出土するが、無土器期の終末には他地域から搬入された遺物も見られるようになる。中国産陶磁器や、徳之島産カムィヤキ、長崎産滑石製石鍋、鉄製品、銭貨が挙げられる。中国産陶磁器には中国産白磁端反碗、白磁玉縁口縁碗、褐釉陶器が含まれ、すべて、大泊浜貝塚（沖縄県教育委員会 1986）からの出土である。特に、中国産陶磁器や、徳之島産カムィヤキ、長崎産滑石製石鍋というセット関係は、1978（昭和 53）年に発掘された恩納村の熱田貝塚でも確認されており（沖縄県教育委員会 1978）、調査を担当した金武正紀は 11 世紀末〜12 世紀前半に属するこの遺物が、沖縄諸島のグスク開始期と関係する可能性を指摘している。八重山諸島でも、無土器期の終末にも同じセットが搬入されたことで、北からの影響により新しい時代に変化していく。

なお、無土器期の終末からは鉄鑿等の鉄製品も、少量ながら認められる。興味深いものでは、中国唐時代に鋳造された開元通寳が複数の遺跡から見つかっている（石垣市教育委員会 1987 ほか）。同資料がどのような経緯で八重山諸島に入ってきたのかをめぐっては諸説あるが（木下 2000）、いずれにしても無土器期の人々が何らかの形で対外的な交流をしていたことが分かる資料である。

おわりに

先島諸島の先史時代、特に八重山諸島の先史時代を中心に本稿をまとめた。この地域の先史時代は、その源流について明確な答えはないが、沖縄本島以北とは異なる文化であることが指摘されている。また、下田原期の分布範囲が北は多良間島から南は波照間島までの範囲だったものから、無土器期になると宮古島でも見つかり、先島諸島全域に広がる。無土器期の遺跡は八重山諸島のほうが多く見つかっているが、放射性炭素年代の測定値は宮古諸島のほうが古く出ているという傾向が見られる。これが無土器期の開始期に関係

するものなのかは、検討の必要がある。

　まだ謎が多い先島諸島の考古学であるが、2010（平成22）年に発掘調査が実施された白保竿根田原洞穴遺跡の調査では、「無土器期〜下田原期より下位の層位は、土器がまったく伴わない層が複数時期にわたって存在する。多量のイノシシが確認される層、そのさらに下位からは、人骨が主体となって確認される層が存在する。「これらの層位の最下層は後期更新世に属する可能性も考えられ、今後、慎重な調査研究が必要となっている」（片桐2010）という成果が得られている。下田原期より古い人工遺物が発見されるのか、または、未発見の空白期を埋める資料が発見されるのか、今後の成果に期待したい。

　先島先史時代の人々は、台湾やフィリピンにも近いこの地理的環境に適応しながら、島じまを自由に行き来し、生活を営んでいたと想像される。その文化は琉球列島の他の地域とも異なるものであった。そして、「北からの影響」を受けて無土器期が終わると、再び土器文化（新里村期：石垣市2009b）が始まる。この土器→無土器→土器という変遷も、全国的にも例のないものである。本稿を通して、少しでも先島諸島の考古学に興味を持っていただけると幸いである。

参考文献

安里嗣淳　1985「沖縄のシャコ貝製貝斧概観」『琉大史学』第14号　琉球大学史学会

安里嗣淳　1989「南琉球先史文化圏における無土器新石器期の位置」『琉中歴史関係論文集』第二回琉中歴史関係国際学術会議報告　琉中歴史関係国際学術会議実行委員会

安里嗣淳　1993「南琉球の原始時代―シャコガイ製貝斧とフィリピン―」『海洋文化論』環中国海の民俗と文化第1巻　凱風社

安里嗣淳　2003「与那国トゥグル浜遺跡の編年的位置の再検討」『沖縄埋文研究』1　沖縄県立埋蔵文化財センター

安里嗣淳　2004「八重山諸島波照間島採集の狭刃形石斧」『沖縄埋文研究』2　沖縄県立埋蔵文化財センター

第 3 部　先史・原史時代の琉球の人々と文化景観

安里進・春成秀爾編 2001『沖縄県大泊浜貝塚―平成 12 年度文部科学省科学研究費補助金特定領域研究 A（1）―』考古学資料集 27　国立歴史民俗博物館春成研究室

アラフ遺跡発掘調査団 2003『アラフ遺跡調査研究 I―沖縄県宮古島アラフ遺跡発掘調査報告―』六一書房

石垣市 2007「研究史―八重山考古学のあゆみ―」『石垣市史考古ビジュアル版』第 1 巻　石垣市

石垣市 2008「下田原期のくらし―八重山諸島最古の土器文化―」『石垣市史考古ビジュアル版』第 2 巻　石垣市

石垣市 2009a「有土器から無土器へ―先島諸島先史時代無土器期のくらし―」『石垣市史考古ビジュアル版』第 3 巻　石垣市

石垣市 2009b「無土器から有土器へ―新里村期、新しい時代への幕開け―」『石垣市史考古ビジュアル版』第 4 巻　石垣市

石垣市教育委員会 1982『大田原遺跡―沖縄県石垣市名蔵・大田原遺跡発掘調査報告書―』石垣市文化財調査報告書第 4 号　石垣市教育委員会

石垣市教育委員会 1987『崎枝赤崎貝塚―沖縄県石垣市崎枝赤崎貝塚発掘調査報告書―』石垣市文化財調査報告書第 10 号　石垣市教育委員会

石垣市教育委員会 1997『名蔵貝塚ほか発掘調査報告―名蔵貝塚・ピュウツタ遺跡発掘調査報告書―』石垣市文化財発掘調査報告書第 22 号　石垣市教育委員会

石垣市立八重山博物館 2010『偉大な旅―新人の拡散と八重山　白保竿根田原の人骨は何を語るか―』石垣市立八重山博物館

上原静 1981「いわゆる南島出土の貝製利器について」『南島考古』第 7 号　沖縄考古学会

大濱永亙 1985「八重山の先史時代を考える」『石垣市史のひろば』第 8 号　石垣市役所市史編集室

大濱永亙 1999「第 1 章総論　II 八重山考古学研究概史」『八重山の考古学』先島文化研究所

沖縄県教育委員会 1977『沖縄県の遺跡分布』沖縄県文化財調査報告書第 10 集　沖縄県教育委員会

沖縄県教育委員会 1978『恩納村熱田貝塚発掘調査ニュース』沖縄県教育委員会

沖縄県教育委員会 1979『石垣島の遺跡―詳細分布調査報告書―』沖縄県文化財調査報告書第 22 集　沖縄県教育委員会

先島諸島の先史時代―八重山諸島を中心に―

沖縄県教育委員会 1980『石垣島県道改良工事に伴う発掘調査報告―大田原遺跡・神田貝塚・ヤマバレー遺跡 附編平地原遺跡表面採集遺物―』沖縄県文化財調査報告書第 30 集 沖縄県教育委員会

沖縄県教育委員会 1981『沖縄県八重山石垣市名蔵貝塚群発掘調査報告』沖縄県文化財調査報告書第 37 集 沖縄県教育委員会

沖縄県教育委員会 1984『宮古城辺町長間底遺跡発掘調査報告』沖縄県文化財調査報告書第 56 集 沖縄県教育委員会

沖縄県教育委員会 1985『与那国トゥグル浜遺跡―与那国空港整備工事に伴う緊急発掘調査報告―』沖縄県文化財調査報告書第 66 集 沖縄県教育委員会

沖縄県教育委員会 1986『下田原貝塚・大泊浜貝塚―第 1・2・3 次発掘調査報告―』沖縄県文化財調査報告書第 74 集 沖縄県教育委員会

沖縄県立埋蔵文化財センター 2009「第 4 章 洞穴内の出土遺物」『嘉良嶽東貝塚・嘉良嶽東方古墓群―新石垣空港予定地内遺跡発掘調査報告書―』沖縄県立埋蔵文化財センター調査報告書第 50 集 沖縄県立埋蔵文化財センター

片桐千亜紀 2010「白保竿根田原洞穴調査の概要（白保竿根田原洞穴発掘調査速報 2010）」『白保竿根田原洞穴を学ぶ会』白保竿根田原洞穴を学ぶ会実行委員会

金関丈夫・國分直一・多和田真淳・永井昌文 1964「琉球波照間島下田原貝塚の発掘調査」『水産大学校研究報告』人文科学篇 9 号 水産大学校

金関丈夫・國分直一 1979「琉球波照間島下田原貝塚の発掘調査」『台湾考古誌』法政大学出版局

河名俊男 2008「石垣島周辺海域と石西礁湖における最終氷期（約 19,000 年前）から下田原期（約 4,300 年前～3,300 年前）にかけての海面変動、地殻変動、およびサンゴ礁の発達史」『石垣市史考古ビジュアル版』第 2 巻 石垣市

河名俊男 2009「石垣島周辺域における下田原期以降、12 世紀前半までの自然環境―"未発見の空白期"と無土器期との関連性に関わる試論―」『石垣市史考古ビジュアル版』第 3 巻 石垣市

木下尚子 2000「開元通宝と夜光貝」高宮廣衛先生古稀記念論集刊行会編『琉球・東アジアの人と文化：高宮廣衛先生古稀記念論集』上巻 高宮廣衛先生古稀記念論集刊行会

金武正紀 1989「考古学から見た宮古・八重山の歴史」第 175 回博物館文化講座レジュメ 沖縄県立博物館

金武正紀 1991「先島の時代区分」『琉球史フォーラム―考古学の時代区分―』名護

第 3 部　先史・原史時代の琉球の人々と文化景観

市史セミナー　名護市教育委員会
金武正紀 1994「土器→無土器→土器―八重山考古学編年試案―」『南島考古』第 14
　号　沖縄考古学会
城辺町教育委員会 1990『THE URASOKO SITE（浦底遺跡発掘調査写真集）』城
　辺町教育委員会
國分直一 1972「南島の先史土器とその編年」『南島先史時代の研究』慶友社
国立民族学博物館編 2007『オセアニア―海の人類大移動―』昭和堂
島袋綾野 2010「墓―現世の思いと後生の住まい―」『八重山歴史研究会誌』創刊号
　八重山歴史研究会
砂辺和正 2007「宮古の歴史時代―住屋遺跡の発掘調査の成果を中心に―」『先島の
　考古学』沖縄考古学会 2007 年度研究発表会資料集　沖縄考古学会
高宮廣衞 1981「編年試案の一部修正について」『南島考古』第 7 号　沖縄考古学会
高宮廣衞 1991「八重山の考古学」『沖縄・八重山文化研究会会報』第 5 号　沖縄・
　八重山文化研究会
高宮廣衞 1992「八重山考古學研究略史」『陳奇祿院士七秩榮慶論文集』陳奇祿院士
　七秩榮慶論文集編輯委員会（台北）
高宮廣衞 1994「八重山地方新石器無土器期石斧の推移（予察）」『南島考古』第 14
　号　沖縄考古学会
高宮廣衞 1995「八重山型石斧の基礎的研究（3）―磨面に関する若干の観察―」『南
　島考古』第 15 号　沖縄考古学会
高宮廣衞 1996「南島考古雑録（II）」『沖縄国際大学文学部紀要』社会学科篇第 20
　巻第 2 号　沖縄国際大学文学部
高宮廣衞 2000「南島の先史世界」『日本考古学を見直す』学生社
高宮廣衞・Clement W・Meighan 1959「八重山鳩間島中森貝塚発掘調査概報」『文
　化財要覧　1959 年版』琉球政府
滝口宏 1960「結語」『沖縄八重山』早稲田大学考古学研究室報告第七冊　校倉書房
滝口宏編 1960『沖縄八重山』早稲田大学考古学研究室報告第七冊　校倉書房
竹富町教育委員会 2009『鹿川ウブドー遺跡　埋蔵文化財発掘調査概要報告』竹富
　町教育委員会
多良間村教育委員会 1993「第 5 章発掘調査　第 1 節多良間添道遺跡」『多良間村の
　遺跡』多良間村文化財調査報告書第 10 集　多良間村教育委員会
多良間村教区委員会 1996『多良間添道遺跡』多良間村文化財調査報告書第 11 集

多良間村教育委員会

多和田真淳 1956「琉球列島の貝塚分布と編年の概念」『文化財要覧 1956年版』琉球政府文化財保護委員会

陳有貝・森威史（訳）2004「生業の視点で捉えた台湾と先島諸島との先史文化関係」『南島考古』第23号 沖縄考古学会

當眞嗣一 1976「八重山の遺跡とその文化」『八重山文化』第4号 東京・八重山文化研究会

鳥居龍蔵 1905 「八重山の石器時代の住民に就て」『太陽』第11巻第5号 東京博文堂

西村正衛 1960「八重山の考古学 綜合的所見」『沖縄八重山』早稲田大学考古学研究室報告第七冊 校倉書房

西村正衛・玉口時雄・大川清・浜名厚 1960「八重山の考古学」『沖縄八重山』早稲田大学考古学研究室報告第七冊 校倉書房

三島格 1974「外耳をもつ石臼」『奄美文化誌―南島の歴史と民俗』西日本新聞

Fox, Robert B. 1970: Chapter IV Duyong Cave: a Stratified Site with a small Flake and Blade Industry and Neolithic Assemblages. *The Tabon Caves*. National Museum Manila

Pearson, Richard J. 1969: The Sequence in the Sakishima Islands. *Archaeology of the Ryukyu Island*. University of Hawaii Press

結論

琉球列島の新石器化と現代化をめぐる景観変化

伊藤 慎二

1. 琉球列島考古学の新展開

　アジア・太平洋戦争後、多和田真淳・高宮廣衞・河口貞徳ら地域の研究者が本格的に開始した琉球列島考古学の主対象は、物質文化研究であった。そうした中で、1990年代から高宮広土が主導して進めてきた植物考古学や島嶼環境への人類の適応過程に関する研究は、従来の研究が閑却していた新たな問題点や観点を鋭く提示した。奇しくも、20世紀後半に「新しい考古学」(New Archaeology/Processual Archaeology) の画期をもたらした Lewis R. Binford が、食料残滓を基にした生活復元や島嶼環境への人類の適応過程を初めて問題点として認識したのも沖縄であった。Binford は、アメリカ陸軍下士官として1953年から赴任した沖縄で先史遺跡を探索していた (Bahn 1993)。

　そのような研究動向のなかで、高宮広土と伊藤慎二は、京都にある総合地球環境学研究所の研究プロジェクト「東アジア内海の新石器化と現代化：景観の形成史（略称：NEOMAP）」（代表：内山純蔵）に参画する機会が与えられた。琉球列島の考古学の新境地を目指すうえで、まさに時機を得た研究プロジェクトといえる。

　この研究プロジェクトでは、ヨーロッパにおける景観史研究の視点を盛り込みつつ、とりわけ人類を取り巻く景観の大きな変換点であった新石器化と現代化の東アジア内海地域における具体的な状況を解明することが課題である。そして、そこからさらに人類にとっての持続的な資源環境利用をも視野にいれた好適な景観を考えることも、もう一つの重要な課題である。そこで、琉球列島の考古学にとって、こうした景観変化の画期と性質を詳しく検討す

る課題が取り上げられたのである。

　編者の高宮と伊藤は、琉球列島の人類定着過程に関して、互いに見解を異にする。詳しくは、第 1 部の両者の論考を読み比べて頂くとして、結論をかいつまむと、高宮は、おおよそ前 III 期前半までと前 III 期後半より後の時期を区別し、前 III 期前半頃までの人類は琉球列島（特に沖縄諸島）の環境への適応に失敗し、適応に成功したおおよそ前 III 期後半以降（縄文時代後期頃）の人類とは直接つながらない可能性を示唆している。伊藤は、貝塚時代（琉球縄文時代）の居住活動体系の類型化を基に、前 I 期〜前 II 期を遊動期、前 III 期〜前 V 期を定着期として区別し、土器文化の連続的変遷過程とともに、人類が継続して段階的に適応した状況を示すと解釈している。

　はたして、貝塚時代からグスク時代までの各時代の人類生活を様々な角度から切り込んだ他の各論者は、このような問題に関連してどのような示唆を与えただろうか。

2. 原景観を問い直す：年代値と環境

　こうした問題を議論するうえで、大前提となるのは考古学的な編年と理化学的年代測定の高精度化と、それに対応した環境変遷史の詳細な把握である。河名俊男論文では、まさにこの 2 点が議論された。河名論文では、名島弥生らによる炭素 14 年代集成研究成果（名島ほか 2008）などを基に沖縄諸島の土器型式毎の暦年代（cal BP）を検討し、直接前後する型式によって年代値の間隙と重複が存在するという大変重要な指摘があった。八重山諸島でも、下田原期と無土器期の間に文化的連続性を吟味するうえで無視できない年代的隔絶があることが島袋綾野論文で紹介されている。これらは、考古学と理化学の側からの双方向的な検証が今後必要な課題である。本州島周辺地域など遠隔他地域と琉球列島を比較する際に、双方の人工遺物共伴事例を基にした編年対比には資料数的限界があり、信頼できる絶対年代値での比較基準が切実に必要である。そのためには考古学の側からも、第一にどのような土器編年案に立脚するか、第二に表面付着炭化物などの土器そのものに確実に近い年代値であるかなど、より精度の高い考古学的裏付けを絶えず重ねる必要性

が改めて痛感される。

　また、そもそも琉球列島の人類文化と景観を考える際に、暗黙の前提となるのが、いつの時代も島々の周囲を縁取るサンゴ礁とそこからもたらされる豊かな魚貝類のイメージである。しかし、衝撃的なことに河名論文はそこにも新たな疑問符を投げかけた。前Ⅰ期～前Ⅲ期の少なくとも沖縄本島中部付近では、現在の沖縄諸島で一般的な広い礁池（イノー）を伴うサンゴ礁が未発達であり、沿岸に強い波が直接打ち付ける状態で、海洋資源の利用が困難な状態であったと推測するのである。この点について、黒住耐二論文と樋泉岳二論文は、異なる見解を示す。黒住・樋泉論文ともに、遺跡出土の礁池内生息種の魚貝類をもとに、黒住は前Ⅰ期、樋泉は前Ⅲ期に、沖縄本島中部付近における礁池を伴うサンゴ礁の存在を指摘する。黒住論文では、前Ⅰ期～前Ⅱ期の人類は、むしろサンゴ礁が存在する場所を特に選んで遺跡を形成した状況を想定し、この問題解明の糸口を示す。

　理学的に演繹的に導き出され平均化された全体像と実際の人間行動との乖離は、様々な局面で問題となる。サンゴ礁発達過程の局所的例外箇所は、貝塚時代初期の人類のささやかな需要程度は応えられたのかもしれない。近年大堀皓平らにより緻密な産地同定が試みられつつある石器石材が、地質図上の岩石鉱物分布を前提にすると極めて広域的に理解せざるをえない状況（大堀2009）も、あるいは部分的に類似する可能性がある。

3．生業をめぐる景観

　人類のサンゴ礁利用の定着についても、樋泉岳二論文・黒住耐二論文ともに、貝塚時代前Ⅰ～Ⅴ期の中の早い段階を想定するが、後期には有力な交易品目となるゴホウラ貝殻の獲得のため、有力なサンゴ礁縁の干瀬の縁溝・水道部（クチ）などが各集団の領域に組み込まれた可能性さえも黒住論文では示唆する。しかし、貝塚時代と異なり、グスク時代からは内湾域利用が増大するのも大きな特徴という。

　樋泉論文では、宮城弘樹の提唱を参考に、前Ⅳ期以降後期までを「ウミアッチャー世」（大意：浜仕事をする人の時代）、グスク時代を「ハルサー世」（大意：

結　論

野良仕事をする人の時代）として、明解に区別する案を示す。ただし、グスク時代の漁撈活動であっても、沖縄本島北部では貝塚時代後期的特色が残存し、南部では貝塚時代後期と大きく異なる状況が展開したことも提示される。また、現在では沖縄本島北部の森林にのみ生息するケナガネズミやリュウキュウヤマガメが貝塚時代の沖縄本島南部の遺跡から出土することから、グスク時代に導入された穀類農耕による森林伐採などが生物相に与えた影響を指摘する。つまり、まだ限定的ではあるが、明確な環境破壊がグスク時代からはじまったことを意味する。

　琉球列島における農耕の開始については諸説ある。以前から前Ⅴ期にある種の原初的農耕の存在を想定する意見があったが、黒住耐二論文や伊藤慎二論文ではさらにそれ以前にまで遡らせる仮説を示す。しかし、穀物農耕の本格的導入は、グスク時代開始前後であることに現在ほぼ異論はない。高宮広土（2005）は、沖縄本島中部は雑穀栽培を主体とする一方、沖縄本島北部および奄美諸島は稲作が主流となっていたグスク時代農耕の地域色を明らかにしている。さらに新里亮人論文では、イネのヒコバエ再収穫と穀物の冬作に注目し、日本列島とは区別される亜熱帯的な農耕が行なわれていたことを指摘する。

　以上の沖縄・奄美諸島を中心とした琉球列島北半部の状況に対して、島袋綾野論文では異なる状況の八重山諸島を中心とした先島諸島（南琉球）の先史文化を概観する。現在片桐千亜紀ら沖縄県立埋蔵文化財センターが中心に調査進行中の、琉球列島有数の多層位遺跡である石垣島白保竿根田原洞穴遺跡の最新所見を紹介しながら、貝塚時代前Ⅳ期～前Ⅴ期頃に併行する下田原期と、貝塚時代後期頃に併行する無土器期の様相を明らかにする。その中で、イノシシのいない島でのイノシシ出土例や、その島で産出しない鉱物を混入した土器の出土例をあげて、所与の島嶼環境の制約を越えて島々にまたがる文化的景観の萌芽状況が示される。

4. ヒトが創出した景観

　旧石器時代に初めて琉球列島に出現した人類が、ある程度明確な集落を構

成して定住生活を行っていた様子が分かるのは、前III期頃からである。奄美大島半川(はんごう)遺跡竪穴住居跡2号（寺原・松村編2005）は、前III期隆帯文系土器群古2〜新1段階の土器片のみを伴っており、現在知られる最古の集落例とみなされる。そして前IV期〜前V期には、伊藤慎二論文で「帯状集落」と名づけたような安定した集落景観が垣間見える。しかも、そうした居住用地を確保するために、人為的に段丘面を造成してその段差を石積みで擁護するような、同時期の国内でも有数規模の土木事業さえ行っている。これは、琉球列島で初めてヒトが創出した地形改変を伴う景観の誕生といえる。貝塚時代の集落景観は、後期になると様相がやや不明確になるが、グスク時代には極めて明確に人為的な景観が急速に誕生する。城郭遺跡としてのグスクとそれを包摂するマチの出現である。

　宮城弘樹論文では、そうしたグスク出現前後の状況を分析したうえで、特に今帰仁(なきじん)グスク（城）を詳しく検討した。そこでは、現在研究の焦点となっている貝塚時代後期（先島諸島の同時期含む）とグスク時代の関係をめぐる新たな視点を示す。両時期の遺跡分布を検討して、ほとんど重複しない「先島型」、かなり重複する沖縄・奄美の主要島中核部が含まれる「離島型」、グスク時代から遺跡が激増する沖縄本島の「南部型」の3つに区別し、一律な解釈の困難さを示唆する。そして今帰仁グスクの形成過程を明らかにすると同時に、性格差・階層差を反映したグスク主郭から郭外の周辺集落遺跡までの序列構造を説く。これは、琉球列島における独自の都市的景観の萌芽状況の解明といえる。しかも、グスク内外の差異は、食生活にまで及ぶ可能性を黒住論文も指摘する。今帰仁グスク郭内に比べて、郭外の集落遺跡では貝塚時代と同様のサンゴ礁域産貝類の出土割合が高いという。これらは、中世の日本国内他地域と比べて、異例なほど考古学的可視性の高い、非常に強い求心的空間構造を伴う階層性社会が存在したことを意味する。グスク内外の遺物廃棄行動の検証に加えて、同時代の沖縄諸島の「防御性を有する集落遺跡」（山本2007）との対比などが、今後の課題と考えられる。

　しかし、そうした人類が創出した景観も、人類の思惑をはるかに凌駕する自然の影響力に大きく左右される場合がある。河名論文では、貝塚時代前

結　論

IV期から後期にかけての遺跡立地が沿岸部から台地上そして再度沿岸部へ変化する要因に、津波が影響を与えた可能性を示唆する。南琉球の八重山諸島では、1771年の「明和の大津波」が、甚大な被害を与えて村落の様相などを一変させており（牧野1981）、琉球列島の先史・原史時代を考えるうえで津波の影響は大変重要な検討課題である。

5. 景観変化を加速させたもの

　遠距離交易と都市や港の発達は常に相関しており、多くの人と物資の移動が伴うことで、景観にも大きな変化を与える。

　安座間充論文では、こうした貝塚時代の琉球―九州間の交易について通史的に整理し、貝塚時代前V期までの九州腰岳産黒曜石やヒスイ製品を琉球側が選択受容するかたちの交流が、その後貝塚時代前V期末から顕著になる琉球側から九州への素材貝殻供給を主とする貝交易盛行の伏線として重要であったことを体系的に説く。また、九州との交流・交易関係に焦点があたり、そもそも沖縄と奄美間の域内交流の要因と実態に関する研究が停滞していることに注意を喚起する。

　なお、高宮論文では、貝塚時代後期の貝交易品目となった貝類が、捕獲に伴う負担や危険性が大きく、そのような貝類とイノシシの割合が他の海産食料に比べて増すことから、貝塚時代後期は食糧危機の度合いを深めていたと解釈する。しかし、黒住論文ではこうした特徴を大局的には遺跡の性格差としてとらえる。これらの解釈を総合的に考えると、負担や危険性の高い貝類をあえて捕獲し交易対象とすることで対価として入手した品目には、希少な威信財的品目以外にむしろかなり多くの食料品が含まれた可能性も考慮される。

　グスク時代の開始期については、近年喜界島城久(ぐすく)遺跡群をめぐって、その外来的要素と在来的要素の評価をめぐって多くの議論が交わされている（クライナーほか編2010）。しかし、当初際立って特異な「点」として解釈された城久遺跡群であるが、徳之島中里遺跡からもわずかな調査面積にもかかわらず類似した特徴が確認され（具志堅編2010）、またトカラから奄美諸島最北部

を含む面的に理解する解釈（伊藤 2009）もある。

　こうした同時代に徳之島で突如操業が始まるカムィヤキ窯について、新里亮人論文では、中世日本に朝鮮半島の窯業技術が取り入れられる動向の中で朝鮮半島の技術を母体として成立した亜熱帯地域特有の陶器窯と評価する。そして、地域資源を利用した徳之島の窯業生産と亜熱帯地域に適合した食料生産を営みながらも、生活用品の取得に博多を中心とする北部九州を介した流通経済関係が展開する複合性に、グスク時代の琉球列島の特質を見出す。

　なお、グスク時代のこうした活発な生産・流通経済状況に対して、銭貨流通との関係はまだ未解明の課題が多い。貝塚時代（先島の併行期含む）には、国内他地域と比べて早い段階から中国銭が出土する。その後のグスク時代にかけても、日本の皇朝銭は含まずにほぼ中国銭のみのままであることは、琉球列島で銭貨のやり取りを伴う主要な交易担い手が、日本の古代～中世国家の枠外に位置する集団であったことを強く想起させる。しかし不思議なことに、同時期の東アジア各地で数多く知られる埋蔵銭は、現在のところ徳之島天城町「ソンナキの山」の岩下から偶然発見された 6215 枚の埋蔵銭（最古：唐・開元通宝～最新：明・宣徳通宝、小林 1970）のみであるのは、琉球列島における銭貨流通の特殊性を示している。

　こうしたグスク時代の活発な経済状況を基礎に、穀物農耕の定着にくわえて、次々に構築が開始されるグスクは、琉球列島に景観変化の一大転機をもたらしたことは間違いない。なかでも沖縄本島南部では、いつくかの陸上生物が絶滅し、漁撈対象も貝塚時代後期とは激変したことが樋泉論文で指摘される。その要因には、穀物農耕の展開に伴う開墾と赤土流出のみでなく、南部に多数築城されたグスクに付随する土地造成や建材・燃料材伐採なども大きく影響したであろう。また、多量の燃料材を消費する徳之島のカムィヤキ窯の操業も特に同島南部の景観に甚大な影響を与えたと考えられる。そこには日本列島の中世後半から近世にかけての動向を先取りしたかのように環境破壊を伴うある種の「はげ山の文化」に通じる状況（千葉 1973、盛本 2008）が展開した可能性もある。

結　論

6. こころの中の景観

　ところで、景観には「心的・不可視景観」と「物的・可視景観」の二つが存在する（リンドストロム・内山2010）。比較的類推が容易な物的・可視景観に比べて、先史・原史時代の心的・不可視景観については、現代日本人の感性を前提に考古学的状況証拠の積み上げから間接的に推察するほかない。たとえば、「ふるさと」や「あの世」の固定的なイメージはいつ頃どのように形成されたのであろうか。そこには、人類が琉球列島で定住生活を開始した時期とその文化内容が不可分に関わっていると考えられる。

　「ふるさと」についていえば、現代人であれば出生・生育地周辺の適度に自然が混在する生活環境や田園景観が典型的に想起される。その点でいえば、高宮が「適応に失敗した時期」とし、伊藤が「遊動期」とみなす前Ⅱ期以前は、固定的な集落景観がまだ整っていないと見ることで共通するので、少なくとも現代人の感覚での固定的な「ふるさと」景観意識は、まだあいまいであった可能性が高い。

　また、高宮が「適応に成功した時代」とし、伊藤が「定着期」とみなす前Ⅲ・Ⅳ期以降は、安定した恒常的な集落景観が出現するので、より現代人の感覚に近い「ふるさと」意識が芽生えていたかもしれない。しかし、その恒常的集落景観も、時期により立地環境が異なることは、今回多くの執筆者が指摘したところである。たとえば、台地丘陵の断崖を背にし、脇に水源を控え、サンゴ礁の礁池を眼前にする奥行きに限りがある水平的な生活景観と、台地上から浜辺や入江を見下ろし、隣接集落を横目に、背後や遠方に平坦地や山稜を望む垂直的に広がりのある生活景観とでは、異なる「ふるさと」景観意識を醸成し、さらには異なる世界観・他界観意識形成に結びついた可能性もある。

　また、黒住論文が説く、希少な陸産貝類が生息していたグスク内部の森の存在も興味深い。沖縄本島南部の豊見城市平良（たいら）グスクでは絶滅種のナガヤマヤマツボや本島北部の森林にのみ生息するオオシマゴマガイ等が出土したことから、グスク内部の森林部分が希少な陸産貝類の生息"避難場所"となっていた可能性を指摘する。日々の生活の場としての集落ではなく、人跡未踏

の原生林でもない、特別に保護された「自然景観」がグスク時代に出現した可能性が存在することになる。これは、あるいは現在の琉球文化圏で広く見られる御嶽（うたき）に類する祭祀空間の原型に関わるかもしれない。

　以上に述べた諸問題は、琉球列島の先史・原史時代考古学の弱点に強くつながる。現在広く知られる伝統的な琉球文化には、非常に複雑で多様な精神文化とそれにむすびついた数多くの物質文化があるが、それらの淵源を考古学的につきとめることはまだあまり成功していない。

　その点で、「あの世」といった他界観に結びつく心的・不可視景観に関しては、例えば埋葬などを手掛かりにある程度の絞り込みが可能かもしれない。民俗学・文化人類学上の具体的な事例からは一概に限定困難であるが、仮に「あの世」または祖先祭祀を行う空間が死者に近い場所にあると仮定すれば、村落に対して墓場の位置する方向が重要な手掛かりになる。新里貴之論文によると、琉球列島では比較的集落に近接する場所に墓域が設けられている時期が多くを占めるが、日本列島中央部の動向に影響されて墓制細部に変化が現れ、特にグスク時代初期段階（12〜13世紀）には居住空間と埋葬空間が重複するような事例が一時的に顕著になるという。しかし、奄美大島万屋城（13〜14世紀頃）や沖縄本島安座間原第二遺跡（貝塚時代後期前半）では、墓域と居住域との間を溝が画するような例が知られ、さらに沖縄本島の木綿原遺跡や中川原遺跡には墓域の中心に大岩があることも指摘する。これらは、あるいは非日常世界と日常世界を意識的に区別し、心的・不可視景観を連想させる象徴的な役割を果たしていた可能性がある。

7. まとめ

　琉球列島の先史・原史時代を人類史的・世界史的に位置づけていく上で、「新石器化」と「現代化」という概念は有用である。そこで、各論考を参考に、琉球列島の「新石器化」と「現代化」がどのように進展したかを試みに考えたい（第1図）。

　「新石器化」についていえば、少なくとも西アジアなどで農耕・牧畜民が担った新石器時代の様相は、明らかに琉球列島には当てはまらない。そもそも、

結　論

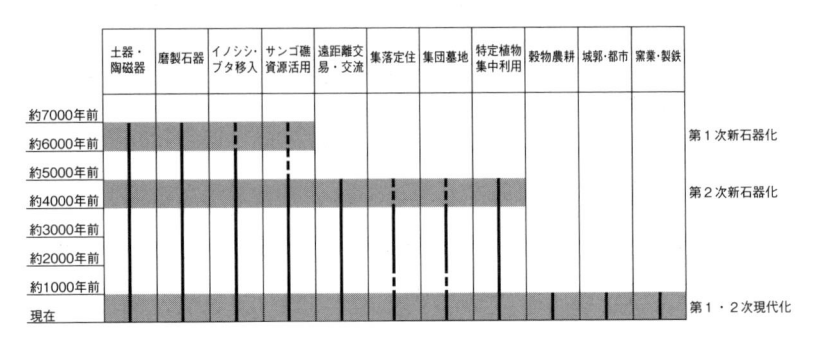

	土器・陶磁器	磨製石器	イノシシ・ブタ移入	サンゴ礁資源活用	遠距離交易・交流	集落定住	集団墓地	特定植物集中利用	穀物農耕	城郭・都市	窯業・製鉄	
約7000年前												第1次新石器化
約6000年前												
約5000年前												第2次新石器化
約4000年前												
約3000年前												
約2000年前												
約1000年前												第1・2次現代化
現在												

第1図　琉球列島（特に沖縄・奄美諸島）の新石器化と現代化

東北アジア各地の新石器文化もこうした西アジア的新石器文化からはしばしば程遠い実態であり、その担い手が農耕民なのか狩猟採集民であるのか明確に区別できない部分を含む。伊藤論文では、今村啓爾が縄文文化を「森林性新石器文化」と規定したのを参考に、貝塚時代を「森林・サンゴ礁性新石器文化」と規定した。そこで、古典的な新石器概念（磨製石器・土器・農耕・定住）を目安にしながらも、食料確保のための人為的管理度合いに関する地域固有の要素なども新石器化の指標にする。すると、土器や磨製石器といった古典的な新石器文化概念に該当する要素は、沖縄・奄美諸島では前Ⅰ期（約7000年前頃）に登場する。その後前Ⅱ期後半～前Ⅲ期頃（約5000年前頃以降）には、イノシシの島嶼部への人為的移入やサンゴ礁資源の活用、堅果種子類の集約的利用が安定的に見られる。やや遅れて集落景観や集団墓地も次第に明確になる。そこで、前者を第1次新石器化、後者を第2次新石器化として位置づける。大枠として、沖縄・奄美諸島で段階的に新石器化が進展した状況がとらえられる。高宮論文が説くような適応度合いの違いとも評価できるが、不連続の明確な証拠は現在見出しがたい。なお、先島諸島については、下田原期の開始が第1次新石器化と評価できるが、その後の無土器期を含めて第2次新石器化が設定できるかは、現状では資料不足である。

　「現代化」については、都市・城郭の出現、窯業・製鉄などの産業分化、社会経済基盤としての穀物農耕成立が指標となるが、それ以前の新石器化の指標の多くも量的に激増し、集約化が加速する。琉球列島全域（トカラ・奄美・

沖縄・先島諸島）で、数百年程度のずれがあっても、グスク時代（約1000年前頃以降）に一つの組み合わせとしてこれらが一斉に出現・展開することが重要である。そして、その結果、琉球列島で初めて明確で持続的な環境破壊が起きたのである。そこで、この段階を第1次現代化とする。その後、1609年の薩摩島津軍の琉球侵略に伴い薩摩支配下に完全に組み込まれたトカラ・奄美諸島では、薩摩的な景観が次第に増える。また、琉球列島全域で甘藷やサトウキビの導入などに伴う農村景観の比較的大きな変化も起こった。しかし、グスク時代から連続的に形成された伝統的文化景観と自然景観の根本的改変が開始されるのは、1945年のアジア・太平洋戦争後の第2次現代化である。特に沖縄本島における軍事植民地化と商業観光地化に象徴される現代アメリカ文化・現代日本文化との混合に特徴づけられる。第1次現代化と多くの要素が共通しながらも、それらの工業化・商業化・高密度都市化などの点で、第1次現代化とは比較にならない規模の景観変化が現在もなお継続している。

　そもそもこのような段階的な新石器化・現代化をもたらした要因も、さらに検討が必要である。各変化に琉球列島外からの外的要因が大きく左右した場合があったことは、特に現代化については紛れもない。新石器化についても、第2次新石器化は、日本列島の縄文文化との連絡が深まったことが要因の可能性がある。しかし、第1次新石器化については、現在日本列島の縄文文化との直接的な関係を示す資料が明らかでない。そして重要なのは、新石器化・現代化の各変化後には、前段階に比べてより一層多岐にわたって琉球列島に深く根ざした文化的独自性が色濃くなることである。このことは、外的要因を選択的に受容消化する内的主体が存在し続けた証拠とも解釈できる。

　このように琉球列島の「新石器化」と「現代化」を大枠的・段階的に捉えたうえで周辺地域の同様の段階と比較すると、日本列島（北海道を除く）・朝鮮半島・中国中原地域に対しては年代的な新しさが目立つ。しかし、特に島嶼部を中心とする東南アジアやロシア沿海地方などとは比較的近い年代で共通するとみられるのが特徴的である。琉球列島の自然・人文地理的な位置を考慮すると示唆的であり、日本列島の「南西諸島・南島」という枠組み内に

結　論

単純に位置づけることは明らかに困難といえる。

引用・参考文献

伊藤慎二　2009「10～13 世紀前後の琉球列島：対外交流と文化的主体」、『考古学ジャーナル』2009 年 10 月号：11-14 頁、ニューサイエンス社（東京）

大堀皓平　2009「第 5 節石器石材」、『瀬底島・アンチの上貝塚』：121-142 頁、本部町教育委員会（沖縄）

具志堅亮編　2010『中里遺跡』天城町埋蔵文化財発掘調査報告書（4）、天城町教育委員会（鹿児島）

クライナー＝ヨーゼフ・吉成直樹・小口雅史編　2010『古代末期・日本の境界：城久遺跡群と石江遺跡群』、森話社（東京）

小林正秀　1970「郷土資料」、『徳之島郷土研究会報』第 4 号：95-98 頁、徳之島郷土研究会（鹿児島）

高宮広土　2005『島の先史学：パラダイスではなかった沖縄諸島の先史時代』、ボーダーインク（沖縄）

千葉徳爾　1973『はげ山の文化』、学生社（東京）

寺原徹・松村智行編　2005『半川遺跡』埋蔵文化財発掘調査報告書（4）、龍郷町教育委員会（鹿児島）

名島弥生・安斎英介・宮城弘樹　2008「南西諸島の炭素 14 年代資料の集成」、『南島考古』第 27 号：23-48 頁、沖縄考古学会（沖縄）

牧野　清　1981『改訂増補・八重山の明和大津波』、私家版（熊本）

盛本昌広　2008『軍需物資から見た戦国合戦』新書 y194、洋泉社（東京）

山本正昭　2007「14・15 世紀における集落とグスクの諸相」、『南島考古』第 26 号：169-186 頁、沖縄考古学会（沖縄）

リンドストロム＝カティ・内山純蔵　2010「景観と歴史：環境問題の新たな認識へ向けて」、『水辺の多様性』東アジア内海文化圏の景観史と環境第 1 巻：1-33 頁、昭和堂（京都）

Bahn, Paul 1993 Binford's Japanese Start in Archaeology, *EAANnouncements* 9, Society for East Asian Archaeology (http://www.seaa-web.org/arc-eaa-09.htm#3b)

謝　辞

　本書の刊行にあたり、大変多くの関係諸機関・諸氏のご厚意を賜りました。最初に、総合地球環境学研究所 NEOMAP プロジェクト代表の内山純蔵准教授に執筆者一同より厚く御礼を申し上げます。今回の出版企画は、NEOMAP プロジェクトの琉球ワーキンググループの研究活動の一環として実施した 2008 年のシンポジウム『琉球縄文時代の謎』成果が母体です。出版企画と研究会開催の両面で、常に温かいご理解とご支援を頂いた琉球ワーキンググループリーダーの飯田卓国立民族学博物館准教授に対して心より感謝します。

　そして、2008 年のシンポジウム開催にあたっては、会場を提供していただいた沖縄県立埋蔵文化財センターの片桐千亜紀研究員をはじめ、同センターの多くの研究員・職員の方々に様々なご支援を賜りましたことに深く御礼を申し上げます。

　また、琉球ワーキンググループの活動を通じて常に有益なご教示ならびご協力を頂いている中井精一富山大学准教授・安室知神奈川大学教授・大西秀之同志社女子大学准教授・Daniel Long 首都大学東京准教授・総合地球環境学研究所の中村大研究員・槙林啓介研究員・細谷葵研究員・内門恵研究推進支援員・大谷めぐみ研究推進支援員・嘉村望研究推進支援員・松森智彦研究推進支援員に厚く感謝いたします。

　このように多くの方々のご協力を得て完成した本書草稿に対して、前國學院大學教授加藤晋平先生から本書の推薦文をお寄せいただき、執筆者一同大変勇気づけられました。

　最後に、本書の出版にあたり、執筆の遅れがちな執筆者一同に辛抱強く寛大にご対応頂いた六一書房八木環一社長に対して衷心より御礼を申し上げます。

（編者）

編者紹介

高宮広土(たかみや　ひろと)
1959年生
UCLA (University of California, at Los Angeles) 博士課程修了
札幌大学文化学部教授　人類学博士

伊藤慎二(いとう　しんじ)
1968年生
國學院大學大学院博士課程後期修了
國學院大學研究開発推進機構助教・文学部兼担講師　博士(歴史学)

執筆者一覧 (執筆順)

内山　純蔵　(総合地球環境学研究所研究部准教授)
高宮　広土　(編者紹介参照)
伊藤　慎二　(編者紹介参照)
河名　俊男　(元琉球大学教育学部教授)
黒住　耐二　(千葉県立中央博物館)
樋泉　岳二　(早稲田大学比較考古学研究所)
新里　亮人　(伊仙町歴史民俗資料館)
安座間　充　(金武町教育委員会)
宮城　弘樹　(今帰仁村歴史文化センター)
新里　貴之　(鹿児島大学埋蔵文化財調査室)
島袋　綾野　(石垣市立八重山博物館)

考古学リーダー19

先史・原史時代の琉球列島～ヒトと景観～

2011年3月30日　初版発行

編　　者	高宮広土　伊藤慎二
発 行 者	八木環一
発 行 所	株式会社 六一書房

　　　　　〒101-0051　東京都千代田区神田神保町2-2-22
　　　　　電話 03-5213-6161　FAX 03-5213-6160　振替 00160-7-35346
　　　　　http://www.book61.co.jp　Email info@book61.co.jp

印刷・製本　藤原印刷株式会社

ISBN 978-4-947743-95-4　C3321　©2011　　　　　　　Printed in Japan

考古学リーダー
Archaeological L & Reader Vol.1〜18

1 弥生時代のヒトの移動 〜相模湾から考える〜
　　　　　　　　　西相模考古学研究会 編　209 頁〔本体 2,800 + 税〕

2 戦国の終焉 〜よみがえる天正の世のいくさびと〜
　　　　　千田嘉博 監修　木舟城シンポジウム実行委員会 編　197 頁〔本体 2,500 + 税〕

3 近現代考古学の射程 〜今なぜ近現代を語るのか〜
　　　　　　　　メタ・アーケオロジー研究会 編　247 頁〔本体 3,000 + 税〕

4 東日本における古墳の出現
　　　　　　　　東北・関東前方後円墳研究会 編　312 頁〔本体 3,500 + 税〕

5 南関東の弥生土器
　　　　　シンポジウム南関東の弥生土器実行委員会 編　240 頁〔本体 3,000 + 税〕

6 縄文研究の新地平 〜勝坂から曽利へ〜
　　　　　　　小林謙一 監修　セツルメント研究会 編　160 頁〔本体 2,500 + 税〕

7 十三湊遺跡 〜国史跡指定記念フォーラム〜
　　　　　　　前川 要　十三湊フォーラム実行委員会 編　292 頁〔本体 3,300 + 税〕

8 黄泉之国再見 〜西山古墳街道〜
　　　　　　　　広瀬和雄 監修　栗山雅夫 編　185 頁〔本体 2,800 + 税〕

9 土器研究の新視点 〜縄文から弥生時代を中心とした土器生産・焼成と食・調理〜
　　　　　　　　　大手前大学史学研究所 編　340 頁〔本体 3,800 + 税〕

10 墓制から弥生社会を考える
　　　　　　　　　　　近畿弥生の会 編　288 頁〔本体 3,500 + 税〕

11 野川流域の旧石器時代
　　　「野川流域の旧石器時代」フォーラム記録集刊行委員会（調布市教育委員会・三鷹市教育委員会・
　　　明治大学校地内遺跡調査団）監修　172 頁〔本体 2,800 + 税〕

12 関東の後期古墳群
　　　　　　　　　　　　佐々木憲一 編　240 頁〔本体 3,000 + 税〕

13 埴輪の風景 〜構造と機能〜
　　　　　　　　東北・関東前方後円墳研究会 編　238 頁〔本体 3,300 + 税〕

14 後期旧石器時代の成立と古環境復元
　　　　　　　　　比田井民子　伊藤 健　西井幸雄 編　205 頁〔本体 3,000 + 税〕

15 縄文研究の新地平（続）〜竪穴住居・集落調査のリサーチデザイン〜
　　　　　　　小林謙一　セツルメント研究会 編　240 頁〔本体 3,500 + 税〕

16 南関東の弥生土器２ 〜後期土器を考える〜
　　　関東弥生時代研究会　埼玉弥生土器観会　八千代栗谷遺跡研究会 編　273 頁〔本体 3,500 + 税〕

17 伊場木簡と日本古代史
　　　　　　　　伊場木簡から日本古代史を探る会 編　249 頁〔本体 2,900 + 税〕

18 縄文海進の考古学 〜早期末葉・埼玉県打越遺跡とその時代〜
　　　　　　　　　打越式シンポジウム実行委員会 編　208 頁〔本体 3,200 + 税〕

六一書房刊